beck ^I**sche** **reihe**

länder

b^{sr}

Mit der Überwindung der Apartheid und der Verabschiedung einer liberalen demokratischen Verfassung kehrte die Republik Südafrika in die Völkergemeinschaft zurück. Der Tourismus an das Kap der Guten Hoffnung steigert sich von Jahr zu Jahr. Mit den Staaten der Europäischen Union bestehen intensive wirtschaftliche Verflechtungen. Das Schwellenland gehört in bestimmten Bereichen zur Ersten, in weiten Teilen aber zur Dritten Welt. Angesichts der extremen Gegensätze zwischen Arm und Reich und der Schwäche von Staat und Infrastruktur sieht sich Südafrika großen Problemen gegenüber.

Das vorliegende Buch führt ein in Geschichte, Wirtschaft, Kultur und Politik dieses faszinierenden Landes.

Martin Pabst lebt als Historiker und Politikwissenschaftler in München. Einer seiner Arbeitsschwerpunkte sind die gesellschaftlichen Entwicklungen in Afrika, insbesondere im südlichen Afrika. Er veröffentlichte zahlreiche Publikationen in Fachorganen.

Martin Pabst

Südafrika

Verlag C. H. Beck

Mit 48 Abbildungen und 3 Karten

1. Auflage. 1997

Originalausgabe

2., völlig überarbeitete und ergänzte Auflage. 2008
© Verlag C. H. Beck, München 1997
Umschlagentwurf: malsyteufel, willich
Umschlagbild: Zulu-Frau in traditioneller Kleidung.
© SATOUR/Neil Moultrie
Gesamtherstellung: Kösel, Krugzell
Printed in Germany
ISBN 978 3 406 57369 9

www.beck.de

INHALT

DIE POLITIK

KULTUREN

Elefanten verfügen in Südafrika über ein Rückzugsgebiet.
In manchen Reservaten wie dem Kruger-Nationalapark werden sie aufgrund
zu rascher Vermehrung sogar zur Plage

Eine Welt in einem Land

Die Republik Südafrika ist von einer Vielfalt der Landschafts- und Klimaformen, Fauna und Flora, Völker und Kulturen, Religionen und Mentalitäten geprägt. Gegensätze prallen oft unvermittelt aufeinander und strahlen gleichzeitig eine erstaunliche Harmonie aus. Innerhalb weniger Stunden kommt der Besucher von der ariden Halbwüste in subtropische Küstenstreifen, innerhalb weniger Minuten von der Ersten in die Dritte Welt. Zu Recht prägte der Tourismusverband SATOUR das Schlagwort „Eine Welt in einem Land". Hierin liegt Südafrikas Reiz – aber auch der Kern vieler seiner Probleme.

Die Republik Südafrika dominiert mit einer Fläche von 1,2 Mio. km² den Subkontinent Südliches Afrika. Ähnliche geographische Bedingungen herrschen in den Nachbarländern Botsuana, Lesotho, Namibia und Swasiland. Mit jenen „BLNS-Ländern" ist Südafrika auch ökonomisch und politisch eng verbunden, so bildet es mit ihnen seit 1910 eine Zollunion. Das Bergkönigreich Lesotho wird sogar vollständig von Südafrika umschlossen.

Nördlich des Grenzflusses Limpopo beginnt mit Simbabwe und Mosambik ein anderes Afrika: grünere und niederschlagsreichere Gebiete mit einer geringeren Vielfalt der Rassen, Kulturen und Hautfarben.

Südafrika ist dreieinhalb Mal so groß wie Deutschland, mit gut 48 Millionen Einwohnern (2008) aber weniger dicht besiedelt. Nur an die 40 Personen leben auf 1 km². Die Bevölkerung konzentriert sich in Ballungsräumen wie Tshwane-Witwatersrand-Vereeniging mit der Wirtschaftsmetropole Johannesburg, eThekwini/Msunduzi (Durban/Pietermaritzburg), Nelson Mandela Bay (Port Elizabeth/Uitenhage) und Kapstadt.

Bis 1994 war Südafrika in vier Provinzen eingeteilt (Cape, Natal, Oranjefreistaat, Transvaal), ergänzt durch zehn schwarze Homelands. Heute sind es neun Provinzen (Western Cape, Northern Cape, Eastern Cape, Kwazulu-Natal, Free State, North West, Gauteng, Mpumalanga, Limpopo). Hauptstadt und Regierungssitz ist Tshwane (Pretoria), das nationale Parlament tagt in Kapstadt. Das Verfassungsgericht befindet sich in Johannesburg, der Oberste Gerichtshof in Mangaung (Bloemfontein).

Wüsten, Steppen, *bushveld* und Gebirge

Südafrika gliedert sich in drei Landschaftsformen: einen schmaler Küstenstreifen, dahinter liegende Randgebirge sowie Hochebenen. Der Küstenstreifen ist zwischen 60 und 240 km breit und wird im Süden und Osten von Flüssen durchzogen. Das Land hat eine über 3000 km lange Küstenlinie mit herrlichen Sandstränden. Zwischen Kapstadt und Port Elizabeth führt entlang der Küste die berühmte *Garden Route*, die von zahlreichen Touristen aus aller Welt aufgesucht wird.

Das schroff ansteigende Randgebirge erreicht seine maximale Höhe von 3482 m in den östlichen Drakensbergen ("Drachenbergen"). Das Hochland hat eine durchschnittliche Höhe von 1200 bis 1800 m. Es wird in Ost-West-Richtung von den beiden bedeutendsten Flüssen Südafrikas durchflossen, dem Oranje und dem in ihn mündenden Vaal. Beide ganzjährig wasserführenden Flüsse entspringen in den Drakensbergen.

Auch die niedrigeren Bergketten im Westen und Süden des Kaplandes sind beeindruckend und steigen teilweise direkt hinter dem Meer auf. Kapstadt verdankt diesem Umstand seine einzigartige Lage. Aufgrund der Meeresnähe und der Höhe des Plateaus zeichnet sich Südafrika in den meisten Landesteilen durch ein gemäßigtes, trockenes Klima aus.

Einen wesentlichen Einfluss auf Klima- und Landschaftsformen haben die unterschiedlichen Meeresströmungen: Am Atlantik tritt der von Süden kommende kalte Benguelastrom auf, am Indischen Ozean der von Norden kommende warme Agulhasstrom, über dem sich die Luft erwärmt und Feuchtigkeit aufnimmt. Sie zieht über den Küstenstreifen und die Drakensberge, wobei sie sich abkühlt und die Feuchtigkeit abgeregnet wird. Die Luft über dem kalten Benguelastrom hingegen nimmt kaum Feuchtigkeit auf. Zieht sie zum Festland, dann wird sie dort erwärmt, weswegen es im Westen des Landes nur selten regnet. Südafrika wird daher von einem deutlichen Ost-West-Gefälle bei den Niederschlagsmengen gekennzeichnet, was die Vegetationsformen bestimmt: Im Osten herrscht Grasland (*veld*) vor, an der Küste abschnittsweise auch tropischer Wald. Im Westen sind Trockensavannen (*bushveld*), Halbwüsten und Wüsten zu finden. Schließlich wächst

Die Drakensberge reichen vom Ostkap bis nach Mpumalanga

am Kap auch Buschwald, vergleichbar dem südfranzösischen *maquis*.

Die Westküste weist Winterregen, die Ostküste Sommerregen und die Südküste ganzjährige Niederschläge auf. Das Gebiet um Kapstadt, wo beide Meeresströmungen zusammentreffen, ist durch mediterranes Klima geprägt. Hier liegt Südafrikas Obstgarten: Äpfel, Apfelsinen, Aprikosen, Birnen, Pfirsiche, Rosinen und Trauben werden angebaut und mit großem Erfolg nach Europa exportiert, wo viele Produkte den Vorteil genießen, außerhalb der Saison auf den Markt zu kommen. Hier gedeihen auch Südafrikas hervorragende Weine. Der Weinbau hat eine jahrhundertelange Tradition und wurde von französischen und deutschen Einwanderern begründet. Bereits Friedrich der Große, Goethe und Napoleon I. tranken mit Genuss Kapweine, die damals noch vorwiegend Dessertweine waren.

Südafrika ist mit einer durchschnittlichen jährlichen Niederschlagsmenge von 464 mm sehr wasserarm. Nur 31 % des Landes erreichen mit über 600 mm die für Ackerbau nötige Menge. Diese Gebiete sind fast ausschließlich im Osten gelegen. Insbesondere im Sommer ist der Verdunstungsgrad sehr hoch, zudem geht Wasser durch Versickern verloren. Ein weiteres Problem stellen die schlechten Böden dar, sodass nur gut 10 % der Fläche ohne künstliche Bewässerung für den Ackerbau nutzbar sind. Mais und Weizen sind die wichtigsten Anbauprodukte. Insbesondere für die schwarze Bevölkerung ist Maismehl das Hauptnahrungsmittel. Zum Westen hin nehmen die Niederschläge ab; dort kann lediglich extensive Tierzucht betrieben werden (Rinder im Norden, Schafe im trockenen Westen). Immerhin werden insgesamt über 80 % der Fläche landwirtschaftlich genutzt. In den Halbwüstengebieten mit weniger als 200 mm Niederschlägen jährlich ist keinerlei Landwirtschaft mehr möglich.

Land ist in Südafrika reichlich vorhanden – Wasser ist das zentrale Problem. Regenjahre bringen den Farmern satte Gewinne, doch trockene Jahre stürzen sie in Schulden und drosseln Südafrikas Exporterlöse. Im 20. Jahrhundert wurden große Staudämme angelegt, um dem Wassermangel abzuhelfen. Jüngstes Großprojekt ist das *Lesotho Highlands Water Project* in 3000 m Höhe, dessen erste Ausbaustufe 1998 mit dem *Katse Dam* eröffnet wurde. Bis 2020 werden fünf Stauseen sowie Wasserkraftwerke angelegt, um die Industrieregion Gauteng mit Wasser und Strom zu versorgen. Mittels 200 km langer Tunnel wird der Fluss Malibamat'so umgeleitet, sodass er schließlich in den Vaal fließt. Das kleine Bergkönigreich Lesotho kann finanziell erheblich profitieren, hat sich aber im Gegenzug in völlige Abhängigkeit von seinem Nachbarn begeben. Die ökologischen Auswirkungen sind noch nicht absehbar.

In Südafrika befindet sich eines der weltweiten „Pflanzenkönigreiche": Auf der Kaphalbinsel sind mehr Wildpflanzen als auf den gesamten Britischen Inseln heimisch. Ein bedeutendes Naturwunder ist darüber hinaus die Blüte der Wildblumen im Namaqualand nordwestlich von Kapstadt im südafrikanischen Frühling (September).

Das südliche Afrika gilt nicht nur als eine Wiege der Menschheit, sondern auch der Tierwelt. So bietet Südafrika die älteste Dinosaurier-Fundstelle. 2003 datierte ein Johannesburger Wissenschaftler fossile Knochen aus dem Ladybrand-Distrikt (Free State) auf ein Alter von 210–215 Millionen Jahren. Zu seinen Lebzeiten in der späten Trias-Periode war der 10 m hohe Vierfußsaurier *Antetonitrus ingenipes* das größte Lebewesen.

Südafrikas reiche Tierwelt kann in 21 Nationalparks und zahlreichen weiteren Reservaten studiert werden. Als besondere Attraktion gelten die *Big Five* (Elefant, Nashorn, Büffel, Löwe, Leopard).

**Grenzüberschreitende Peace Parks:
Musterbeispiel nachhaltiger Entwicklung**

In der Kolonialzeit zerschnitten Grenzen die Wanderrouten der Tiere. Siedlungs- und Straßenbau, Farmwirtschaft und Bergbau drängten die Flora und Fauna zurück. Menschen stießen in immer entlegenere Regionen vor und bejagten die Tierwelt. Nationalparks und Reservate blieben isolierte Inseln.

Als sich das Ende des Ost-West-Konfliktes und der Apartheid ankündigte, erkannte der südafrikanische Industrielle und Naturmäzen Dr. Anton Rupert (1916–2006) die Gunst der Stunde. Unermüdlich setzte er sich für die Errichtung grenzüberschreitender „Friedensparks" ein und rief die *Peace Parks Foundation* (PPF) ins Leben. 1999 übernahm die SADC, die Staatenorganisation im südlichen Afrika, das Konzept. Institutionen wie die Weltbank, die Southern African Development Bank, USAID und die KfW fördern die Projekte.

Die grenzüberschreitenden Parks sollen nicht nur intakte Ökosysteme wiederherstellen und gutnachbarliche Zusammenarbeit fördern, sondern auch neue lokale Arbeitsplätze und Existenzmöglichkeiten schaffen.

Am 12. Mai 2000 wurde der südafrikanische Kalahari-Gemsbok-Nationalpark mit dem botsuanischen Gemsbok Nationalpark zum fast 38 000 km² großen *Kgalagadi Transfrontier Park* vereint – dem ersten grenzüberschreitenden Park Afrikas. 2002 vereinbarten die Staatspräsidenten von Mosambik, Simbabwe und Südafrika die Errichtung des *Great Limpopo Transfrontier Park*. Der 35 800 km² große Park wird den südafrikanischen Kruger-Nationalpark, den Limpopo-Nationalpark in Mosambik sowie den Gonarezhou-Nationalpark und weitere Schutzgebiete in Simbabwe zusammenfassen. Bis zur Eröffnung müssen noch Grenzzäune niedergelegt, Zufahrtsstraßen errichtet, Land hinzugekauft, Beherbergungseinrichtungen aufgebaut sowie Tausende Tiere nach Mosambik umgesiedelt werden. Die erweiterte *Great Limpopo Transfrontier Conservation Area* wird gemischt genutzte, dünn besiedelte „Übergangszonen" einschließen und ca. 100 000 km² umfassen – ein Gebiet von der Größe Portugals.

Gerade die Nashörner, wegen ihres angeblich potenzsteigernden Hornes im Auftrag asiatischer Syndikate fast ausgerottet, verfügen in Südafrika über ein letztes Rückzugsgebiet. Hier leben auch über 30 Antilopenarten (darunter das Nationaltier Springbok, so genannt wegen seiner kuriosen Sprünge mit allen vier Beinen gleichzeitig), Affen, Giraffen, Zebras, Schakale, Wildhunde, Warzen-

Die Staatspräsidenten Festus Mogae (Botsuana) und Thabo Mbeki (Südafrika) eröffnen den Kgalagadi Transfrontier Park

Eine Studie hat 22 existierende oder potenzielle Peace Parks im SADC-Raum identifiziert. Vier Projekte werden in Südafrika umgesetzt: Limpopo/Shashe (mit Botsuana/Simbabwe; ca. 14 000 km²), Lubombo (mit Mosambik/Swasiland; ca. 4200 km²), Maloti/Drakensberg (mit Lesotho; ca. 13 000 km²), Richtersveld/Ai-Ais (mit Namibia; ca. 5800 km²). Als Flaggschiffe des Tourismus schaffen Peace Parks heimatnahe Arbeitsplätze in unterentwickelten ländlichen Gebieten, stoßen dort Infrastrukturprojekte an und ermutigen das Engagement von Kleinunternehmern. Darüber hinaus stimuliert der Tourismus landesweit zahlreiche Wirtschaftszweige – vom Transportwesen über die Baubranche und Dienstleistungen bis zur Nahrungsmittelindustrie.

schweine, Reptilien sowie unzählige Vogel- und Insektenarten. Im Unterschied zu afrikanischen Staaten wie Kenia lässt Südafrika in ausgewiesenen Zonen kontrollierte Jagd zu, die ein bedeutender Wirtschaftsfaktor ist.

Vor dem Hintergrund von Bevölkerungswachstum und Landknappheit hat der Naturschutz nur Zukunft, wenn die ansässige

Bevölkerung davon profitiert. So erhielten die Makuleke 1996 Land zurück, das in der Apartheid-Ära für den Kruger-National-park enteignet worden war. Sie stimmten zu, dass es Teil des Parks bleibt. Im Gegenzug wurden sie an einer neu errichteten Fünf-sternelodge beteiligt: 10 % der Einnahmen gehen an die Makuleke; bei der Besetzung von Arbeitsplätzen haben sie Vorrang. Aufklä-rungs- und Qualifizierungsprogramme wenden sich im Umfeld von Parks und Reservaten an lokale Gemeinschaften.

Touristische Höhepunkte

Aufgrund seiner vielfältigen Landesnatur ist Südafrika ein beliebtes Touristenziel. Zum einen bietet das Land afrikanisches Ambiente mit fremdartigen Menschen und Kulturen, mit Großwild und Busch. Zum anderen sind europäische Einflüsse spürbar, insbeson-dere im Garten- und Weinland am Kap. Gut ausgebaute Infra-struktureinrichtungen und hoher Hotelkomfort ermöglichen einen unbeschwerten Afrika-Urlaub.

Verlockend sind die Sonne, das angenehme Klima und die ausge-dehnten Sandstrände am warmen Indischen Ozean, für Europäer zudem die fehlenden bzw. geringen Zeitunterschiede. Heute ist Südafrika auch Sprungbrett zum Besuch von Nachbarländern wie Mosambik mit seinen herrlichen Küsten und Inseln, Simbabwe mit dem Weltwunder Viktoriafälle und den Ruinen von *Great Zim-babwe* oder Botsuana mit seinen weiträumigen Wildreservaten. Viele Besucher reisen zudem nach Südafrika, weil sie an den poli-tischen und sozialen Herausforderungen des Landes Anteil neh-men. Vielleicht ist es gerade die Kombination unterschiedlichster Motive, die das Land als Reiseziel so attraktiv macht.

Die klassische dreiwöchige Südafrika-Reise besteht aus einer Woche Westkap mit dem geschichtsträchtigen Kapstadt, seinem fruchtbaren Hinterland um Stellenbosch, Paarl und Franschhoek, der Kaphalbinsel und der *Garden Route* entlang des Indischen Ozeans (Urwälder, Straußenfarmen, Tropfsteinhöhlen); einer Woche KwaZulu-Natal mit schönen Stränden und den Kulturen der Zulu und Inder; einer Woche im Norden mit der Hauptstadt Tshwane (Pretoria), dem Vergnügungszentrum *Sun City*, der *Pan-orama-Route* entlang des Blyde-River-Canyons und dem welt-

Ein Blick auf Kapstadt und den Tafelberg

Kapstadt wurde 1652 als erste europäische Siedlung gegründet und zählte 2007 an die 3 Mio. Einwohner. Vom gegenüberliegenden *Bloubergstrand* eröffnet sich ein unvergleichlicher Blick auf die Tafelbucht, das Stadtzentrum und den dahinter aufsteigenden Tafelberg. Mit seinen historischen Gebäuden, seinen Museen und seiner Musik- und Unterhaltungsszene ist Kapstadt die interessanteste südafrikanische Stadt. Im Zentrum liegt der *Greenmarket Square* mit dem quirligen Flohmarkt, unweit davon das Parlament. Der alte Hafen wurde zum boomenden Konsum- und Erlebniszentrum *Waterfront* umgestaltet. Die besten Wohnviertel, wie Clifton, Sea Point und Camps Bay, liegen an Meer und Tafelberg. Eine Attraktion ist das historische Quartier Bo-Kaap der Kapmalaien mit seinen bunt gestrichenen Häusern und Moscheen. Die zuströmenden Schwarzen finden Wohnungen am Stadtrand, teilweise siedeln sie auch in wilden Slums. Für die Fußballweltmeisterschaft 2010 wurde in Greenpoint das *African Renaissance Stadium* mit 70 000 Plätzen gebaut.

Auf den 1087 m hohen Tafelberg führt eine Seilschwebebahn. Von hier bietet sich ein atemberaubender Blick auf den Nachbarberg Lion's Head (Löwenkopf), die Stadtsilhouette, die Tafelbucht und die 12 km vor der Küste liegende Robben Island. Auf dieser 547 km² großen Insel legten die Briten einen Leuchtturm, Befestigungen und eine Leprakolonie an. Von 1961 bis 1994 wurden hier politische Häftlinge wie Nelson Mandela inhaftiert und mussten im Steinbruch Schwerstarbeit leisten. Ehemalige Häftlinge führen heute durch den beklemmenden früheren Gefängniskomplex.

berühmten Kruger-Nationalpark. Auf einer Teilfläche wurde das 19 000 km² große Reservat bereits 1898 unter Schutz gestellt und später nach Burenpräsident Paul Kruger (1825–1904) benannt. Rund 350 000 Großtiere haben hier eine Heimat, darunter 100 000 Impala-Antilopen. Von Kapstadt fährt der weltberühmte Luxuszug *Blue Train* in den Norden des Landes – er ist die langsamere, aber sehr lohnende Alternative zum Flugzeug.

Andere Schönheiten erschließen sich erst auf den zweiten Blick: die (Halb-)Wüsten der nördlichen Kapprovinz, die monumentale Bergwelt der Drakensberge, die üppige Fauna der nördlichen Limpopo-Provinz, die kleinen Nationalparks in KwaZulu-Natal, Farmaufenthalte bei echten Buren im Freistaat oder Besuche in afrikanischen Townships und Dörfern. Beim Besuch einer Missionsstation oder eines Entwicklungsprojektes gewinnt der Besucher Verständnis für die Probleme des Landes und schließt rasch Freundschaften.

Viele schwarze Frauen müssen weiterhin jeden Tag mühsam Wasser holen

Die Ureinwohner: San und Khoi-Khoi

Zusammen mit Ostafrika gilt Südafrika als Wiege der Menschheit. Seit 1936 wurden in den Kalksteinhöhlen von Sterkfontein nordwestlich von Johannesburg Überreste von mehr als 500 Hominiden (aufrecht gehenden Vormenschen) entdeckt. Neue Datierungsmethoden ergaben bei einigen Funden ein Alter von etwa 4 Mio. Jahren. Solch alte *Australopitheci africani* waren bisher nur aus Ostafrika bekannt.

Menschen sind in Südafrika seit 1,5 – 2 Millionen Jahren nachweisbar. Die Vorfahren der heutigen San (Buschmänner) haben mindestens seit der Jungsteinzeit (10 000 Jahre v. Chr.) das südliche Afrika bewohnt. Ob sie die Ureinwohner sind oder selbst zuwanderten, lässt sich nicht mit Bestimmtheit sagen.

Die nomadischen San sind untersetzte, gedrungene Menschen mit gelblich-brauner Gesichtsfarbe, vorstehenden Backenknochen, runzliger Haut und Pfefferkornhaar. Ihre Sprache fällt durch fremdartig wirkende Klicklaute auf. Dank der charakteristischen Anlagemöglichkeit eines „Fettsteißes" können sie sich Vorräte anessen und dadurch in den trockenen Halbwüsten existieren. Bei der Nahrungswahl dürfen sie nicht wählerisch sein: Wurzeln und Rinden, Beeren, Heuschrecken, Eidechsen, rohes Wildfleisch und Blut ermöglichen das Überleben. Die San leben traditionell als Jäger und Sammler in kleinen Sippen und durchstreiften einst das gesamte südliche Afrika. „Buschmannzeichnungen" von Tieren und Menschen, Jagd, Krieg und Alltagsleben sind weit verbreitet. Die heutigen San wissen nur noch, dass diese von ihren Vorfahren stammen – erklären oder malen können sie sie nicht mehr.

Weiße und Schwarze drängten die körperlich unterlegenen San in unwirtliche Gebiete ab, mitunter töteten oder unterjochten sie sie auch.

Jahrhundertelang erachteten Schwarze wie Weiße die San als primitiv. Dabei haben die San, wie der Verhaltensforscher Professor Irenäus Eibl-Eibesfeldt nachgewiesen hat, ein differenziertes Sozialverhalten entwickelt, wiewohl auch sie nicht die Utopie einer „friedvollen Gesellschaft" leben. Die San wissen von Wasserstellen und Fährten, essbaren Wurzeln und Heilpflanzen, können virtuos mit vergifteten Pfeilen umgehen und aufgrund ihrer phänomenalen

Felszeichnungen der San

Ausdauer eine Antilope zu Tode hetzen. Eine Zeiteinteilung kennen und brauchen sie nicht. Sie sind passionierte Geschichtenerzähler und Tänzer, und in ihrem spirituellen Leben spielen Mond und Regen die bestimmende Rolle.

Eine Ehrenrettung brachten die Bücher *Venture into the Interior* (1952) und *The Lost World of the Kalahari* (1958) des südafrikanischen Humanisten Laurens van der Post. In jüngerer Zeit war es der botsuanische Film *Die Götter müssen verrückt sein* (1980), der ebenso humorvoll wie nachdenklich die Situation der San im ausgehenden 20. Jahrhundert darstellt: Insassen eines Sportflugzeuges werfen über der Kalahari eine Coca-Cola-Flasche ab, die zufällig inmitten einer San-Sippe landet. Zunächst stiftet sie Bewunderung, sehr bald aber Neid und Unfrieden. Einer der ausdauerndsten Männer macht sich schließlich auf, um den Fremdkörper möglichst weit weg zu schaffen. Dabei muss er manche Abenteuer bestehen: So stößt er auf weidendes Vieh und bejagt es; ohne den Grund zu verstehen, wird er ins Gefängnis geworfen.

In Botsuana und Namibia leben an die 90 000 San. In Südafrika sind es nur noch wenige Tausende. Viele von ihnen leben am Rand der Zivilisation, verdingen sich als Hilfsarbeiter und leiden unter Alkoholismus. Hilfsprojekte suchen dem bedrohten Volk ein Überleben zu ermöglichen. Schlagzeilen machte ein Vertrag zwischen dem US-Arzneimittelhersteller Pfizer und dem San-Rat. Der 1996 patentierte Wirkstoff des Kaktus *Hoodia* soll als Appetitzügler auf den Markt kommen. Das Wissen kam von den San. Mit Hilfe von Nichtregierungsorganisationen konnten sie 2003 eine finanzielle Beteiligung an der Vermarktung erstreiten.

Wahrscheinlich verwandt mit den San sind die am West-, Nord- und Ostkap beheimateten Khoi-Khoi, die die Niederländer wegen ihres scheinbaren Stotterns lautmalerisch „Hottentotten" nannten. Sie verwenden ebenfalls Klicklaute. Die Khoi-Khoi stammen wohl aus Zentralafrika und wanderten um 2000 v. Chr. ins südliche Afrika. Im Unterschied zu den San wurden sie dort sesshaft und entwickelten Schaf- und Viehzucht. Sie lebten in größeren Stammesverbänden von 1000–2000 Menschen, die von Häuptlingen regiert wurden.

Als sich im 17. Jahrhundert die Niederländer am Kap festsetzten, war das gegenseitige Verhältnis zunächst von einer gewissen Gleichberechtigung geprägt. Doch als die Khoi-Khoi und ihre Herden durch Krankheiten dezimiert wurden, gerieten sie in ökonomische Abhängigkeit. Der zunehmende Landbedarf der Weißen verdrängte sie entweder an die Peripherie der Kapkolonie oder integrierte sie als abhängige Farmarbeiter oder Hausdiener in die koloniale Wirtschaft. Erfolglose Aufstände (1659/60, 1673–1677) beschleunigten die gesellschaftliche Deklassierung der Khoi-Khoi. Die traditionellen Lebensgrundlagen und sozialen Organisationsformen zerbrachen.

Interesse zeigten die Weißen weniger an ihrer Kultur als an ihren Körpermerkmalen: Khoi-Khoi mit ihren voluminösen Fettsteißen wurden nach Europa verschleppt und als exotische Schaustücke auf Jahrmärkten vorgeführt. Die erotischen Phantasien europäischer Männer wurden durch die „Hottentottenschürzen" angeregt: Bei vielen Khoi-Frauen sind die Schamlippen stark vergrößert.

Symptomatisch ist das Schicksal von Saartjie Baartman (1789 bis 1815). Ein Schiffsdoktor überredete sie 1810, mit ihm nach England zu fahren, wo er sie auf Ausstellungen und Jahrmärkten als halbwilde „Hottentotten-Venus" vorführte. Im Jahr 1814 kam sie zu einem französischen Wanderzirkus und erregte gleichermaßen die Neugier des sensationslüsternen Publikums wie der Wissenschaft. Baron Georges Cuvier, Leibarzt von Napoleon I., meinte, in ihr ein Verbindungsglied zwischen Tier und Mensch entdeckt zu haben, andere sahen in ihr den lebenden Beweis für die Überlegenheit der weißen Rasse. Zuletzt arbeitete Saartjie als Prostituierte und war dem Alkohol verfallen, 1815 erlag sie in Paris einer Krankheit. Cuvier entnahm ihr Gehirn und ihre Geschlechtsorgane und schenkte sie dem *Musée de l'Homme* in Paris. Dort wurden sie noch bis 1974 öffentlich ausgestellt. Im Jahr 2002 stimmte Frankreich endlich einer Rückgabe zu, und die Überreste von Saartjie Baartman wurden an ihrem Geburtsort im Ostkap feierlich bestattet. Sie ist heute eine nationale Identifikationsfigur.

Die Kapmischlinge

In der Kapkolonie wurden die Khoi-Khoi von der Niederländisch-Reformierten Kirche missioniert, erhielten von ihrem *baas* (Herrn) europäische Kleider und lernten ein einfaches „Küchenholländisch", eine der Wurzeln der späteren Sprache Afrikaans. Ihre Stammesstrukturen zerbrachen, schließlich vergaßen sie ihre alte Religion, Sprache und Kultur. Im 19. Jahrhundert lebten im West- und Nordkap nur noch mit Weißen, Malaien oder Schwarzen vermischte Khoi-Khoi: Die Bevölkerungsgruppe der „Kapmischlinge" (afrikaans *Kleurlinge*, englisch *Cape Coloureds*) war entstanden.

Am Ostkap gingen viele Khoi-Khoi in schwarzen Xhosa-Stämmen auf. Manche Körpermerkmale wie die breiten Hüften und die gelbliche Gesichtsfarbe wurden auf die Xhosa vererbt. In den Gesichtszügen von Nelson Mandela, einem Xhosa aus dem Ostkap, sind deutliche Hinweise auf Khoi-Khoi-Vorfahren zu erkennen. Auch hat die Sprache der Xhosa Klicklaute übernommen.

Einige Khoi-Khoi-Verbände zogen Anfang des 19. Jahrhunderts nach Nordwesten in das heutige Namibia. Die dort lebenden Nama sind die einzigen Khoi-Khoi, die ihre Sprache und Lebensart bis heute bewahrt haben.

Rund 80 % der Kapmischlinge sprechen heute Afrikaans, die Sprache der Buren. Die große Mehrzahl gehört wie diese der Niederdeutsch-Reformierten Kirche an. Eine besondere Gruppe innerhalb der Kapmischlinge bilden die rund 200 000 muslimischen „Kapmalaien", die von Sklaven aus Malaya und Indonesien abstammen.

Während der Apartheid-Ära genossen die Kapmischlinge bestimmte Privilegien. So wurden sie bei der Arbeitsplatzvergabe gegenüber schwarzen Südafrikanern bevorzugt und erhielten höhere staatliche Mittel für Erziehung und Soziales. Doch waren sie auch Opfer der Apartheid. Ihr Wahlrecht wurde ihnen aberkannt, und trotz ihrer burischen Ahnen durften die Kapmischlinge keine Ehen oder Intimbeziehungen mit Weißen mehr eingehen. 1966 erklärte die Regierung das lebendige Mischlingsviertel *District Six* im Herzen von Kapstadt zum „weißen Wohngebiet", und 60 000 Kapmischlinge wurden an die Peripherie verfrachtet. Mit Ausnahme der Kirchen und Moscheen wurden alle Häuser und Gebäude abgerissen. Der *District Six* verkam freilich zur Stadtwüste, da sich die Neubebauung dauerhaft verzögerte. Nach Abschaffung der Apartheid wurde der Wiederaufbau beschlossen. Ab 2004 kehrten die früheren Bewohner in neu erbaute Häuser zurück.

In den Provinzen Westkap und Nordkap stellen die Kapmischlinge die größte Bevölkerungsgruppe. Landesweit bilden sie mit 4,3 Mio. Menschen (2007) eine Minderheit von 9 % der Bevölkerung und verfügen im Unterschied zu Schwarzen und Weißen über keine Schlüsselpositionen in Politik und Wirtschaft. Der regierende *Afrikanische Nationalkongress* (ANC) tendiert dazu, die Kapmischlinge als „Schwarze" zu vereinnahmen. Damit stößt er aber nur bei einem Teil der städtischen Kapmischlinge auf Zustimmung. Im Gegenzug bezeichnen sich manche junge Kapmischlinge stolz als *Kleurlinge*. Andere suchen den kulturellen Rückgriff auf die Khoi-Khoi-Vorfahren und deren Traditionen. So nannte sich der frühere Generalsekretär des *Pan-Afrikanischen Kongresses* Benny Alexander in !Khoisan X um (das „!" steht für einen Klicklaut; Khoisan ist die gemeinsame Bezeichnung für San und Khoi-Khoi).

Auf dem Arbeitsmarkt haben es die Kapmischlinge mit wachsender schwarzer Konkurrenz zu tun, so infolge der Bestimmungen der *affirmative action* (positive Diskriminierung). Denn Kapmischlinge tun sich schwer, als entschädigungsberechtigte Apartheidopfer anerkannt zu werden. Auch muss das Westkap einen erheblichen Zustrom schwarzer Südafrikaner aus unterentwickelten Regionen des Ostkaps verkraften. Zwischen 1980 und 2007 stieg dort die Zahl der Schwarzen von 275 000 auf 1,3 Mio. an. Damit erreichten sie im Westkap einen Bevölkerungsanteil von 26,7 %.

Xhosa, Zulu und andere schwarze Völker

Im Jahr 2007 lebten rund 38 Mio. Schwarze in Südafrika (80 % der Bevölkerung). Die beiden größten Völker sind Zulu und Xhosa mit rund 11 bzw. 8 Mio. Menschen. Hatte sich Südafrika bis 1994 als Land mit europäischen Wurzeln definiert, so betont die heutige Regierung die afrikanische Identität.

Möglicherweise siedelten schon im 3. Jahrhundert n. Chr. Afrikaner auf dem heutigen Staatsgebiet. Ab dem 11. Jahrhundert wanderten Bantu-Völker aus Zentralafrika in das Gebiet der heutigen Limpopo-Provinz ein.

Bantu bedeutet Mensch – alle schwarzen Völker Südafrikas sprechen eine der neun untereinander verwandten Bantu-Sprachen. Zwischen 1300 und 1600 besiedelten sie auch das Hochland Südafrikas und begannen dort mit der Viehzucht. Die Bantu teilen sich in vier Hauptgruppen auf: Nguni (60 %), Sotho-Tswana (30 %) sowie Venda-Karanga und Tsonga (zusammen 10 %).

Die Nguni umfassen die Zulu, Swasi, Ndebele und die Xhosa-Obergruppe (Xhosa im eigentlichen Sinne sowie Pondo und Tembu); sie stießen in die fruchtbaren Gebiete zwischen Drakensbergen und Indischem Ozean vor. Die Sotho, bestehend aus den Nord-Sotho (Pedi), Süd-Sotho (Basuto) und West-Sotho (Tswana), wanderten in das trockene Zentralplateau, auf dem heute auch die selbständigen Staaten Botsuana und Lesotho liegen. Die Venda-Karanga und Tsonga (Shangaan) leben diesseits und jenseits der Grenzen zu Simbabwe bzw. Mosambik.

Die Bantu betrieben bereits eine einfache Form der Eisenverarbeitung und waren den Khoisan überlegen. Die Sippen waren größer; der Häuptling besaß eine stärkere Stellung. Sein Amt war erblich; er war oberster Richter sowie politischer und religiöser Führer und stellte die Verbindung zu den Ahnen her. Insbesondere bei den Nguni gab es ein weit entwickeltes System von Beamten (*induna*).

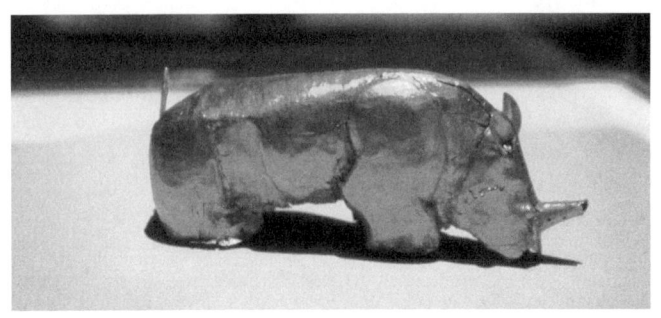

Mapungubwe („Ort des Steins der Weisheit") war von ca. 1030 bis 1290 Hauptstadt eines afrikanischen Reiches. Auf dem Hügel in der Nähe von Musina (Limpopo-Provinz) wurden Königsgräber sowie in den unteren Bereichen Reste einer Stadt gefunden. Die 1933 begonnenen Grabungen brachten Töpferwaren, Keramik, Goldschmuck, Glasperlen, verziertes Elfenbein und Horn sowie raffiniertes Kupfer und Eisen zu Tage. Mapungubwe gilt als Vorläufer des im heutigen Simbabwe gelegenen Großreiches *Great Zimbabwe* (13.–15. Jahrhundert). Während der Apartheid-Ära stand die schwarzafrikanische Geschichte im Schatten der weißen. Mapungubwe war nur wenigen Gelehrten bekannt und der Öffentlichkeit nicht zugänglich. Heute ist es UNESCO-Weltkulturerbe und kann besichtigt werden. In Musina wurde ein Museum errichtet.

Die traditionelle Bantu-Kultur kennt nur Stammesland, es wird aber individuell bearbeitet. Aufgrund seiner gleichmäßigen Zuteilung gibt es zwischen den Stammesangehörigen keine großen materiellen Unterschiede. Der Bantu ist kein Einzelmensch, sondern sieht sich als Mitglied einer Gemeinschaft sowie als Verbindungsglied in einer Kette zwischen Vorfahren und Nachkommen. Die größten Feste im Jahreslauf sind diejenigen Ereignisse, die die Weitergabe von Leben betreffen: Geburt, Hochzeit, Tod.

Die Heirat garantiert die Fortsetzung der Ahnenkette und die Weitergabe des Eigentums. Sie hat in erster Linie religiöse und ökonomische Bedeutung. Die Frau wechselt in die Familie des Ehemannes, wofür der Bräutigam ihrer Familie eine Ablösesumme, den *lobola* (Brautpreis), zahlt. Ein Mann heiratet nach Möglichkeit mehrere Frauen. Die Polygynie sichert den Besitz, das Ansehen und die Ahnenfolge, denn derjenige, der kinderlos stirbt, kann kein Ahne werden. Auch begrenzt sie Prostitution und außereheliche Beziehungen und verhilft so mancher Frau zur Heirat, die sonst vielleicht unverheiratet oder kinderlos bliebe. Beim Tod eines Mannes heiratet häufig sein Bruder oder ein anderer Verwandter die Witwe. Als Lebensbringerin genießen Frauen hohes Ansehen.

Eine Großfamilie bildet eine Dorfgemeinschaft und besteht aus Mann und Ehefrauen, Söhnen und Töchtern, Onkeln und Tanten. Jede Frau wohnt in einer eigenen Hütte und führt ihren eigenen Haushalt. Die Geschlechterrollen sind streng getrennt: Der Mann ist Jäger, Fischer, Viehzüchter und Krieger, heute Geldverdiener, die Frau ist Mutter, Hausfrau, Töpferin, Weberin und Feldarbeiterin. Großen Respekt genießen die Alten: Sie lenken die Geschicke der Großfamilie und stehen den Ahnen am nächsten.

Jungen und Mädchen werden in der Pubertät in mehrmonatigen Initiationskursen auf ihre künftige Rolle als Mann und Frau vorbereitet. Teilweise ist dabei bei Jungen die Beschneidung üblich.

Die Bantu glauben an einen allwissenden, allgegenwärtigen Gott, von dem keine personale Vorstellung möglich ist. Die gesamte Natur einschließlich des Menschen wird als Teil Gottes empfunden. Neben dem universellen Gott gibt es eine Anzahl geringerer Götter mit genau definierter Persönlichkeit und Gestalt. Sie sind entweder oder böse. Die Bantu glauben, dass die Seele ewig ist und vor und nach ihrer Verbindung mit dem menschlichen Körper verschiedene Inkarnationen durchläuft – in Pflanzen, Bäumen und Tieren.

Die Ahnen leiten und führen die Lebenden, da sie die Zukunft kennen. Insbesondere Heiler *(sangoma)* verfügen über die Fertigkeit, den Geist eines Verstorbenen herbeizurufen. Die Spannweite reicht heute von verantwortungsvollen Heilkundigen bis zu Scharlatanen. Große Furcht herrscht vor männlichen und weiblichen Zauberern, die angeblich von bösen Geistern besessen sind und ihre magischen Kräfte zu bösen Taten einsetzen. Mitunter kommt es im ländlichen Südafrika zu brutalen Hexen- und Zaubererverfolgungen und zu Verbrechen in Zusammenhang mit *muti* (Zaubermitteln) aus menschlichen Körperteilen.

Manche traditionelle Vorstellungen sind auch heute allgemein verbreitet: So ergab 2006 eine Studie des *Unilever Institute* der Universität Kapstadt, dass auch unter den Angehörigen der neuen

Eine Gruppe Xhosa im kargen Ostkap, der früheren Transkei

schwarzen Mittelschicht 86 % von der Notwendigkeit des Braut-
preises, 75 % von der Bedeutung von Schlachtopfern für Ahnen
und 47% von der Wirksamkeit traditioneller Medizin überzeugt
waren. 34 % konsultierten eher einen Heiler als einen Schulmedi-
ziner.

Rivalisierende Nachfolgeansprüche und knapper werdende Ressourcen bei anhaltendem Bevölkerungswachstum führten zu
Spaltungen. So teilten sich um 1800 die südlichen Nguni in drei
Gruppen auf, und seitdem gibt es bei den Xhosa keinen anerkannten Oberhäuptling mehr.

Ein abgeschlossenes Territorium, Zunahme des Handels und
Unterwerfung weiterer Stämme konnten zur Gründung starker
Staatswesen führen. So schuf bei den Nguni der kleine Zulu-Stamm
unter seinem kriegerischen Häuptling Shaka im 19. Jahrhundert
ein mächtiges Königreich.

Süd-Sotho und Swasi begründeten im 19. Jahrhundert ebenfalls
Königreiche. Dank kluger Führer konnten sie eine gewisse Eigenständigkeit verteidigen, indem sie sich unter direkten britischen
Schutz stellten. Aufgrund dieser geschichtlichen Sonderentwick-
lung blieben die Hauptsiedlungsgebiete der Süd-Sotho und der

Swasi wie auch der Tswana als britische Protektorate außerhalb der Grenzen Südafrikas. Im 20. Jahrhundert wurden daraus die selbständigen Königreiche Lesotho (1966) und Swasiland (1968) sowie die Republik Botsuana (1966).

Ursprünglich lag ein großer, unberührter Landstreifen zwischen den schwarzen Siedlungsgebieten und der niederländischen Kapkolonie. Doch wurde er mit den Jahren schmaler. Schließlich legte Gouverneur Joachim von Plettenberg 1778 den Großen Fischfluss als Grenze zum Xhosa-Gebiet fest. Daran schloss sich ein jahrzehntelanger Grenzkrieg an: Xhosa unternahmen Raubzüge auf dem Gebiet der Kapkolonie; „Treckburen" setzten ihnen über den Großen Fischfluss nach und suchten dort neue Viehweiden.

Weiter nördlich wurden die Zulu zur dominierenden Macht. Die von König Shaka entfesselten Raub- und Machtkriege (*mfecane*) forderten über 1 Mio. Tote und entvölkerten ganze Landstriche. Die Zulu siedelten auf den fruchtbaren Hügeln Natals und drängten andere Völker in die Berge oder in die dürre Grassteppe des Hochplateaus ab. Auch manche Zulu-Stämme flohen vor den dauernden Kriegen, wie die Fingo (d.h. „Wir sind in Not"), die sich zu den Xhosa flüchteten.

Gegen Buren und Briten kämpften die Zulu in mehreren Schlachten. Am 22. Januar 1879 rieben sie bei Isandhlawana ein britisches Regiment auf – eine der größten Schlappen des Britischen Empire im ausgehenden 19. Jahrhundert. Erst 1887 gelang es den Briten, Zululand zu annektieren. Sie schafften Monarchie und Wehrsystem ab, ohne jedoch Zusammenhalt und Traditionsbewusstsein der Zulu-Nation und deren Anhänglichkeit an die Dynastie zerstören zu können. 1951 durften die Zulu ihre Monarchie wieder offiziell einführen. Bis heute sind sie stolz auf ihre „kulturellen" Waffen, die ein Stück Identität symbolisieren: der Speer (*assegai*), die Keule (*knobkerri*) und der mit Kuhhaut überzogene Schild (*iziHlangu*).

Die benachbarten Xhosa führten keine offene Feldschlacht gegen die Briten, sondern eine Reihe von Kleinkriegen. Weniger durch militärische Niederlagen als infolge der fatalen Weissagungen einer Hellseherin wurden sie entmachtet: Das neunjährige Mädchen Nonquase hatte 1856/57 prophezeit, dass alle Weißen von einem großen Sturm ins Meer getrieben würden, wenn das Vieh geschlachtet und die Ernte nicht eingebracht würde. Die Folge war eine katastrophale Hungersnot. Die Zahl der Xhosa schrumpfte

Shaka Zulu (geb. um 1786, ermordet 1828) entstammte dem kleinen Nguni-Stamm der Zulu („Himmelsvolk"). 1815 wurde er Häuptling und baute ein 40 000-Mann-Heer auf. In zahlreichen Kriegen schuf er ein rund 100 Stämme zählendes Königreich von 60 000 km² Größe, dem er den Namen seines Stammes verlieh. Voraussetzungen für seinen Erfolg waren ein reger Handel mit Portugiesen und Engländern, die Einführung einer Wehrpflicht für alle Männer bis 40 Jahre, eine verbesserte Kriegtaktik und der Einsatz neuer Waffen (kurzer Nahkampfspeer, Lederschild). Siegreiche Krieger wurden mit Ehren überhäuft, beim geringsten Anzeichen fehlenden Mutes jedoch mit dem Tode bestraft. 1828 wurde Shaka von seinen beiden Halbbrüdern Dingane und Mhlangana erstochen. Dingane wurde neuer Zulu-König (1828–1839), konnte jedoch nicht an die Erfolge anknüpfen und leitete den Niedergang des Zulu-Reiches ein.

um zwei Drittel. Nach und nach wurde ihr Siedlungsgebiet, die Ciskei und Transkei beiderseits des Kei-Flusses, annektiert.

Zum Ende des 19. Jahrhunderts gab es kein schwarzes Gebiet mehr, das nicht unter europäischer Herrschaft stand. Besser als den Zulu gelang es den Xhosa, Anschluss an die moderne Zeit zu finden. Sie nutzten Bildungsmöglichkeiten, die trotz vieler Diskriminierungen in Südafrika besser als in anderen Kolonien waren, und stellen heute, gefolgt von den Sotho und Tswana, die schwarze Mittel- und Führungsschicht. In Fort Hare in der Ciskei (Ostkap) wurde 1916 die erste Universität Afrikas errichtet, an der Schwarzafrikaner studieren konnten. Viele Kader des späteren Widerstandes, wie Nelson Mandela, Oliver Tambo, Chris Hani, Robert Sobukwe und Mangosuthu Buthelezi, wurden dort ausgebildet. Die Zulu standen zunächst unter strenger Kuratel und hatten in Natal nicht nur weiße, sondern auch indische Konkurrenz. Wenn Zulu in die Städte zogen, konnten sie sich dort aufgrund ihrer geringen Bildung meist nur als Handarbeiter oder Hausangestellte verdingen. Das Selbstbewusstsein der Zulu ist indes ungebrochen. Der letzte traditionelle Aufstand gegen die Kolonialherrschaft erfolgte bezeichnenderweise 1906 durch die Zulu.

Frühzeitig wurden die Schwarzen aus dem „weißen" Südafrika ausgegrenzt: Der 1894 am Kap und in der Transkei eingeführte *Glen Grey Act* beschränkte den Landbesitz für jeden schwarzen Einwohner auf 10 *acres* (rund 4 Hektar) und schaffte Landbesitz als Qualifikationsgrundlage für das Wahlrecht ab. Nach der Jahrhundertwende wurde die Kopfsteuer am Kap und in Natal erhöht, um zusätzliche Arbeitskräfte freizusetzen und Land für weiße Siedler zu schaffen. Im Jahr 1913 definierte ein Landgesetz Reservate als Siedlungsraum der schwarzen Südafrikaner; fortan durften sie kein Land von Weißen kaufen oder mieten. 1936 wurden die Reservate zwar vergrößert; die Bewegungsfreiheit der Schwarzen war aber inzwischen weiter eingeschränkt worden.

Aufgrund des Arbeitskräftebedarfes der neuen Industrien zogen seit den 1930er Jahren immer mehr Schwarze in die Städte. Ausgedehnte Townships entstanden am Rand der Wirtschaftsmetropole Johannesburg. In der Apartheidära versuchte die Regierung, die Migration durch strenge Pass- und Zuzugskontrollen zu bremsen. Jeder Schwarze, der nicht im weißen Gebiet gebraucht wurde, sollte in den Homelands (Reservaten) verbleiben, in Sonderheit

Frauen und Kinder. Doch die Attraktivität der Städte war zu groß, der Zuzug kaum kontrollierbar, und die Industrie brauchte immer mehr schwarze Arbeitskräfte. 1986 wurden die Kontrollen aufgegeben. Dies brachte ein größeres Maß an individueller Freiheit und Mobilität, jedoch auch immense soziale Probleme.

Förderprogramme und Quoten zugunsten von „Angehörigen früher benachteiligter Bevölkerungsgruppen" haben nach dem Umbruch von 1994 dafür gesorgt, dass schwarze Südafrikaner heute den Staatsdienst dominieren. Auch in der Privatwirtschaft sind schwarze Manager, Banker, EDV-Spezialisten oder Designer keine Seltenheit; ihr Lebensstil orientiert sich an demjenigen ihrer weißen Kollegen.

Doch leben in den Städten auch Millionen Schwarzafrikaner, die aus ländlichen Gegenden zugewandert sind und mit städtischer Kultur wenig anfangen können. Ihr Leben spielt sich auf der Straße ab, ihren Lebensunterhalt bestreiten sie als fliegende Händler oder Tagelöhner. Die Ärmsten unter ihnen hausen in Slums und Hinterhöfen oder haben eine Wohnung besetzt. Mieten und Abgaben werden häufig verweigert, der Müll landet auf der Straße. Kriminelle Banden beherrschen die Viertel, während vom Staat kaum Unterstützung zu erwarten ist.

Südafrikanische Städte erleben derzeit einen dramatischen Wandel: Die „Erste Welt" weicht an die Peripherie aus und gründet dort in rasantem Tempo hochmoderne Bürostädte, Einkaufszentren und Wohnsiedlungen. In die aufgegebenen Stadtzentren zieht die „Dritte Welt" ein – manche Zuwanderer stammen aus so entfernten Ländern wie Nigeria und Äthiopien. So verfallen in verslumten Johannesburger Stadtvierteln wie Hillbrow und Yeoville die Apartment- und Bürogebäude, die Museen, Parks, Kirchen und Synagogen. Die ehemaligen Bewohner sind längst nach Sandton und Midrand ausgewichen, wenn sie nicht Südafrika ganz den Rücken gekehrt haben.

Weiße Afrikaner: die Buren

Bereits 1488 umrundete der portugiesische Seefahrer Bartolomeu Diaz das Kap der Guten Hoffnung, und 1620 nahmen die englischen Kapitäne Humphrey Fitzherbert und Andrew Shillinge die

Tafelbucht vorübergehend in Besitz. Doch in beiden Fällen interessierten sich die heimischen Monarchen nicht für koloniale Erwerbungen. Die Niederlande waren die Ersten, die unter Kapitän Jan van Riebeeck 1652 einen Stützpunkt am Kap einrichteten. Er diente der *Niederländisch-Ostindischen Kompanie* als Lebensmittelversorgungsstation für ihre zwischen Europa und Indien fahrenden Schiffe. Denn der durch Vitaminmangel ausgelöste Skorbut war die Geißel der Seefahrt.

Holländer, Flamen, Deutsche, vertriebene französische Hugenotten und andere Europäer kamen als Soldaten, Handwerker und Farmer in die Kapkolonie. Im 18. und 19. Jahrhundert wuchsen die Einwanderer zu einem neuen Volk zusammen, das die Beziehungen zu Europa verlor und eine neue Sprache hervorbrachte: das im Niederländischen und Deutschen wurzelnde Afrikaans. Es ist die jüngste indoeuropäische Sprache. Neben der Sprache wurde die calvinistische Religion mit ihren Auserwähltheitsvorstellungen zum einigenden Band und zur Quelle für ein eigenes Nationalbewusstsein.

Zu dieser Entwicklung trugen auch Spannungen zwischen den Siedlern und der autoritär auftretenden *Niederländisch-Ostindischen Kompanie* bei. Im Jahr 1706 feierte Hendrik Biebault in Stellenbosch die Abberufung des verhassten Gouverneurs Adriaan van der Stel mit dem berühmten Ausruf: *„Ik ben een Afrikaander!"* „Afrikaner" nennen sich bis heute die afrikaanssprachigen Weißen Südafrikas. Daneben ist die Bezeichnung „Buren" gebräuchlich (d.h. Bauern, ursprünglich ein britisches Schimpfwort mit der Bedeutung dumme Hinterwäldler).

Nachdem die Kapkolonie im Zuge der napoleonischen Kriege von britischen Truppen besetzt und 1815 im Wiener Kongress für 6 Mio. Pfund an Großbritannien verkauft worden war, verstärkten sich die antikolonialen Ressentiments der Afrikaanssprachigen. Denn Englisch wurde alleinige Unterrichts- und Predigtsprache, 1825 bzw. 1828 auch alleinige Amts- und Gerichtssprache.

Höhere Positionen in der Kapkolonie waren den Buren nun verschlossen. Das von den Briten am Kap eingeführte Zensuswahlrecht grenzte nicht nur viele Kapmischlinge, sondern auch arme Buren aus. Die britische Kolonialverwaltung suchte die Farmer daran zu hindern, ihre Viehweiden ins Hinterland auszudehnen, um nicht in Konflikte mit schwarzen Stämmen verwickelt zu wer-

Burischer Viehfarmer in Soutpansberg (Limpopoprovinz)

den, doch angesichts der britischen Zuwanderung boten sich den Buren in den Städten keine beruflichen Perspektiven. Unter dem Einfluss der britischen Missionsgesellschaften reglementierte eine neue Arbeitsgesetzgebung die Behandlung der farbigen Arbeiter, und bis 1834 mussten alle Sklaven entlassen werden – praktisch entschädigungslos, denn die Kompensation war persönlich in London geltend zu machen. Opponierende Buren wurden eingesperrt, in Einzelfällen sogar hingerichtet.

Allmählich kam das Fass zum Überlaufen. Zwischen 1835 und 1845 ereignete sich das, was gemeinhin als „Großer Treck" bezeichnet wird, in Wirklichkeit aber „Große Trecks" heißen müsste: der Auszug von 15 000 der 60 000 Buren aus der Kapkolonie nach Norden. Noch heute sind an unglaublich steilen Abhängen der Drakensberge die von den Ochsenwagen hinterlassenen Rillen zu sehen. Unfälle, Krankheiten und wilde Tiere forderten ihren Tribut – *Wenen* (Weinen) heißt beispielsweise ein im Verlauf des Großen Trecks gegründeter Ort.

Im Norden riefen die Buren unabhängige Republiken ins Leben. Die Briten am Kap reagierten zwiespältig: Einerseits wollten sie den Buren nicht nachsetzen, andererseits gingen sie stillschweigend davon aus, dass diese weiterhin britische Untertanen und damit die neugegründeten Republiken britische Territorien seien. Das strategisch wichtige Natal, wo die Briten in Port Natal, dem späteren Durban, bereits einen Stützpunkt besaßen, wurde 1845 von der Kapregierung annektiert. Den Burenrepubliken Transvaal und Oranjefreistaat gestand London schließlich 1852 bzw. 1854 die Souveränität zu.

Bis heute wollen viele Buren die Illusion aufrechterhalten, dass sie nur unberührtes Land besiedelt oder Land rechtmäßig erworben hätten. In der Tat hatte der „Große Krieg" zwischen Bantu-Völkern weite Landstriche entvölkert. Andernorts kauften burische Siedler Land. Dennoch kam es auch zu blutigen Kämpfen um die besten Weideplätze und Ackerbaugebiete.

Schicksalhaft wurde die Konfrontation mit den Zulu: Deren König Dingane ließ am 6. Februar 1838 anlässlich einer Unterredung bei Matiwane's Kop Piet Retief und seine Führer ermorden und daraufhin einen großen Teil des Trecks niedermachen. Erst dem aus dem Kap nachrückenden Andries Pretorius gelang die Entsetzung der in verzweifelter Lage ausharrenden Reste des Trecks: Am 16. Dezember 1838 wurden in der entscheidenden Schlacht 15 000 Zulu-Krieger von 500 in ihrer Wagenburg verschanzten Buren vernichtend geschlagen. Das Wasser des Ncome-Flusses soll sich von den 3000 gefallenen Zulu rot gefärbt haben – seither wird er von den Buren *Bloedrivier* (Blutfluss) genannt. Zuvor hatten die Buren in einem feierlichen Gelöbnis Gott ihr Leben anvertraut, wenn er sie aus dieser Pein befreien würde. Diese wundersame Errettung trug entscheidend zur Ausbildung ihrer christlich-nationalen Ideologie bei. Bis 1994 war der 16. Dezember als „Gelübdetag" staatlicher Feiertag und wurde am „Vortrecker-Monument" bei Pretoria begangen. Und es war kein Zufall, dass der ANC just am 16. Dezember 1961 den bewaffneten Befreiungskampf begann.

Ende des 19. Jahrhunderts wurden die agrarisch geprägten Burenrepubliken von der großen Politik eingeholt. Kolonialminister Joseph Chamberlain und Kappremier John Cecil Rhodes strebten nach einem britischen Afrika vom Kap bis Kairo. Die Burenrepubliken wurden eingekreist: Im Westen wurde 1884 Bechuanaland (das heutige Botsuana) zum britischen Protektorat erklärt, im Norden 1890 die britische Kolonie Südrhodesien (das heutige Simbabwe) etabliert, und im Osten erweiterten die Briten bis 1895 sukzessive ihre Kolonie Natal und schnitten damit die Burenrepubliken vom Meer ab. Als 1886 im Witwatersrand-Gebirgszug im Transvaal reiche Goldvorkommen entdeckt wurden, war auch die Begehrlichkeit des britischen Kapitals geweckt.

Im Jahr 1877 hatten die Briten wirtschaftliche Schwierigkeiten der Transvaal-Republik ausgenutzt und ihr einen Protektoratsvertrag aufgenötigt. Bereits 1880 kam es zu einem Aufstand, und am 27. Februar 1881 brachten die Buren den sinnlos anstürmenden Briten am Majuba-Berg eine schwere Niederlage bei. Damit hatten sie den „Ersten Burenkrieg" gewonnen, den sie selbst den „Ersten Freiheitskrieg" nannten.

Ein nur mühsam bemäntelter britischer Invasionsversuch im Jahr 1895 schlug fehl und schadete dem britischen Ansehen in der Welt erheblich. Der listige Transvaal-Präsident Paul Kruger versuchte, zwischen den Weltmächten zu lavieren und die Unabhängigkeit zu wahren. Doch 1899 massierten die Briten ihre Truppen an den Grenzen, und es kam zum Zweiten Buren- oder Freiheitskrieg, der wesentlich blutiger als der Erste verlief. Dieser Krieg entwickelte sich zunächst sehr ungünstig für die Briten, da sich die zahlenmäßig unterlegenen Buren auf eigenem Territorium als hervorragende Kämpfer erwiesen. Als die britischen Einheiten zwischen März und Juni 1900 die großen Städte eroberten, griffen die Buren zur Guerillataktik und brachten den Briten immer wieder schwere Verluste bei.

Daraufhin ließ der neue britische Oberbefehlshaber Lord Horatio Herbert Kitchener die burischen Farmen niederbrennen, das Vieh schlachten, die Brunnen zerstören und Frauen und Kinder in sog. *concentration camps* einsperren. Dadurch sollten die Guerillakämpfer vom Nachschub abgeschnitten und demoralisiert werden. Nicht weniger als 27 000 Frauen und Kinder (ein Drittel) starben in Lagern an Hunger und Seuchen. Vor einigen Jahren wurde in Südafrika auch die Geschichte der schwarzen Landarbeiter und Hausgehilfen der Buren aufgearbeitet, die ebenfalls in Lager gesperrt wurden und in großer Zahl starben.

Manche Buren, die *hensoppers* (Händehochheber), gaben schnell auf, andere, die *bittereinder*, kämpften bis zum „bitteren Ende", dem Frieden von Vereeniging im Mai 1902. Der Oranjefreistaat und der Transvaal wurden britische Kolonien.

Am Ende des Krieges waren die Buren im Norden Südafrikas

Stephanus Johannes Paulus Kruger (geb. 1825 in Colesberg/Kapkolonie, gest. 1904 in Clarens/Schweiz) stammte aus Deutschland: Ein Vorfahr war 1713 von Berlin eingewandert. Als Junge nahm er am Großen Treck teil. Nur drei Monate lang erhielt er Schulunterricht. Der fromme Kruger zeugte mit seiner Frau Gezina neun Söhne und sieben Töchter. 1864–1871 war er Generalkommandant, 1882–1902 Präsident der *Zuid-Afrikaanschen Republik* (Transvaal). Als er 1884 Europa besuchte, konnte er sich mit Reichskanzler Bismarck, der Plattdeutsch sprach, verständigen. Im Volk war „Oom" (Onkel) Kruger wegen seiner leutseligen Art beliebt. So hielt er Audienzen auf der Veranda seines Hauses in Pretoria ab (heute ein Museum). Wegen Korruptionsaffären unter seiner Regierung war er aber nicht unumstritten. Kruger suchte die Rechte der zugewanderten *uitlanders* zu beschränken und die britischen Annexionsabsichten einzudämmen. Allerdings hatte auch er die Vision eines vereinigten Groß-Südafrika. Nach der Einnahme der Hauptstadt Pretoria im Jahr 1900 begab er sich nach Europa, um dort – vergeblich – um Hilfe zu bitten. Weitgehend erblindet, starb er im Schweizer Exil in Clarens am Genfer See.

zahlenmäßig dezimiert, politisch entrechtet und wirtschaftlich ruiniert. Britischsprachige Südafrikaner kamen in alle gehobenen Positionen, und Englisch war alleinige Amtssprache. Ehemalige burische Farmer waren nun froh, wenn sie als besitzlose Knechte ein Auskommen fanden, oder zogen zu Zehntausenden in die Städte, wo sie häufig unter ärmlichen Verhältnissen lebten. Besser ging es den Kapburen, wenn sie im Krieg loyale britische Untertanen geblieben waren.

Der Zweite Burenkrieg und seine Folgen wurden zum nationalen Trauma für die Buren. Bis heute sind die Geschichten aus Konzentrationslagern, Gefangenschaft und Nachkriegszeit lebendig. Nachkommen berühmter Generäle tragen stolz deren Namen, während Abkömmlinge von *national scouts* – Kundschaftern im Dienst der britischen Armee – mit einem Makel behaftet sind.

Bei Gründung der Südafrikanischen Union (1910), der als britischem „Dominion" weitgehende Selbstregierung zugestanden worden war, wurden die vollen Bürgerrechte der Buren wiederhergestellt und das Prinzip der Zweisprachigkeit in die Verfassung aufgenommen. Ehemalige Burengeneräle wie Louis Botha und Jan Smuts nahmen die Hand der Versöhnung an und wurden die ersten Premierminister der Südafrikanischen Union.

Was waren die Gründe für das Entgegenkommen Londons? Erstens waren die Imperialisten und Rassisten vom Schlage des Hochkommissars Lord Prince Alfred Milner, der in den Buren Halbwilde sah, abgetreten. Zweitens erkannten die Briten, dass die reichen Naturschätze nur gemeinsam nutzbar gemacht werden konnten. Drittens brachten aufkommende politische Forderungen schwarzer Südafrikaner die Erkenntnis, dass sich die Weißen keinen permanenten Bruderkrieg leisten konnten.

Das Problem der verarmten Buren fand keine Lösung und verschärfte sich in den Krisenjahren nach dem Ersten Weltkrieg. Nationalistische burische Parteien erhielten Zulauf, und im Untergrund knüpfte der 1918 gegründete geheime *Broederbond* ein politisches, ökonomisches, soziales und intellektuelles Netzwerk. Zur Festigung des burischen Nationalbewusstseins trugen die massenpsychologisch meisterhaft aufbereiteten 100-Jahr-Feiern des „Großen Trecks" im Jahr 1938 bei.

Im Jahr 1948 war es dann so weit: Die *Nationalpartei* (NP) unter Führung von Daniel F. Malan gewann eine knappe Mehrheit über die probritische *Vereinigte Partei* von Jan Smuts. Im Lauf der folgenden Jahrzehnte baute die *Nationalpartei* ihre Mehrheit systematisch aus.

Die Politik der *apartheid* (Getrenntheit) sicherte den Buren eine dominante Position sowohl gegenüber den Anglo-Südafrikanern wie gegenüber Nichtweißen. Das Problem der armen Buren wurde dadurch gelöst, dass zahlreiche neue Beamtenstellen in Verwaltung und Staatsbetrieben geschaffen wurden. Das Prinzip der Zweisprachigkeit wurde nun konsequent durchgesetzt, und die afrikaanse Sprache und Kultur wurden an getrennten Schulen und Universitäten gefördert.

Tshwane (Pretoria) mit heute 3,2 Mio. Einwohnern ist als Hauptstadt das Zentrum der politischen Macht. 2005 beschloss der Stadtrat die Umbenennung der erweiterten Metropolitan Municipality in *Tshwane* (abgeleitet von einem Setswana-Wort für eine Regen bringende „schwarze Kuh"). Der innere Stadtbereich soll auch künftig die Bezeichnung Pretoria tragen. Zur eine Stunde entfernten Wirtschaftsmetropole Johannesburg könnte man sich keinen größeren Kontrast vorstellen: Hochhäuser sind in der Minderheit; im Zentrum finden sich breite, wenig geschäftige Alleen. Wenn im Oktober die Jakarandabäume blühen, ist die Beamten- und Studentenstadt in ein violettes Blütenmeer getaucht. Der Architekt Sir Herbert Baker erbaute das 1913 vollendete Regierungsgebäude *Union Buildings*. Das Zentrum der nach dem Treckführer Andries Pretorius benannten Stadt ist der *Kerkplein* mit der Statue Paul Krugers und dem *Raadsaal*, dem einstigen Transvaal-Parlament. Am Stadtrand steht weiterhin das Vortreckerdenkmal, der Schrein des Burentums. Eine 80 km lange Schnellbahnlinie nach Centurion, Midrand und Johannesburg bzw. zum Internationalen Flughafen ist im Bau. Kritiker bemängeln, dass das 3,2 Mrd. US-$ teure Projekt nur Geschäftsreisenden diene und die Townships nicht anbinde, deren Bewohner weiterhin mit maroden Nahverkehrszügen vorliebnehmen müssten.

Das Streben nach Dominanz vollzog sich vor dem Hintergrund jahrzehntelanger Verarmung und Benachteiligung. Ein kleines Volk hatte am Rande der kulturellen bzw. physischen Vernichtung

Jan Christiaan Smuts

gestanden. Gleichzeitig wie die Juden in Israel suchten die Buren nach 1948 ein politisches System zu etablieren, das Diskriminierung und Verelendung ein für alle Mal verhindern sollte – und wie in Israel wurden aus Unterdrückten unversehens selbst Unterdrücker.

Als Premierminister Verwoerd 1961 den Austritt aus dem Commonwealth vollzog und die Republik Südafrika gründete, befanden sich die Buren auf dem Höhepunkt ihrer Macht. In nur 60 Jahren war die totale Niederlage in einen totalen Triumph verwandelt worden – den Namen *Triomf* erhielt denn auch ein „weißer" Johannesburger Stadtteil, der auf dem Areal der zwangsgeräumten schwarzen Siedlung Sophiatown entstand.

Die Republik Südafrika war allerdings kein burischer Nationalstaat. In einem oligarchischen System wurden den ethnischen Gruppen abgestufte politische und soziale Rechte zuerkannt. Eine kleine Minderheit profitierte politisch und ökonomisch auf Kosten der großen Mehrheit.

Die Buren haben bemerkenswerte Persönlichkeiten hervorgebracht, so Jan Smuts (1870–1950), der zweimal das Amt des Premierministers ausübte. 1915 befehligte er als General die Annexion Südwestafrikas; 1917/18 war er Mitglied des britischen Kriegskabinetts, im Zweiten Weltkrieg britischer Feldmarschall.

1909 arbeitete der brillante Jurist die Unionsverfassung aus, 1918 Teile der Völkerbundssatzung; 1945 hatte er wesentlichen Anteil an der UN-Charta. Smuts betätigte sich auch als Philosoph und entwickelte den „Holismus". Sir Laurens van der Post (1906–1996), Mentor von Prinz Charles, war ein Schriftsteller und Philosoph von Weltruf. Der Chemiker Anton Rupert (1916–2006) formte aus kleinsten Anfängen die Weltkonzerne Rembrandt und Richemont (Tabakwaren, Industrie, Finanzdienstleistungen, Luxusgüter), als großherziger Mäzen unterstützte er Natur- und Denkmalschutz, künstlerische und soziale Projekte.

Anglos und Inder in Natal

Von den 4,4 Mio. Weißen im Jahr 2007 waren nur rund 1,6 Mio. englische Muttersprachler. Dies ist darauf zurückzuführen, dass die wiederkehrenden Pläne einer britischen Masseneinwanderung nie in die Tat umgesetzt wurden. Weitere weiße Minderheiten, die seit der zweiten Hälfte des 19. Jahrhunderts nach Südafrika kamen, sind Portugiesen, Deutsche, Griechen, in den letzten Jahrzehnten auch Ost- und Südosteuropäer.

Um 1820 lebten 10 000 britische Siedler in der Kapkolonie. Port Elizabeth, Grahamstown und East London entwickelten sich zu Zentren britischen Lebens am Ostkap. Eine numerische Mehrheit gegenüber den Buren erreichten die britischen Siedler nur weiter nördlich in Natal, das ab 1856 den Status einer eigenständigen britischen Kolonie erhielt und 1910 Provinz der Südafrikanischen Union wurde. Natal galt stets als besonders loyal gegenüber London. Durch die Zuwanderung von Indern wurde der britische Einfluss dort noch verstärkt, da diese dem britischen Kulturkreis zuneigten und ebenfalls Englisch als *lingua franca* benutzten.

Als 1948 die *Nationalpartei* – nicht zuletzt aufgrund der hohen Geburtenraten der Buren – die Wahlen gewann, die Anglo-Südafrikaner im öffentlichen Dienst diskriminierte und 1961 aus dem Commonwealth austrat, kamen in Natal sezessionistische Tendenzen auf. Beim Referendum über die Republikgründung stimmte Natal mit einem klaren Nein, doch war die Angst vor der „schwarzen Gefahr" stärker als der Wunsch nach Eigenständigkeit. Die *Nationalpartei* war vorsichtig genug, das Prinzip der Zweispra-

John Cecil Rhodes (geb. 1853 in Bishop Stortford/England, gest. 1902 in Muizenberg bei Kapstadt) ist der berühmteste Anglo-Südafrikaner. Der Sohn eines Dorfpfarrers wurde als junger Mann zur Erholung in die Kapkolonie geschickt. In Kimberley machte er im Diamantenbergbau ein Vermögen. 1881 wurde er Abgeordneter im Kapparlament, 1890 Premierminister. Ab 1890 betrieb er die britische Expansion im späteren Südrhodesien und investierte dort in Bergwerke. Sein Bruder Oberst Frank Rhodes organisierte in Johannesburg die britischen Minenarbeiter. Nach einem gescheiterten Invasionsversuch im Transvaal *(Jameson Raid)* musste Cecil  Rhodes 1896 als Premierminister der Kapkolonie zurücktreten. Er war von der Überlegenheit der „angelsächsischen Rasse" überzeugt und schuf das *Rhodes-Stipendium* für Studenten aus dem Britischen Empire, den USA und Deutschland. Sein Grab liegt in den Matopos-Bergen im heutigen Simbabwe. In Rondebosch bei Kapstadt steht eine Rhodes-Gedenkstätte.

chigkeit nicht in Frage zu stellen und in der neuen südafrikanischen Flagge als Reverenz an die Anglo-Südafrikaner kurioserweise einen kleinen *Union Jack* als Einschub zu belassen.

Die Anglo-Südafrikaner mussten jedoch hinnehmen, dass die britischen Traditionen in den Hintergrund gerückt wurden. Vortrecker und Burengeneräle waren nun Vorbilder, nicht mehr Queen und Empire. In der Politik, im öffentlichen Dienst, in Armee, Polizei und in den Staatsbetrieben gerieten sie ins Hintertreffen. Hingegen dominierten sie weiterhin die Privatwirtschaft.

Die Apartheid lehnten die Anglo-Südafrikaner überwiegend ab, freilich nicht so sehr wegen ihrer antischwarzen, sondern wegen ihrer antibritischen Komponente. Denn auch viele englischsprachige Südafrikaner befürworteten eine gemäßigte Rassentrennung.

Zweifelsohne gab es Anglo-Südafrikaner wie Alan Paton, Nadine Gordimer, Helen Suzman und andere, die als Regimekritiker weltweite Beachtung fanden. Doch hat Südafrika nur wenige echte Liberale hervorgebracht. Die Zuwanderung konservativer Briten, die nach 1945 vor der Labour-Regierung flohen, sowie verbitterter Siedler aus den ehemaligen britischen Kolonien Kenia und Rhodesien hat ein Übriges bewirkt, derartige Tendenzen zu verstärken.

Bezogen auf die Zahl der Muttersprachler erreichte das Englische beim Zensus von 2001 landesweit nur den sechsten Platz (3,7 Mio. Sprecher). Seit dem Machtwechsel von 1994 hat es aber als *lingua franca* auf Kosten des Afrikaans stark an Bedeutung gewonnen. Aufgrund diverser Besonderheiten brachte es das südafrikanische Englisch sogar zu einem eigenen Lexikon. So werden hier Verkehrsampeln als *robots* bezeichnet, das Kino als *bioscope*. Im Allgemeinen wird der Besucher erfreut feststellen, dass die Südafrikaner ein verständlicheres Englisch sprechen als etwa Australier.

Die Inder sind die jüngste Bevölkerungsgruppe Südafrikas. Ab 1860 wurden sie aus den untersten indischen Kasten als Kontraktarbeiter für die Zuckerrohrplantagen in Natal angeworben. Das Programm wurde 1911 eingestellt; etwa die Hälfte blieb im Land. Seit 1875 kamen indische Einwanderer auch ohne Kontrakt ins Land, vielfach aus der Kaste der Brahmanen, und engagierten sich in Handel und Gewerbe. Nach 1914 wurde die indische Einwanderung unterbunden.

Die weißen Siedler in Natal betrachteten die Inder als wirtschaftliche Konkurrenz und als potenzielle Bedrohung ihrer Vormachtstellung, da sie die harsche Farbenschranke aufweichten. Schon lange vor der nominellen Apartheid wurde in Natal Rassentrennung praktiziert: Beispielsweise wurden Weißen, Schwarzen und Indern unterschiedliche Plätze in den Straßenbahnen Durbans zugewiesen, ja selbst nach Rassen getrennte Leichenwagen der Straßenbahn waren im Einsatz.

Die Inder blieben Benachteiligungen ausgesetzt, obwohl sie vielen Weißen an Bildung und Reichtum nicht nachstanden. Waren sie beispielsweise auf der Überfahrt von London oder Bombay gleichberechtigte Passagiere, so mussten sie sich bei der Ausschiffung in Durban wieder an getrennte Schalter und Schlangen gewöhnen. Von der politischen Mitwirkung waren die Inder praktisch ausge-

Mohandas Karamchand Gandhi (geb. 1869 in Porbandar/Indien, ermordet 1948 in Neu-Delhi) studierte 1888–1891 in England Jura. Im Jahre 1893 wanderte er nach Südafrika aus. Dort wurde er mit einem Fußtritt aus einem nur für Weiße bestimmten Eisenbahnabteil hinausgejagt, was lebenslang ein Schlüsselerlebnis blieb. Ab 1894 betätigte sich Gandhi politisch und erreichte zwischen 1906 und 1914 mit gewaltlosen Protestaktionen die Beseitigung von manchen wirtschaftlichen und sozialen Diskriminierungen der Inder. 1914 kehrte er nach Britisch-Indien zurück und führte dort die Unabhängigkeitsbewegung an. Ein halbes Jahr nach der Staatsgründung wurde er von einem nationalistischen Hindu erschossen.

schlossen (in Natal durften sie wählen, doch nur zwei Dutzend hatten sich die Ausübung des Wahlrechtes erstreiten können), der Kauf von Land war ihnen vielerorts verboten, und im Oranjefreistaat durften sie sich bis 1978 nicht einmal ansiedeln.

Indische Intellektuelle und Arbeiter im Großraum Durban/Pietermaritzburg gründeten 1924 den *Indian Congress*, der sich nach dem Zweiten Weltkrieg radikalisierte und 1947 ein Bündnis mit dem ANC schloss. Manche schwarze Widerständler klagten fortan über eine „Kalkutta-Mafia" im ANC, die angeblich hinter den Kulissen die Fäden zog.

Auch viele Schwarze sahen und sehen in den Indern Konkurrenten, die ihnen angeblich Aufstiegspositionen verbauen. Hinzu kommt, dass es viele Inder aufgrund von Fleiß, Flexibilität, Familienhilfe und Gruppensolidarität aus ärmlichen Anfängen zu Reichtum und Wohlstand gebracht haben. In Teilen Natals kontrollieren sie den Handel und nehmen gegenüber Schwarzen zumeist vorgesetzte Positionen ein. Schnell entstanden Neid und Missgunst, und die Inder fanden sich in einer Sündenbockrolle. In der Nacht vom

14. auf den 15. Januar 1949 kam es in Natal zur Explosion: Ein Pogrom forderte 142 Tote, 1087 Verletzte und 2245 zerstörte Gebäude. 1985 brannten wieder indische Siedlungen, dabei wurde auch das historische Wohnhaus Gandhis zerstört.

Die rund 1,2 Mio. südafrikanischen Inder (2007; ca. 3 % der Bevölkerung) sind Teil eines weltweiten, ca. 25 Mio. Menschen umfassenden Netzwerkes von im Ausland lebenden Indischstämmigen bzw. indischen Staatsbürgern, das großen Anteil an der Wirtschaft des Herkunftslandes hat. Präsident Mandela erkannte den Nutzen aus diesen Verbindungen und besuchte zwischen 1994 und 1997 dreimal Indien. Der bilaterale Handel stieg in den letzten Jahren erheblich an.

Ein Fünftel der südafrikanischen Inder sind Muslime. Auch in Südafrika erfährt der Islam in den letzten Jahren eine steigende Wertschätzung, und die Muslime pochen auf mehr Rechte und Möglichkeiten der Religionsausübung, z. B. Gebetsräume. Die ersten Demonstrationen gegen die *Satanischen Verse* von Salman Rushdie ereigneten sich nicht in Arabien oder im Iran (wo das Buch auch nicht zu kaufen war), sondern in Südafrika und Pakistan. Als fanatisch gilt freilich nur eine sehr kleine Minderheit.

Die südafrikanischen Inder stehen im Spannungsverhältnis zwischen indischer und westlicher Kultur. Insbesondere die Frauen tragen noch häufig traditionelle Kleidung: muslimische Frauen *izar* (Hosen), darüber *qamis* (ein knielanges Kleid) und *dawni* (ein langes Kopftuch), Hindu-Frauen mit *sindar* (Schönheitsfleck) auf der Stirn den sechs Meter langen, um die Schulter geworfenen *sari*. Traditionelle Feste und religiöse Zeremonien spielen eine große Rolle im Leben der Inder, die zumeist noch in Großfamilien leben. Östliche und westliche Musik gehören gleichermaßen zum indischen Kulturleben. 90 % der Inder verwenden heute das Englische als Muttersprache. Indische Sprachen wie Hindi, Gujarati, Tamil etc. sind stark rückläufig.

Das Christentum als verbindende Klammer

Südafrikanern unterschiedlicher Herkunft ist der christliche Glaube gemeinsam. Im Jahr 2001 gehörten 79,8 % der Bevölkerung christlichen Kirchen an, neben 1,5 % Muslimen, 1,2 % Hindus, 0,2 %

Juden und 16,5 % Sonstigen (v.a. Anhänger afrikanischer Religionen). Leben und Verhalten der Menschen werden dadurch entscheidend geprägt.

Mit der Landung der Niederländer kam der Calvinismus an das Kap der Guten Hoffnung. Eine organisierte Missionstätigkeit setzte 1737 mit der Ankunft der lutherischen *Herrnhuter Brüder* ein. Nach dem Ende der niederländischen Kolonialherrschaft löste die *Nederduitse Gereformeerde Kerk*/NGK (Niederländische Reformierte Kirche) die Bindungen zum Mutterland. Im Jahr 1824 begann auch die NGK die Mission unter Nichtweißen. Während es ursprünglich keine Rassentrennung innerhalb dieser Kirche gab, wurde 1857 eine fundamentale Wende vollzogen, indem den reformierten Kirchengemeinden die Abhaltung getrennter Gottesdienste freigestellt wurde.

Von der dominierenden NGK spaltete sich 1859 die *Gereformeerde Kerk* („Dopper") ab, die das reformierte Bekenntnis strenger auslegt und beispielsweise jegliche Kirchenlieder mit Ausnahme von Psalmen ablehnt. Eine zweite Abspaltung stellt die *Nederduitsch Hervormde Kerk* (NHK) dar, die sich 1853 wegen organisatorischer Fragen von der NGK trennte.

Die Anglikanische Kirche nahm mit der britischen Besetzung des Kaps großen Aufschwung. Die nichtweißen Kirchenmitglieder waren schon früh in den Gemeinden gleichberechtigt vertreten. Im Jahre 1870 spaltete sich die eher katholisch orientierte *Church of the Province of Southern Africa* (heutige Bezeichnung: *Anglican Church of Southern Africa*) von der *Church of England in South Africa* ab.

Auch Presbyterianer, Kongregationalisten und Methodisten erfuhren mit der britischen Besetzung des Kaps einen Aufschwung. Innerhalb der traditionellen christlichen Kirchen können sie heute den größten schwarzen Mitgliederbestand vorweisen.

Deutsche Siedler gründeten in Südafrika die heutigen Kirchen *Evangelical Lutheran Church Cape* und *Evangelical Lutheran Church Natal-Transvaal*. Aus Missionsgesellschaften wie der Berliner und der Hermannsburger Mission gingen nichtweiße lutherische Kirchen hervor.

Die katholische Kirche hatte mit Anlaufschwierigkeiten zu kämpfen. Erst ab 1838 durfte in Kapstadt ein Bischof residieren. Im 19. Jahrhundert nahmen katholische Missionsorden die Arbeit auf. Bekannt sind vor allem die seit 1880 unter den Zulu wirkenden Mariannhiller Missionare.

Große Bedeutung haben in den letzten Jahrzehnten die „äthiopischen" und „zionistischen" Kirchen der Schwarzen gewonnen. In vielen Fällen verfügen sie nicht über Gotteshäuser. Sonntags sieht man singende Menschen in bunten Gewändern zum Gottesdienst auf Felder ziehen.

„Äthiopische" Kirchen entstanden seit Ende des 19. Jahrhunderts als unabhängige schwarze Kirchen, da die europäischen Kirchen damals noch stark paternalistisch geprägt waren. Sie legen Wert auf ihre Unabhängigkeit; Religionsverständnis und -praxis lehnen sich indes bis heute an die europäischen Vorbilder an. Die zionistischen Kirchen gehen einen Schritt weiter: Sie suchen Elemente der traditionellen Naturreligionen wie Ahnenverehrung oder Amulettwesen zu integrieren. Außerdem sind sie von den Pfingstkirchen geprägt und praktizieren mystische Zungenrede, Prophetie und Glaubensheilung. Der „zionistische" Glaube besagt, dass Gott die Afrikaner auserwählt und ihnen das Land Israel verheißen habe. Der Mythos von den „schwarzen Juden" (solche gibt es in der Tat, nämlich die Falascha in Äthiopien) spielt dabei genauso eine Rolle wie aus den USA stammende Vorstellungen, dass die Schwarzen die Nachkommen der verlorenen zehn Stämme Israels darstellen.

Die bekannteste und mit knapp 6 Mio. Anhängern im südlichen Afrika größte Kirche ist die 1910 von Engenas Lekganyane, einem früheren Presbyterianer, gegründete *Zion Christian Church* (ZCC). Er legte 1912 im Norden Südafrikas die „heilige Stadt Moria" an, wohin an jedem Osterfest Millionen schwarze Gläubige strömen. Ihre Anhänger sind an dem an der Brust getragenen Stern kenntlich, einer Mischung aus Abzeichen und Amulett. Die Zionisten vertreten strenge Moralbegriffe und lehnen Abtreibung, Verzehr von Schweinefleisch, Alkohol, Drogen und Nikotin ab. Sie sind daher als zuverlässige Hausangestellte geschätzt. Die ZCC betreibt einen florierenden Handel mit Amuletten, Medizinen etc. und ermöglicht damit ihren Bischöfen einen repräsentativen Lebensstil. Andererseits sorgt sie auch für ihre vielfach armen Mitglieder durch karitative Unternehmungen.

Die unabhängigen schwarzen Kirchen vermehrten sich von 30 im Jahr 1913 auf 600 (1939), 2200 (1960), 3000 (1980) und

Katholische Mission in Mariannhill, KwaZulu-Natal

über 4000 heute. Sie boten den benachteiligten und entwurzelten Schwarzen eine neue Heimat und gaben ihnen die Hoffnung auf Erlösung, die aber im spirituellen Bereich und im Jenseits lag. Äthiopische und zionistische Kirchen waren und sind tendenziell unpolitisch.

Hingegen bezogen Calvinisten, Lutheraner, Anglikaner und Katholiken Stellung in der Auseinandersetzung um die Apartheid. Nicht selten prallten unterschiedliche religiös-politische Vorstellungen innerhalb der gleichen Kirche unversöhnlich aufeinander.

Unter den Buren entstand unter dem Eindruck des Großen Trecks und der Freiheitskriege ein religiös geprägtes Sendungsbewusstsein. Im Einklang mit Calvins Prädestinationslehre erkannten sie in Schicksalsschlägen und wunderbaren Errettungen Zeichen eines göttlichen Heilsplans. Die Buren sahen sich in einer feindlichen Umwelt als das auserwählte Volk Gottes, dem nach unzähligen Prüfungen schließlich ein Land Israel verheißen wurde, wo es eine Mission zu erfüllen hatte.

Bei Regierungsübernahme durch die *Nationalpartei* im Jahr 1948 wurde mit Daniel F. Malan ein Pfarrer der *Nederduitse Gereformeerde Kerk* (NGK) Premierminister. Im Jahr 1950 erklärte ein Kongress der NGK in Bloemfontein die Apartheid für theologisch gerechtfertigt. Herangezogen wurden Bibelstellen, die auf gottgewollte Unterschiede zwischen den Völkern und Kulturen hinweisen, so die Schöpfungsgeschichte, der Turmbau zu Babel, das Pfingstwunder.

Auch der schwarze Nationalismus wurde stark vom christlichen Glauben geprägt. Dies hatte zunächst pragmatische Gründe. In der Kirchensphäre konnten Nichtweiße eher als in der weltlichen Sphäre höhere Bildung erlangen und in gehobene Positionen aufsteigen. Die weitergehende Forderung nach politischer Emanzipation war damit vorgezeichnet. Viele Nationalisten der ersten Generation waren Absolventen kirchlicher Schulen, Missionslehrer oder Prediger. Darüber hinaus legte der Erlösungsgedanke des Neuen Testaments eine politische Interpretation nahe, selbst wenn die Missionare dies nicht wahrhaben wollten. Vom christlichen Freiheitsbegriff war es nicht weit zum politischen Freiheitsbegriff.

So entstand auch der ANC in einem christlichen Umfeld. Sein erster Präsident John Langibalele Dube war Theologe und hatte bei einer der ersten Versammlungen des neu gegründeten *South African National Native Congress*, wie der ANC anfangs hieß, den Zuhörern zugerufen: „Vorwärts! Aufwärts! In die höchsten Plätze der Zivilisation und des Christentums!" Zunehmend drängten in den gemischtrassigen Kirchen nichtweiße Christen die Kirchenführungen dazu, sich auf die Seite des Widerstandes gegen die Regierung zu stellen.

Einflüsse aus Europa und Amerika verstärkten seit Ende der 1960er Jahre diese Entwicklung. In Südafrika wurde die lateinamerikanische „Theologie der Befreiung" rezipiert und zu einer „schwarzen Theologie" weiterentwickelt. Stellvertretend hierfür sei Pastor Manas Buthelezi genannt, ein Vetter des Zulupolitikers. Der Weltkirchenrat erwählte das südliche Afrika zum Modellfall für ein progressives Christentum. Im Jahr 1969 verabschiedete er sein erstes Fünfjahresprogramm zur Bekämpfung von Rassismus in Kirche und Gesellschaft und richtete einen umstrittenen Sonderfonds zur Unterstützung von Befreiungsbewegungen ein. Eine Umorientierung hin zu einer „Theologie des Widerstands" geschah in den südafrikanischen Kirchen aber erst allmählich. Sie verlief in drei Phasen: Vor den Soweto-Unruhen (1976) wurde von kirchlicher Seite vorsichtige Kritik an den Auswirkungen der Apartheid-

Desmond Mpilo Tutu (geb. 1931 in Klerksdorp) ist von seiner Abstammung her je zur Hälfte Xhosa (Fingo) und Tswana. In England erwarb der anglikanische Priester den Magistergrad in Theologie. 1976–1978 amtierte er als Bischof von Lesotho, 1978–1985 als Generalsekretär des Kirchenrates. Tutu wurde zu einem scharfen Kritiker der Apartheid, zeigte sich gegenüber der Regierung aber stets gesprächsbereit. Er engagierte sich nicht parteipolitisch und verurteilte Lynchmorde und Anschläge gegen Zivilisten. 1984 erhielt er den Friedensnobelpreis.

1985 wurde er Bischof von Johannesburg, 1986 Erzbischof von Kapstadt. 1994 prägte er das Leitbild der „Regenbogennation" und rief zu Versöhnung und Vergebung auf. 1995–1998 leitete er die „Wahrheits- und Versöhnungskommission", was ihn nachhaltig prägte. Tutu kritisiert auch die ANC-Regierung, z. B. ihre Versäumnisse bei der Kriminalitäts- und HIV/Aids-Bekämpfung. 2007 wurde Tutu Vorsitzender der *Global Elders*, eines Zusammenschlusses ehemaliger Staatschefs, die zur Lösung drängender Weltprobleme beitragen wollen.

politik, jedoch noch keine grundlegende Infragestellung betrieben. Zwischen 1976 und 1984 wurden Einflüsse der „schwarzen Theologie" wirksam, die Kritik verstärkte sich. Im Südafrika des Ausnahmezustandes zwischen 1984 und 1990 radikalisierten sich schließlich viele Kirchen und schlugen sich auf die Seite des Widerstandes. Repressive Maßnahmen des Staates trugen zu dieser Entwicklung bei. Im Zuge von Organisations- und Versammlungsverboten stellten die Kirchen vielfach das einzige Forum für politische Betätigung. Die Grenzen zwischen kirchlichen und politischen Veranstaltungen verwischten, z. B. bei Massengottesdiensten oder „politischen" Beerdigungen. Ein kirchlicher Hintergrund verschaffte wiederum den politischen Aktivisten Respektabilität.

Unter seinen Generalsekretären Desmond Tutu (1978–1985), Beyers Naudé (1985–1987) und Frank Chikane (1987–1994) entwickelte sich der Südafrikanische Kirchenrat zum Zentrum des kirchlichen Widerstands. Das 1985 vorgelegte „Kairos-Dokument" war die entschiedenste Kampfansage an die Apartheid. Es verneinte den von Paulus in seinem Brief an die Römer im 13. Kapitel geforderten Gehorsam gegenüber der Obrigkeit: „Der Gott des südafrikanischen Staates ist nicht nur ein Götze, ein falscher Gott; er ist der als der Allmächtige Gott verkleidete Teufel – der Antichrist." Einen evolutionären „dritten Weg" wie ihn gemäßigte weiße und schwarze Kirchen favorisierten, lehnten die Widerstandstheologen schroff ab. Signalwirkung hatte 1986 die vom Ausland begrüßte Wahl des Johannesburger Bischofs Desmond Tutu zum anglikanischen Erzbischof von Kapstadt. Unter weißen Anglikanern war die Wahl umstritten und führte zu zahlreichen Kirchenaustritten.

In der NGK hielt die Führung an einem regierungsfreundlichen Kurs fest. Der Widerspruch zwischen theoretischem Ideal und alltäglicher Apartheidpraxis brachte freilich mutige Dissidenten hervor. Der ehemalige Stellenbosch-Professor Nico Smith gab sein Lehramt auf, um einfacher Pfarrer in einem schwarzen *township* zu werden. Beyers Naudé verzichtete Anfang der 1960er Jahre aus Protest gegen die Apartheid auf sein Bischofsamt und wurde zum prominentesten weißen Kritiker des politischen Systems.

Die reformierte Kirche der Kapmischlinge radikalisierte ihre Positionen und setzte die Mutterkirche NGK unter Druck. Als charismatische Figur stieg hier Pastor Allan Boesak empor, einer der besten Redner Südafrikas. Als neuer Vorsitzender der Allianz der Schwarzen Reformierten Christen in Südafrika erklärte er 1981 die Apartheid zur Häresie. 1982 wurde er zum Präsidenten des Reformierten Weltbundes gewählt, was der revolutionären Theologie in Südafrika wesentlichen Auftrieb verlieh. Boesak war 1983 auch einer der Hauptinitiatoren des Widerstandsbündnisses UDF. Auf kirchlicher Ebene erreichte er, dass NGK und NHK 1982 aus dem Reformierten Weltbund ausgeschlossen wurden. 1991 wurde Boesak ANC-Vorsitzender im Westkap. Seine politische Karriere wurde allerdings durch Betrugsskandale beendet; 1999 wurde er zu drei Jahren Haft verurteilt.

NGK-Theologen wie die Stellenbosch-Professoren Johan Heyns und Willie Jonker leiteten in den 1980er Jahren eine Umorientierung ein. 1986 sprach sich erstmals die Kapstädter NGK-Synode gegen Apartheid und Rassismus aus. Die getrennten Kirchengemeinden wurden aufgegeben. Im Oktober 1994 entschuldigte sich eine NGK-Synode für das Unrecht der Apartheid und beschloss, die Vereinigung mit den nichtweißen Schwesterkirchen einzuleiten.

Diese Entwicklung stieß freilich auf interne Widerstände. Die Kritiker geben zwar Fehlentwicklungen zu, halten jedoch weiterhin an der biblischen Berechtigung eines „Volksnationalismus" fest. Innerhalb der NGK gründete der Theologieprofessor Carel Boshoff den konservativen *Afrikaansen Reformierten Bund*. Andere Kirchenmitglieder traten aus und riefen 1987 die *Afrikaanse Protestantse Kerk* (APK) ins Leben.

Während der schwierigen Übergangszeit in den Jahren 1990 bis 1994 bemühten sich die Kirchen um eine Befriedung der gewaltsamen Auseinandersetzungen. Nach 1994 trugen christliche Initiativen zur Versöhnung von Tätern und Opfern der Apartheid bei.

Vor dem Hintergrund drängender Probleme hat die Religiosität im letzten Jahrzehnt zugenommen. Doch verlieren die herkömmlichen Kirchen an Bindekraft, was symptomatisch für die schleichende Desintegration der Gesellschaft ist. Im Gegenzug boomen Sekten und *New Age*-Bewegungen, aber auch Pfingstler und evangelikale Gruppen. Diese setzen sich für Rechtschaffenheit und Moral ein, lehnen Abtreibung und voreheliche Sexualität ab und unterstützen die Wiedereinführung der Todesstrafe. Auch lehnen sie den säkularen Staat ab, wie er 1996 in der südafrikanischen Verfassung etabliert wurde.

Angesichts von Armut und Arbeitslosigkeit, Kriminalität und HIV/AIDS stehen die südafrikanischen Kirchen heute vor neuen Herausforderungen. Sie verstehen sich als „soziales Gewissen", arbeiten an der Linderung alltäglicher Not und setzen sich für eine gerechtere Gesellschaftsordnung ein. Auch arbeiten sie an der Wiederherstellung eines verbindlichen Wertesystems. Aufgrund ihrer großen Reichweite kommt den Kirchen eine wichtige Rolle bei der Bekämpfung von HIV/Aids zu. Einig sind sich alle Denominationen in der Bejahung von Partnerschaft, Liebe und Treue; konträr sind hingegen die Positionen zu Homosexualität und Kondomgebrauch. Wichtig ist die immer bunter werdende kirchliche Sphäre auch als Motor für die Entstehung einer selbstbewussten und verantwortungsvollen Zivilgesellschaft.

Arbeiterin in einer Fabrik des Elektrokonzerns Siemens

Reiche Bodenschätze

Die in der zweiten Hälfte des 19. Jahrhunderts entdeckten reichen Rohstoffvorkommen bildeten die Grundlage für Südafrikas Wirtschaftswunder. Die Folgewirkungen waren zwiespältig: Sie machten das Land von schwankenden Weltmarktpreisen abhängig, und sie richten die Begehrlichkeit des Auslandes auf diese Weltregion.

Bei den Edelmetallen Gold und Platin, bei den Stahlveredlern Mangan, Chrom und Vanadium sowie bei Aluminiumsilikat besitzt das Land die größten Weltreserven. Bei weiteren Rohstoffen steht Südafrika ganz oben in der Weltrangliste: Diamanten, Kohle, Eisenerz, Blei, Nickel, Uran, Phosphate und Asbest. Die Goldminen gehen bis fast 4000 m tief unter die Erde und erreichen Arbeitstemperaturen von über 40 °C. 100 Tonnen Erz müssen für 1 kg Gold gefördert werden. Die Arbeit ist gefährlich: Hunderte Arbeiter kommen jährlich ums Leben, bis zu 10000 werden verletzt.

Der in den 1870er Jahren einsetzende Abbau von Diamanten in der Kapkolonie und von Gold im Transvaal ermöglichte den schnellen Aufbau einer verarbeitenden Industrie. Hierbei spielten jeweils die beiden Weltkriege eine große Rolle: Sie erzeugten einen verstärkten Bedarf und erschwerten den Zugang zu Importprodukten. Neue Industrien wurden schnell hochgezogen und nach Kriegsende durch Schutzzölle gestützt.

Ein erster Wirtschaftsboom fand zwischen 1932 und 1945 statt, und von 1949 bis 1974 schloss sich eine kaum unterbrochene Hochkonjunktur mit durchschnittlichen Wachstumsraten von 5 % an. Stichdaten sind Indikatoren für den Aufschwung der Industrie: 1942/43 überflügelte erstmals der Beitrag der Industrie am Volkseinkommen denjenigen des Bergbaues. Seit 1947 ist die Zahl der Beschäftigten in der Industrie größer als diejenige im Bergbau. Der Anteil der inzwischen recht diversifizierten Industrie am Bruttosozialprodukt (BSP) war 1965 erstmals größer als derjenige von Bergbau und Landwirtschaft zusammen.

Der kapitalintensive Bergbau hatte Ende des 19. Jahrhunderts zur Bildung mächtiger Konzerne geführt. Diese erhielten eine große wirtschaftliche Macht, und sie reklamierten in Südafrika stets auch ein politisches Mitspracherecht. Die steigenden Einnahmen aus der

Sir Harry Frederick Oppenheimer (1908–2000) war der Sohn von Sir Ernest Oppenheimer, einem deutschen Juden aus Friedberg/Hessen, der 1917 in Kimberley den Minenkonzern *Anglo-American Corporation* gründete. 1929 übernahm Harry Oppenheimer den Weltmarktführer im Diamantengeschäft *De Beers*; 1930 gelang die Begründung eines (bis vor kurzem wirksamen) globalen Diamantenkartells. Im Zeitraum 1930 bis 1960 stieg *Anglo-American* zur größten Goldbergbaugruppe der Welt auf und diversifizierte seine Aktivitäten in viele Richtungen. 1958–1985 hatte Harry Oppenheimer den Vorsitz inne. Er galt als einer der reichsten Männer der Welt und förderte zahlreiche soziale Projekte. *Anglo-American* und *De Beers* profitierten von den eingeschränkten Arbeitsrechten für Schwarze. Das System der Apartheid lehnte Oppenheimer jedoch ab und unterstützte die 1959 gegründete *Progressive Partei* durch finanzielle Zuwendungen wie auch durch die von *Anglo-American* kontrollierten Zeitungen. Sein Einfluss trug dazu bei, dass die Apartheid 1994 friedlich überwunden wurde. Der *ANC-Allianz* legte er eine marktwirtschaftlich orientierte Politik nahe. Sein Sohn Nicholas („Nicky") wurde 1983 stellvertretender Vorstandsvorsitzender von *Anglo-American* und 1998 Vorstandsvorsitzender von *De Beers*. Im Jahr 2001 wurden die Konzerne entflochten.

Goldproduktion, zunächst aufgrund der Ausweitung der Produktion mittels besserer Technologien, dann ab 1971 aufgrund des stark steigenden Goldpreises, führten dazu, dass die Minenkonzerne sich auch in anderen Sparten der Industrie engagierten und eine charakteristische Verflechtung entstand. Die an der Johannesburger Börse niedergelassenen Firmen wurden jahrzehntelang zu 80 % von fünf Wirtschaftskonzernen direkt oder indirekt kontrolliert.

Südafrikas Wirtschaft auf dem Weg in die Krise

Politische Krisen hatten stets Rückwirkungen auf die Wirtschaft. Bereits das Blutbad von Sharpeville (1960) führte zu kurzfristiger Kapitalflucht. Schwieriger war die Situation bei den Soweto-Unruhen von 1976. Sie ereigneten sich zu einer Zeit, als auch andere Faktoren wie die weltweite Rezession und Ölkrise die Wirtschaft Südafrikas stark trafen. Dank des seit 1971 rasant ansteigenden Goldpreises konnte die Krise jedoch erträglich gehalten werden.

Dies sollte sich bei den 1984 ausbrechenden, lang andauernden Unruhen ändern. Die Zahl der verlorenen Arbeitstage durch zumeist politisch motivierte Streiks stieg von 59 861 im Jahr 1976 auf 1 308 598 zehn Jahre später an. Firmeneigentum wurde mutwillig zerstört, ein Gefühl der Unsicherheit machte sich breit.

Wieder war die Wirtschaft gleichzeitig von anderen Negativfaktoren betroffen, u. a. von der zweiten Ölkrise des Jahres 1982. Die verarbeitende Industrie hatte mit einer inzwischen geringen Arbeitsproduktivität sowie einer Absatzkrise zu kämpfen, da viele Produkte auf dem Weltmarkt nun von hochwertigeren und billigeren Produkten, z. B. aus Südostasien, Konkurrenz erhielten.

Als Staatspräsident P. W. Botha in seiner mit Spannung erwarteten „Rubikon-Rede" (August 1985) keinen nennenswerten Reformwillen erkennen ließ, wurden erstmals internationale Sanktionen und Boykottmaßnahmen gegen Südafrika verhängt. Auch die Natur schien sich gegen das Land zu wenden: 1986 setzte eine lange Dürreperiode ein. Anstelle profitabler Lebensmittelexporte war Südafrika wieder gezwungen, Nahrungsmittel zu importieren und die in Bedrängnis geratenen Farmer zu unterstützen. Das Staatsbudget wurde zudem von den explodierenden Sicherheitskosten aufgezehrt. Fatal war in dieser Situation, dass der Goldpreis stark abnahm. Auch die sonstigen Rohstoffpreise fielen zwischen 1982 und 1992 um ca. 30 %.

Das Land geriet damit ab 1985 in die längste Wirtschaftskrise seiner Geschichte. Hatte das durchschnittliche Wachstum zwischen 1970 und 1980 noch 3,9 % pro Jahr betragen, so sank es zwischen 1981 und 1990 auf durchschnittlich 1,4 %. Importe und Exporte stagnierten. Dies war angesichts der angehäuften sozialen Probleme und des starken Wachstums der Bevölkerung völlig

Gelbe Goldabraumhalden prägen die Region Johannesburg

unzureichend. Südafrika wandelte sich von einem traditionellen Kapitalimporteur zu einem Nettorückzahler von ausländischem Kapital, das kurzfristig mit hohen Zinsen aufgenommen werden musste. Die Inflationsrate pendelte ab Ende der 1980er Jahre um die 16 %, die Staatsverschuldung erreichte 1990 mit 24 Mrd. US-$ ein Rekordhoch.

Im Dezember 1985 fiel die Währung nach dem Abzug zahlreicher US-Banken und der Verweigerung weiterer Kredite in 13 Tagen um 35 %. Südafrika konnte erstmals für kurze Zeit seinen Rückzahlungsverpflichtungen nicht nachkommen, was zu einer schweren Vertrauenskrise bei den internationalen Gläubigern führte. Zwischen 1984 und 1989 verlor Südafrika ca. 30 Mrd. Rand an ausländischem Kapital. All dies führte zu steigender Arbeitslosigkeit, und diese erhöhte wiederum das Unruhepotenzial.

Internationale Sanktionen, Boykotte und Disinvestition wirkten sich allerdings nicht in dem Maße aus, wie ihre Initiatoren es erhofften. So kam es teilweise zu einem Nachrücken asiatischer Konkurrenten oder zu einem preisgünstigen Aufkauf durch südafrikanisches Kapital. Der Ausfall ausländischer Importgüter regte die südafrikanische Produktion an. Eigene Exportprodukte konnten auch unter Umgehung von Sanktionen auf dem Weltmarkt abgesetzt werden, wenngleich – wie bei Kohle, Stahl und Agrarprodukten – teilweise nur über Dumpingpreise. Bei zahlreichen Bergbauprodukten gab es ohnehin keine Alternative zu Südafrika.

Folgenschwer waren die Finanzsanktionen: Südafrika erhielt keine günstigen Kredite mehr. Ein unverhältnismäßig hoher Anteil der staatlichen Mittel musste für den Schuldendienst aufgebracht werden und fehlte für Investitionen bzw. Sozialausgaben. Ende der 1980er Jahre befand sich Südafrika in einer schweren Krise. Nicht zuletzt auf Drängen der Wirtschaft wurde ein politischer Kurswechsel vollzogen.

Die schwierige Transformation der Wirtschaft

Mit Sorge wartete das Ausland auf das Wirtschaftsprogramm der *ANC-Allianz*. Befürchtet wurden Verstaatlichungen, hieß es doch in der Freiheitscharta von 1955: „Die Bodenschätze, die Banken und die Monopolindustrie werden in das Eigentum des Volkes überführt werden." Als Nelson Mandela 1990 aus der Haft entlassen wurde, sprach er in seiner ersten Rede von Verstaatlichungen. Allerdings waren die wirtschaftspolitischen Vorstellungen in der *ANC-Allianz* vage. Trotz verbreiteter SACP-Doppelmitgliedschaft waren viele ANC-Politiker in erster Linie Nationalisten und, wenn sie sozialistische Vorstellungen propagierten, nicht notwendigerweise Marxisten-Leninisten. Manche ANC-Vertreter hatten im Ostblockexil das Scheitern kommunistischer Wirtschaftssysteme hautnah miterlebt. Primär ging es ihnen darum, das immense Wohlstandsgefälle zwischen Weiß und Schwarz zu überwinden.

Südafrikanische Banker und Industrielle, wie Chris Liebenberg und Harry Oppenheimer, warnten die *ANC-Allianz* vor sozialistischen Experimenten. Den Durchbruch brachte im Februar 1992 das Weltwirtschaftsforum in Davos, wo Politiker und Wirtschaftsführer der Industriestaaten Mandela massiv bearbeiteten. Aus seiner fertiggestellten Rede strich er über Nacht eine Passage zur Verstaatlichung und propagierte nun eine „gemischte Wirtschaft" mit allenfalls 10 % Staatsanteil.

Weiterhin schwebte vielen Politikern in der *ANC-Allianz* freilich eine linke Wirtschaftspolitik vor – populistisch, staatsinterventionistisch und ausgabenorientiert. Die notwendigen Mittel sollten durch Abschöpfung der Privatwirtschaft und der Besitzenden aufgebracht werden. „Wachstum durch Umverteilung" lautete das 1990 in Harare beschlossene ökonomische Motto des ANC. Mit Mindestlöhnen wollte man die Kaufkraft der Unterschichten erhöhen. Infrastrukturprogramme des Staates sollten Arbeitsplätze schaffen und Qualifikationen vermitteln. In diesem Sinn erarbeitete eine Mitte 1992 eingesetzte *Macro-Economic Research Group* (MERG) eine ökonomische Strategie. Doch das Ende 1993 fertiggestellte Dokument verschwand in der Schublade.

Im März 1992 hatten Wirtschaftsvertreter wichtige ANC-Politiker auf einem Forum in Mont Fleur bei Stellenbosch überzeugt, dass angesichts der geringen Wettbewerbsfähigkeit der südafrikanischen Wirtschaft und der Globalisierung der Märkte nur durchgreifende ökonomische Reformen, eine disziplinierte Ausgabenpolitik und dadurch angelockte Auslandsinvestitionen die Ressourcen für Infrastruktur- und Sozialprogramme schaffen könnten. Lobbyinitiativen der Privatwirtschaft wie die von Oppenheimer initiierte *Brenthurst Group* umwarben geneigte ANC-Politiker wie Thabo Mbeki, Trevor Manuel, Tito Mboweni und Alexander Erwin. Auf Initiative von Mbeki engagierte der ANC den prominenten US-amerikanischen Politik- und Wirtschaftsberater Stanley B. Greenberg für die Aprilwahlen 1994.

In der Tat gab es große Herausforderungen: Die in der Apartheidzeit abgeschottete südafrikanische Wirtschaft musste wettbewerbsfähig gemacht werden. Bisher hatte die Wirtschaftspolitik unter dem Primat von Außenschutz und Importsubstitution gestanden. Das effektive Zollniveau betrug ca. 30 %. Die Preise auf dem Binnenmarkt waren künstlich in die Höhe getrieben, weshalb viele Produkte auf dem Weltmarkt nicht konkurrenzfähig waren. Ausländische Firmen investierten in Südafrika, weil sie dort hinter politisch erzwungenen Zollmauern mit veralteten Industrien noch passable Gewinne erzielen konnten. So befand sich das VW-Werk bei Durban im Jahr 1996 auf dem Stand von 1963. Die durch die Isolation forcierte Konzentration auf wenige Konzerne hatte die Entstehung eines Mittelstandes verhindert. Im technologischen Bereich hatte die südafrikanische Wirtschaft den Anschluss verloren, und aufgrund mangelnder Ausbildung der Arbeitskräfte war die

Arbeitsproduktivität zurückgeblieben. Südafrika war ein Hochlohn- und ein Hochsteuerland.

Gegen eine marktwirtschaftliche Orientierung formierte sich in Teilen der *ANC-Allianz* Widerstand, insbesondere bei der SACP und dem mächtigen *Congress of South African Trade Unions* (COSATU). Die Kritiker setzten durch, dass die *ANC-Allianz* 1994 mit dem umverteilungsorientierten Slogan „Ein besseres Leben für alle!" in die Wahl ging. Auch erreichte der frühere COSATU-Generalsekretär Jay Naidoo die Verabschiedung seines ambitionierten *Reconstruction and Development Programme* (RDP). Gewaltige Disparitäten in den Lebensverhältnissen der verschiedenen Bevölkerungsgruppen mussten ausgeglichen werden. So erzeugte Südafrika 60% des Stroms auf dem afrikanischen Kontinent, doch 45% der nationalen Haushalte verfügten über keinen Stromanschluss. 5 bis 7,7 Mio. Menschen lebten in Baracken, 16 Mio. Menschen hatten keinen Zugang zu sauberem Wasser.

Der marktwirtschaftliche ANC-Flügel konnte das RDP freilich entschärfen. Außerdem gaben die ANC-Delegierten Trevor Manuel und Alexander Erwin zum Jahreswechsel 1993/94 im Namen des Verhandlungsforums eine nicht veröffentlichte Absichtserklärung gegenüber dem IWF: Im Gegenzug für die erbetene Sofortanleihe von 850 Mio. US-$ wurde eine disziplinierte makroökonomische Politik zugesagt. Als Signal an die Wirtschaft erklärten die ANC-Delegierten außerdem, die Auslandsschulden zu übernehmen und das Landeigentum zu respektieren.

Eine Analyse des Ist-Zustandes nach der Regierungsübernahme bestätigte die Marktwirtschaftler im ANC: Mit einer kostenintensiven und massiv korrupten Homeland-Politik, teuren Kreditaufnahmen, Missmanagement sowie großzügigen Gehalts- und Pensionsanhebungen für weiße Beamte kurz vor dem Finale hatte die alte Regierung die Staatskasse geleert. Südafrika hatte 1988–1993 die längste Rezession seiner Geschichte erlebt. Auch zeigte sich die internationale Gemeinschaft nicht bereit, einen großzügig dotierten „Marshallplan" für Südafrika zu finanzieren.

Das hohe Prestige von Nelson Mandela und die starke Stimmenmehrheit von über 60% der *ANC-Allianz* ermöglichte es, einen Konsens in der Bevölkerung für eine disziplinierte Wirtschafts- und Sozialpolitik herzustellen, die der schwarzen Unterschicht hohe Opfer abverlangte.

Als Konzession an IWF und Weltbank wurde das Finanzministerium zunächst von Derek Keys (*Nationalpartei*), dann von dem parteilosen Banker Chris Liebenberg geführt. 1996 übernahm der bis heute amtierende Trevor Manuel (ANC). Statt „Wachstum durch Umverteilung" hieß die Devise „Wachstum und später Umverteilung". Erstmals in Südafrika wurde 1994 eine unabhängige Zentralbank etabliert.

1996 wurde das vom stellvertretenden Finanzminister Alexander Erwin und seinem Team ausgearbeitete Strukturanpassungsprogramm *Growth, Employment and Redistribution* (GEAR) verabschiedet. Es handelt sich um eine angebotsorientierte Politik mit monetaristischen Elementen bei strikter Beachtung fiskalischer Disziplin. Experten der Weltbank hatten daran mitgewirkt; hingegen waren COSATU und SACP nicht einmal konsultiert worden. Durch Wirtschaftsreformen und investitionsfreundliche Bedingungen sollten durchschnittliche Wachstumsraten von 5 – 6 % jährlich erzielt werden, sodass trotz anhaltenden Bevölkerungswachstums genügende Ressourcen für Sozial- und Infrastrukturprogramme verblieben. Bestandteil von GEAR war auch die Privatisierung des in Südafrika recht ansehnlichen Staatssektors (Energie, Kommunikation, Verkehrswesen, Rüstung). Politische Korrektheit verbietet es freilich, dieses Reizwort zu verwenden: Die Regierung spricht lieber von „Umstrukturierung", „Deregulierung" und „öffentlich-privaten Partnerschaften".

Offiziell wurde das RDP nicht aufgegeben, de facto jedoch begraben. RDP-Minister Jay Naidoo hatte 1994 kaum Kompetenzen und Ressourcen zugewiesen bekommen. 1996 wurde sein Ministerium aufgelöst und das Programm „in die Verantwortung aller betroffenen Ministerien" gestellt, er selbst auf den Posten eines Ministers für Post, Telekommunikation und Rundfunk abgeschoben. Die ehrgeizigen Ziele des RDP (innerhalb von fünf Jahren Bau von 1 Mio. Häusern, Elektrifizierung von 2,5 Mio. Haushalten, Versorgung von 1 Mio. Haushalten mit Wasser, Schaffung von 2 Mio. neuen Arbeitsplätzen, allgemeiner Zugang zu Bildung, Gesundheitswesen und Telekommunikation, substanzielle Landumverteilung) konnten nur im Bereich des Hausbaus (freilich vielfach in minderer Qualität und begleitet von Korruption), der Wasserversorgung und des Primarschulwesens erreicht werden.

Bemerkenswert ist die Figur von Alexander „Alec" Erwin. Der

frühere Gewerkschaftsführer, Mitglied von ANC und SACP, wandelte sich zum marktwirtschaftlichen Realisten. Kritiker weist er darauf hin, dass Südafrika leider nicht in einer utopischen Welt existiere, sondern sich harten globalen Marktkräften stellen müsse.

Der Regierungskurs stieß insbesondere bei SACP und COSATU auf zunehmende Kritik. Doch mussten sie immer wieder einlenken, beispielsweise den Verkauf von Staatsunternehmen und die Verkleinerung von deren Belegschaft hinnehmen. COSATU, ja sogar die SACP gründeten selbst Unternehmen. Die von der Wirtschaft geforderte „Flexibilisierung" des Arbeitsmarktes konnten sie jedoch verhindern.

Mbeki bestimmte schon ab 1997 die Richtlinien der Politik und setzte ab 1999 den marktwirtschaftlichen Kurs als Staatspräsident fort. Er berief bekannte Wirtschaftsführer in seinen „Internationalen Investitionsrat", darunter aus Deutschland Jürgen E. Schrempp (DaimlerChrysler) und Martin Kohlhaussen (Commerzbank). Eine geschickte Strategie Mbekis war es, einzelne Angehörige von SACP und COSATU zu kooptieren. Damit nahm er diese Organisationen in Mitverantwortung für seine Politik und schwächte sie letztlich. So sorgte er schon 1994 dafür, dass Sidney Mufamadi (COSATU/SACP) Sicherheitsminister wurde; 1999 wechselte der Mbeki-Vertraute ins Ressort für Provinz- und Kommunalangelegenheiten. Dem bisherigen COSATU-Generalsekretär Mbhazima „Sam" Shilowa verhalf Mbeki 1999 zum Ministerpräsidentenamt in Gauteng, den SACP-Generalsekretär Charles Nqakula machte er 2001 zum stellvertretenden Innenminister, 2002 zum Sicherheitsminister.

Ein neuer Akzent unter Mbeki war die 1999 eingeleitete Initiative für *Black Economic Empowerment* (BEE) in der Privatwirtschaft. Mit verschiedenen Instrumenten sucht er eine schwarze Mittel- und Oberschicht aufzubauen, deren Erfolg die schwarze Unterschicht nachziehen soll. So werden Bieter aus „bislang benachteiligten Bevölkerungsgruppen" bei Staatsaufträgen bzw. beim Verkauf von Staatsunternehmen bevorzugt. Günstige Kredite fördern BEE-Investitionen. Vereinbarungen zwischen dem Staat und einzelnen Wirtschaftssektoren streben an, dass sich innerhalb gewisser Fristen die Eigentümerstruktur ändert. Flankierend erfolgen Qualifizierungsmaßnahmen für BEE-Unternehmer. Auch schreiben seit 1998 gesetzliche Regelungen den Arbeitgebern vor, dass Führungspositionen die allgemeine Bevölkerungsverteilung widerspiegeln müssen.

Es bildete sich eine Schicht einflussreicher schwarzer Oligarchen wie die früheren ANC-Politiker Cyril Ramaphosa (Rohstoff- und Energiewirtschaft, Dienstleistungen, Kommunikation), Tokyo Sexwale (bedeutende Anteile im Gold-, Platin- und Diamantengeschäft) und Saki Macozoma (breites Investmentportfolio). Wie bei Macozoma diente in vielen Fällen die Führungsposition in einem Staatsunternehmen als Sprungbrett. Auch die schwarze Mittelschicht hat erkennbare Fortschritte gemacht: Eine Studie der Universität Kapstadt ergab 2006, dass bereits 23% der Kaufkraft auf diese Gruppe entfielen. Die neue schwarze Elite legt großes Selbstbewusstsein an den Tag. So meinte der Mbeki-Berater Smuts Ngonyama: „Ich habe nicht im Widerstand gekämpft, um arm zu bleiben." Weder RDP noch GEAR noch BEE haben freilich nennenswerte Verbesserungen für die schwarze Unterschicht erreicht. Gemäß einer UNDP-Untersuchung lebten 2003 46% der Bevölkerung – 21 Mio. Menschen, ganz überwiegend Schwarze – unterhalb der in Südafrika definierten Armutsgrenze von monatlich 1871 Rand (220 US-$) für 4,7 Personen.

Vor dem Hintergrund immer stärkerer Unzufriedenheit deutete Mbeki im Februar 2003 vor dem Parlament an, dass die Wirtschaftspolitik angesichts anhaltend guter Wachstumsraten und einer Kräftigung der Währung modifiziert würde. Renten und Kindergeld wurden aufgestockt. 2004 wurde ein Budgetdefizit zugelassen, das die 3-%-Grenze überschreiten darf.

Scharfe Kritiker Mbekis wurden der COSATU-Präsident Willie Madisha, der COSATU-Generalsekretär Zwelinzima Vavi, der SACP-Generalsekretär Blade Nzimande und sein Stellvertreter Jeremy Cronin. Der linke Allianzflügel wird zunehmend ungeduldig und militant. Im Juni 2006 wurde Südafrika vom größten Streik seit 1994 erschüttert: Hunderttausende Staatsangestellte legten die Arbeit nieder und brachten zahlreiche Schulen und Krankenhäuser zum Erliegen.

Im Jahr 2005 verabschiedete die Regierung das neue Wirtschaftsprogramm *Accelerated and Shared Growth Initiative for South Africa* (ASGISA). Mit Wachstumsraten von mindestens 4,5% zwischen 2005 und 2009 und mindestens 6% zwischen

Die Wirtschaftsmetropole *Johannesburg* fand sich in jedem Atlas, die stärker bevölkerte Schwesterstadt *South Western Townships* (Soweto) suchte man vergebens. Inzwischen sind beide Kommunen zu einer Megastadt mit rund 3,6 Mio. Einwohnern vereinigt. Die Zulu nennen die Stadt *eGoli*, die Xhosa *eRhawutini*, die Sotho *Gauteng* (bedeutet jeweils „Stadt des Goldes"). 1886 gegründet, wurde sie zum Zentrum der Goldgewinnung. Die Abraumhalden aus zerkleinertem gelben Gestein sind ihr Wahrzeichen. „Joburg" ist Sitz vieler Minengesellschaften und beherbergt die größte Börse Afrikas. Das Zentrum wird von Hochhäusern, Straßenschluchten, mancherorts auch von Verslumung geprägt. Das lebendige Stadtviertel Newtown mit dem *Market Theatre*-Komplex ist ein Beispiel für jüngste Sanierungsprojekte. Im Norden finden sich elegante Viertel wie Rosebank, Parktown, Houghton und Randburg – zunehmend ziehen dorthin auch die schwarzen Aufsteiger. Eine Attraktion am südlichen Stadtrand ist der Museums- und Vergnügungspark *Gold Reef City* auf dem Gelände einer ehemaligen Goldmine. Unweit davon lädt das Apartheid-Museum zum Nachdenken ein. Soweto zählte 1966 eine halbe Million Einwohner, heute platzt es aus allen Nähten. Unterstützt durch Infrastrukturprojekte, machen sich positive Veränderungen bemerkbar. So wurden 2007 ein *Holiday Inn*-Hotel und eine große Einkaufspassage eröffnet. Bei Soweto liegt auch das für die Fußballweltmeisterschaft auf 94 700 Plätze erweiterte *Soccer City Stadium*. In diesem größten Stadion des Landes wird das Endspiel 2010 ausgetragen werden.

2010 und 2014 sollen Arbeitslosigkeit und Armut bis 2014 halbiert sowie die staatlichen Dienstleistungen vor allem auf lokaler Ebene erheblich ausgeweitet worden. Bis 2014 soll die staatliche Investitionsquote auf 25% gesteigert werden. 2006 wurde ein über 40 Mrd. US-$ umfassendes, fünfjähriges Infrastrukturprogramm zum Bau von Fußballstadien, von Straßen, Eisenbahnlinien und Kraftwerken in Gang gesetzt. Das auf Handarbeit ausgerichtete Öffentliche Arbeitsbeschaffungsprogramm wurde stark ausgeweitet und nun durch begleitende Qualifikationsmaßnahmen ergänzt. Auch wurde die Ende der 1990er Jahre am Bürokratismus gescheiterte Förderung von Klein- und Kleinstunternehmen wiederaufgenommen. Anders als seinerzeit bei GEAR wurden die Allianzpartner diesmal einbezogen.

Wachstum ohne Schaffung von Arbeitsplätzen

Trotz aller positiven Kennziffern steht die Wirtschaft vor dem Problem, dass die bislang erzielten Wachstumsraten zu niedrig sind, um die extreme Ungleichheit in den Einkommens- und Lebensverhältnissen nachhaltig zu verändern.

In den letzten Jahren wurden allerdings erfreuliche Wachstumsraten erzielt (2005: 5,5 %, 2006: 5,0 %, 2007: 5,1 %). Die Inflation sank von 11 % (2002) auf 6,8 % (2006). Die Verschuldung konnte von 65% des BIP (1996) auf 33,3 % (2006) reduziert werden, das Budgetdefizit von 9,5 % des BIP (1993/94) auf 1,5 % (2006). Im Januar 2004 wurde Südafrika auf dem Weltwirtschaftsforum in Davos als wettbewerbsfähigste Wirtschaft in Subsahara-Afrika und attraktivstes Land für Investitionen in Afrika eingestuft. Ein Jahr später gratulierte der IWF der südafrikanischen Regierung zu ihren beachtlichen Fortschritten seit der Wende des Jahres 1994.

Doch hat davon bisher nur ein sehr kleiner Teil der Südafrikaner profitiert, darunter die neu entstandene schwarze Mittel- und Oberschicht. Die große Masse der schwarzen Südafrikaner lebt weiterhin in Armut, ja der Abstand zum wohlhabenden Sektor hat sich seit 1994 sogar vergrößert. In Südafrika existieren zwei parallele Wirtschaftssysteme: eine Erste-Welt-Wirtschaft mit 93-%-BIP-Anteil und eine informelle Dritt-Welt-Wirtschaft mit 7-%-BIP-

Anteil, die sich auf nahezu keine Qualifikationen stützt, weder staatliche Förderung noch Investitionen erhält und keine Steuern hervorbringt.

Im Jahr 2006 betrug die Arbeitslosenrate offiziell 26,5 % (gemäß Definition beschränkt auf Arbeitsuchende). Real liegt sie landesweit bei über 40%, in einzelnen Townships bei ca. 60 %. Die Strukturanpassungsmaßnahmen haben zwischen 1994 und 2005 1 Mio. Arbeitsplätze vernichtet. Eine wesentliche Ursache hierfür waren die Zollsenkungen infolge der Rückkehr Südafrikas in das GATT und die WTO. Neu geschaffene Stellen konnten diesen Verlust nicht hinreichend kompensieren: Seit 1994 hat die Arbeitslosenzahl absolut um mehr als 2 Mio. zugenommen. Gemäß GINI-Index hat Südafrika nach Brasilien unter allen Schwellenländern die krassesten Unterschiede in der Einkommensverteilung. 2003 erwirtschafteten die reichsten 20% der Bevölkerung 65% des Nationaleinkommens, während es die ärmsten 50% gerade einmal auf 9,7 % brachten. Mindestens ein Drittel der Bevölkerung lebt von weniger als 2 US-$ pro Tag.

Zu wenige ausländische Anlagen werden in Südafrika getätigt. Zwischen 1994 und 2000 erhielt Malaysia Investitionen in Höhe von 3 – 5 % des BIP, Argentinien, Brasilien und Mexiko in Höhe von 2,5 % – 3 %, Südafrika nur in Höhe von 1 %. Zwar ist die Arbeitsproduktivität vergleichsweise hoch, doch schrecken hohe Löhne, rigide Arbeitsgesetze, hohe Streikhäufigkeit sowie die Folgekosten von HIV/Aids und Gewaltkriminalität Investoren ab.

Inländische Unternehmen haben sich dem Trend angeschlossen und Kapital abgezogen. Bei den nach Südafrika geflossenen Investitionen handelt es sich zu einem großen Teil um spekulative Finanzinvestitionen, die keine Arbeitsplätze schaffen und kurzfristig abgezogen werden können.

Internationale Entwicklungen haben der südafrikanischen Wirtschaft geschadet. So schlug die „Asienkrise" 1997/98 genau dann auf Südafrika durch, als die Wirtschaftsreformen erste Erfolge zeigten. Japan und Taiwan sind bedeutende Handelspartner Südafrikas. Der südafrikanische Rand verlor damals 16 % seines Wertes. Ausländische Investoren misstrauten danach nicht nur den asiatischen, sondern allen Schwellenländern. 2001 brachten Manipulationen internationaler Währungsspekulanten den Rand erneut zum Absturz. Im Zeitraum 2000 – 2005 wurde das Land vom Abschwung der mit Südafrika eng verflochtenen europäischen Wirtschaft mitbetroffen. Allgemein leidet Südafrika unter dem verbreiteten Negativimage von Afrika. Auch hat es im globalen Maßstab den Nachteil der Randlage.

Solche externen Ursachen werden von der Regierung vorrangig angeführt. Doch sind heimische Versäumnisse unübersehbar. Darauf verweist auch die Tatsache, dass risikoreiche afrikanische Länder wie Angola in den letzten Jahren deutlich mehr Investitionen als Südafrika anzogen.

Ein wesentliches Investitionshindernis bildet der Fachkräftemangel. Bis heute konnte Südafrika seine Bildungskatastrophe nicht überwinden. Zwar wurde nach 1994 die allgemeine Schulpflicht eingeführt, doch konnte keine qualitative Verbesserung erzielt werden. Das Schulwesen fällt in die Zuständigkeit der Provinzen, die Regierung kann nur übergeordnete Standards setzen. Trotz finanzieller Anstrengungen bleibt die Zahl der Schulabschlüsse bei schwarzen Südafrikanern weit hinter den Bedürfnissen der Wirtschaft zurück. Bis heute konnte keine Leistungskultur etabliert werden. Vor kurzem konstatierte eine staatliche Untersuchung, „dass in zumindest zwei Dritteln unserer höheren Schulen wenig oder nichts gelernt wird". Ausländische Lehrpläne wurden nach 1994 kritiklos übernommen, entsprechen jedoch nicht den lokalen Bedürfnissen. Lehrer der mittleren und älteren Generation sind Produkte einer unzureichenden *Bantu education*. Der Beruf genießt geringes Prestige; viele Schulvorsteher und Lehrer gelten als interesselos und undiszipliniert. Die Zahl der Lehrer, die jährlich den Schuldienst quittieren, ist höher als die Zahl der Nachwuchskräfte; 2004 starben zudem 4000 Lehrer an den Folgen von Aids. Auch herrscht an vielen Schulen ein hohes Maß an Gewalt. Im Jahr 2006 brachten 414 Spitzenschulen 66 % der Abiturienten hervor, 4877 schwache Schulen lediglich 15 %. An Universitäten stellen Schwarze heute etwa 60 % der Studierenden, doch bei den Abschlüssen erreichen sie nur einen Anteil von 30 %. „Harte" Studienfächer wie Natur- und Ingenieurwissenschaften, Mathematik und Medizin werden überwiegend von Weißen und Indern gewählt, kaum von Schwarzen. Im Ausbildungssektor ist die Lage nicht besser. 1975 wurden noch 33 000 Lehrlinge ausgebildet, 2007 waren es ganze 1440. Die mit Mitteln der Wirtschaft unterstützten, überbürokratisierten *Sector Education and Training Au-*

CIDA – Südafrikas erste kostenlose Universität

Der Manager Adam Paul „Taddy" Blecher wollte eigentlich nach Nordamerika auswandern. Doch beschloss er, zu bleiben und einen Beitrag für den Aufbau seines Landes zu leisten. 1999 gründete er in
Johannesburg die gemeinnützige *Community and Individual Development Association City Campus* (CIDA City Campus). Sozial benachteiligten schwarzen Südafrikanern wird hier ein kostenloser aka-
demischer Abschluss geboten. In den Semesterferien gehen die
Studierenden in ihre Heimatorte und geben dort ihr Wissen weiter.
Der CIDA-Fonds wird von der Privatwirtschaft unterstützt. Langfristig
soll in jedem Land in Subsahara-Afrika ein CIDA City Campus errichtet werden.

---

thorities (SETAs) sind ein Fehlschlag. Dem Land fehlen ca. 60 000
Fachkräfte.

Qualifizierte Weiße emigrieren in großer Zahl aus Angst vor
Gewaltkriminalität wie auch wegen der staatlich verordneten Be-
vorzugung von Schwarzen in der Privatwirtschaft. Angehörige
anderer Bevölkerungsgruppen folgen ihnen nach. Attraktive Wer-
bekampagnen ermuntern Fachkräfte zur Auswanderung nach
Europa, Nordamerika und Australien, mitunter sogar mit kostenlosen „Schnupperflugreisen". So arbeiteten 21% aller südafrikanischen Ärzte im Jahr 2000 im Ausland. Im Gegenzug wurde die
Einwanderung von Fachkräften nach 1994 massiv erschwert.

Südafrika zeichnet sich bisher durch günstige Energiepreise infolge seiner riesigen Kohlevorkommen aus. Doch sind zunehmende
Stromausfälle zu beklagen. Bei dem Stromversorger ESCOM kamen, wie auch bei anderen Staatsunternehmen, im Zuge von *affirmative action* protegierte, aber nicht hinreichend qualifizierte
Kräfte in Führungspositionen. Hingegen sind bewährte Fachleute
abgewandert. Netzwartung und Netzausbau wurden von den
zuständigen Regierungsstellen vernachlässigt. Im Januar 2008 riefen die Minister für Energie und Staatsunternehmen einen „Nationalen Notstand" aus: Eskalierende Versorgungsengpässe hatten
Verkehrschaos und Produktionsausfälle hervorgerufen. Die größten Gold- und Platinminen des Landes mussten fünf Tage lang
die Förderung einstellen, da sie die Sicherheit der Bergleute nicht
mehr garantieren konnten. Die Energieministerin rief dazu auf, zu

duschen statt zu baden und abends früher zu Bett zu gehen. Nun sollen mit ausländischer Hilfe beschleunigt neue Kohle- und Atomkraftwerke gebaut, regenerative Energien erschlossen und bestehende Kraftwerke modernisiert werden. Den Bergwerken wurden 10 % der Zuteilungen gekürzt; in vielen Unternehmen und Haushalten fällt stundenweise der Strom aus. Der Engpass wird bis ca. 2012 anhalten. Die Stromausfälle haben Auswirkungen auf die wirtschaftliche Produktion (befürchtet wird ein um 1 Prozentpunkt niedrigeres BIP-Wachstum), aber auch auf die Sicherheitssysteme von Einkaufszentren, Wohn- und Bürokomplexen. Weitere Infrastrukturprobleme zeichnen sich in der Trinkwasser- und Abwasserversorgung ab.

Die konservative makroökonomische Politik hat zur Verschärfung der Lage beigetragen. So wurden nach der Wende einerseits Zollschranken und Subsidien abgebaut, andererseits die südafrikanische Währung hochgehalten. Dadurch wurde die Wettbewerbsfähigkeit der heimischen Industrie unterminiert. Insbesondere die Textilindustrie wurde schwer getroffen. Zölle und tarifliche Hindernisse wurden schneller abgebaut, als von der WTO gefordert. Devisenkontrollen wurden abgeschafft, was es dem inländischen Kapital leichtmachte, ins Ausland auszuweichen. Auch setzte die Regierung zunächst dem Ausweichen von Firmen an andere Börsenstandorte keinen Widerstand entgegen. So verlegte Anglo-American seinen Firmensitz 1999 nach London.

Ein soziales Auffangnetz wie in Deutschland ist nicht vorhanden, so gibt es keine Arbeitslosenunterstützung. Die magere Rente eines einzigen Familienmitglieds sowie Kindergeldzuwendungen bilden nicht selten die Lebensgrundlage für eine Vielzahl von Menschen. Kostenlose medizinische Behandlung erhalten nur schwangere Frauen und Kinder bis zu sechs Jahren. Das staatliche Gesundheitswesen befindet sich zudem in einer tiefen Krise. Durch HIV/Aids an die Grenzen seiner Leistungsfähigkeit gebracht, wird es durch massive Abwanderung von Ärzten und Krankenschwestern geschwächt. Es häufen sich Berichte über nachlässige Versorgung, unhygienische Zustände und Diebstahl von Medikamenten. Mängel bei Tuberkulose-Therapieprogrammen haben das Auftreten des extrem resistenten XDR-TB-Erregers begünstigt. Zwischen Oktober 2006 und Juni 2007 starben daran über 1000 Menschen.

Die Sozialleistungen wurden zwar von einem Budgetanteil von 44,4 % (1992/93) auf 56,7 % (2002/03) erhöht, doch wurde die Ausweitung durch Inflation und Bevölkerungsvermehrung aufgezehrt. Auch sind Provinz- und Kommunalverwaltungen häufig unfähig, staatliche Leistungen effizient zu verteilen. Häufig kommt es vor, dass Budgets entweder nicht rechtzeitig beantragt oder nicht vollständig ausgegeben werden, ganz zu schweigen von zunehmenden Korruptionsfällen. Bürgerschaftliche Eigenverantwortung ist unzureichend vorhanden und wird von der autoritären Bürokratie nicht gefördert. Bei der Durchführung von *affirmative action* wurde das Qualifikationsprinzip häufig nicht eingehalten (das Gesetz billigt diese Praxis, wenn sie übergeordneten politischen Zielen dient), und „alte Kämpfer" kamen in hochdotierte Positionen, denen sie nicht gewachsen waren. Das 1998 beschlossene megalomanische Waffenbeschaffungsprogramm für die Armee in Höhe von 4,8 Mrd. US-$ – Korvetten, U-Boote, Hubschrauber, Trainings- und Kampfflugzeuge – ging auf Kosten von Sozialleistungen und führte zu einer Kette von Korruptionsskandalen (involviert waren auch europäische Firmen wie EADS). So wurde der frühere ANC-Fraktionsvorsitzende Tony Yengeni 2006 zu vier Jahren Haft verurteilt. Bereits nach vier Monaten kam er wegen „guter Führung" wieder frei.

Die südafrikanische Wirtschaft hat nur mäßige Anstrengungen unternommen, um die sozioökonomische Lage der schwarzen Südafrikaner zu verbessern. So sagten die 200 000 südafrikanischen Firmen der Regierung 1998 ganze 72 000 Praktikantenplätze für einen Zeitraum von zwei Jahren zu. Die von der Regierung erwarteten BEE-Folgewirkungen für die schwarze Unterschicht sind ausgeblieben. Manchen von schwarzen Inhabern geführten Unternehmen werden sogar besonders hohe Profitgier und geringes soziales Verantwortungsbewusstsein attestiert.

Linke Kritiker der Regierung fordern ein Abrücken von der strikten Befolgung makroökonomischer Vorgaben. Durch größere Flexibilität bei Budgetdefizit und Inflationsrate wie auch durch stärkere Besteuerung von Unternehmen (derzeit max. 29 % zuzüglich Dividendensteuer von bis zu 12,5 %) und Spitzenverdienern (derzeit max. 40 % Einkommensteuer) sollen staatliche Sozial-, Bildungs- und Infrastrukturprogramme finanziert werden. Ein staatlich garantiertes Grundeinkommen hält selbst die neoliberal ausgerichtete *Demokratische Allianz* (DA) für finanzierbar. Doch tritt sie für eine Beibehaltung der stabilen makroökonomischen Politik sowie für eine Flexibilisierung des Arbeitsmarktes ein. Die DA setzt auf durchgreifende Initiativen im Bildungswesen in Kooperation mit der Privatwirtschaft sowie auf Bürokratieabbau. Fast 15 Jahre nach Abschaffung der Apartheid müsse sich die Regierung auf die Schaffung wettbewerbsfähiger Rahmenbedingungen konzentrieren, anstatt kostspielige, überbürokratisierte Programme zur Förderung früher benachteiligter Bevölkerungsgruppen zu finanzieren.

Andere Kritiker richten das Hauptaugenmerk auf die Rückgewinnung von Stabilität und Funktionalität – mit diesen Rahmenbedingungen hatte Südafrika einst punkten können. Staatsverwaltung und Bildungswesen müssten durchgreifend reformiert und am Leistungsprinzip orientiert, entlassene weiße Fachkräfte zur Rückkehr animiert werden. Als Voraussetzung für ausländische Investitionen wird die energische Bekämpfung der Gewaltkriminalität erachtet.

Problematisch ist die anhaltende Landflucht. Ein Heilmittel wäre die verstärkte Förderung des Agrarsektors, dem die städtisch geprägte ANC-Führung bisher nur geringe Beachtung geschenkt hat. Zwar beträgt sein Anteil am BIP nur 4 %, doch bietet er an die 10 % der Arbeitsplätze. Kommerzielle Farmer werden durch minimale Subsidien im internationalen Vergleich benachteiligt. Schwarze Kleinbauern leiden an mangelnden Kenntnissen (z. B. bei der Vermarktung ihrer Produkte), unzureichender Kapitalbasis sowie unklaren Eigentumsverhältnissen (Land ist häufig in der Hand traditioneller Autoritäten, was einer intensiveren Nutzung entgegensteht).

Potenzial hätte auch die informelle „Schattenwirtschaft" (mit Verbindungen in afrikanische Staaten und bis nach Asien), wenn sie durch Beratung, Fortbildung, Zuschüsse und Mikrokredite unterstützt würde. So erbringen über 150 000 „Taxis", d. h. Minibusse, heute bereits höhere Verkehrsleistungen als der formelle Transportsektor. Viele von ihnen sind nicht konzessioniert. Verbreitet sind auch *hawking* (Straßenhandel), *sphaza*-Läden („getarnte" illegale Läden) und nicht angemeldete *shebeens* (Kneipen, urspr. irisch: „schlechtes Bier"). An Stelle des Staates übernehmen mafiöse Strukturen Aufsicht und Besteuerung.

Arbeitslosigkeit, Landlosigkeit und miserable Lebensverhältnisse entfremden Teile der Bevölkerung der demokratischen Ordnung. Die von der UDF in den 1980er Jahren begründeten basisdemokratischen Strukturen schaffte der ANC nach der Rückkehr aus dem Exil ab. Als Auffangbecken wurde die *South African National Civics Organisation* (SANCO) gegründet, die aber kaum Einfluss auf die Regierungspolitik geltend machen kann. Die ANC-Ortsverbände entmachtete Mbeki durch eine Zentralisierung der Parteiverfassung. Aufgrund des Verhältniswahlrechtes mit Kandidatenlisten fühlen sich die Abgeordneten nicht für einen lokalen Wahlkreis verantwortlich und sind von der Parteiführung abhängig. Selbst die Premierminister der Provinzen werden seit 1999 vom Staatspräsidenten eingesetzt. Zunehmend fühlen sich die Menschen an der Basis einfluss- und perspektivlos.

In den letzten Jahren machte sich verstärkt sozialer Protest bemerkbar. So leben im Einzugsbereich von Johannesburg fast 1 Mio. Menschen in informellen Behausungen. Im September 2007 kam es dort zu gewalttätigen Zusammenstößen zwischen der Polizei und wütenden Demonstranten, die Wasser- und Stromversorgung sowie Toiletten forderten. Gestützt auf Umfragen, behaupten soziale Protestbewegungen, dass zwischen 1994 und 2004 an die 10 Mio. Südafrikaner vom zeitweisen oder dauerhaften Abschalten des Wasseranschlusses und eine gleich hohe Zahl von der Sperrung der Stromversorgung betroffen waren. In den meisten Fällen handele es sich nicht um Zahlungsverweigerung: Vielmehr seien die Menschen zu arm, um die Abgaben zu entrichten.

Das von der ANC-Veteranin Fatima Meer ins Leben gerufene *Concerned Citizens Forum* (CCF) in KwaZulu-Natal kämpft mit allen legalen Mitteln gegen die Einstellung von Grundleistungen und Zwangsevakuierungen. Militanter ist das *Anti-Privatisation Forum* (APF), das zu „direkter Aktion" aufruft. Gefolgsleute sollen 2002 das Haus des Johannesburger Bürgermeisters attackiert haben. Organisationen wie das *Crisis Water Committee* (CWC) und das *Soweto Electricity Crisis Committee* (SECC) unterstützen Wasser- und Stromdiebstahl und beschäftigen hierfür professionelle Techniker. Inzwischen hat sich die Regierung zu einer kostenlosen Minimalversorgung bereit erklärt, doch reicht die Gratisquote von 6000 Litern Wasser monatlich für einen Haushalt von acht Personen gerade einmal für zwei tägliche Toilettenspülungen.

Das 2001 gegründete *Landless People's Movement* (LPM) fordert schnelle Landumverteilung und droht andernfalls wilde Landbesetzungen an. In stadtnahen Gebieten entstehen immer häufiger Slums auf Bauernland. Mancherorts kam es bereits zu Armutsrevolten und Plünderungen. Farmer haben mit zunehmendem Diebstahl von Vieh und Früchten zu kämpfen. Manche Protestgruppen haben Kontakte zu militanten internationalen Globalisierungsgegnern geknüpft.

Ländliche Gebiete, insbesondere in den ehemaligen Homelands, sind marginalisiert und leiden unter ineffizienten Kommunalverwaltungen. Arbeitslosigkeit und Armut sind hier weit höher als in städtischen Gebieten. Hier könnte sich der soziale Protest mit traditionalistischen Kräften verbünden, die ihren Einfluss bedroht sehen und der Verwestlichung von Verwaltung, Justiz und Medizin ablehnend gegenüberstehen. Schnell mobilisierbare ethnische und rassische Ressentiments könnten zusätzliche Sprengkraft bringen.

Der linke Flügel der *ANC-Allianz* hat in den letzten Jahren versucht, die soziale Protestbewegung zu vereinnahmen. Doch klaffen die Interessen auseinander. Organisationen wie COSATU und

---

Heißes Eisen Landreform

Teil des Kompromisses von 1994 war eine Garantie für Landeigentum. Eine vom Staat finanzierte Rückgabe bzw. Entschädigung erfolgt bei anerkannten Vertreibungen, aber nur nach 1913, dem Jahr des Landgesetzes. Außerdem versprach die Regierung, 30 % des weißen Farmlandes bis 1999 umzuverteilen. Dabei setzte sie auf den Ankauf freiwillig angebotener Grundstücke. Hierfür zeigten die Farmer nur wenig Neigung, und der Staat stellte nur geringe Mittel zur Verfügung. 1999 waren gerade einmal 2 % des weißen Farmlandes umverteilt. Im Jahr 2006 kündigte die Regierung an, gegebenenfalls zu Enteignungen zu greifen. Gemäß Rechtslage muss hierfür eine marktübliche Entschädigung erfolgen. 80 % des kommerziell genutzten Farmlandes entfallen weiterhin auf ca. 50 000 weiße Farmer. Damit droht ein Konflikt simbabwischer Dimension. Eine konzertierte Landreform ist zwingend notwendig und liegt auch im Interesse der weißen Farmer, die ansonsten zur Zielscheibe populistischer Politiker und sozialrevolutionärer Gewalt werden können. Ziel muss sein, eine einvernehmliche Lösung zu erarbeiten, die bezahlbar ist und die Nahrungsmittelversorgung nicht in Frage stellt.

SACP repräsentieren heute die Minderheit der festangestellten schwarzen Arbeiter. Von den Wünschen und Nöten der Arbeits-, Obdach- und Landlosen sind sie weit entfernt.

Struktur und Perspektiven der Wirtschaft

Die südafrikanische Wirtschaft ist heute diversifiziert. 2002 hatten die Sektoren folgenden Anteil am Bruttoinlandsprodukt:

Finanz- und Geschäftsdienstleistungen	20 %
Verarbeitende Industrie	19 %
Öffentlicher Sektor	15 %
Handel	13 %
Transport und Kommunikation	10 %
Bergbau	8 %
Land- und Forstwirtschaft, Fischerei	4 %
Bauwirtschaft	3 %
Elektrizität, Wasser	2 %
Sonstiges	6 %

Die Bedeutung des Bergbaus ist zurückgegangen. Insbesondere der Goldbergbau ist in der Krise. Zahlreiche Minen mussten wegen abnehmenden Goldgehalts und steigender Produktionskosten schließen. Hatte Südafrika 1980 noch einen Anteil von 52 % an der Weltgoldproduktion, so waren es 2004 nur noch 16 %. In jüngster Zeit nimmt aber die Bedeutung von Bergbauprodukten infolge steigender Nachfrage Chinas und anderer asiatischer Länder wieder zu. Produktionssteigerungen bei Platin, Kohle und Diamanten machen den Rückgang im Goldbergbau wett.

Die Bedeutung der Landwirtschaft hat gegenüber früher abgenommen und wird noch weiter zurückgehen. Wichtig ist der Agrarsektor jedoch als Arbeitgeber. Die Schaffung eines Arbeitsplatzes in der Landwirtschaft erfordert nur 10 % der Kosten eines neuen Arbeitsplatzes in der verarbeitenden Industrie.

Südafrikas zu wenig genutzte Vorteile im Welthandel liegen aufgrund des Arbeitskräftepotenzials in der arbeitsintensiven Leichtindustrie sowie in bestimmten wissens- und technologieintensiven Industrien. Dank seines reichhaltigen und diversifizierten Angebotes an mineralischen und agrarischen Ressourcen bietet sich der verstärkte Aufbau von Verarbeitungs- bzw. Veredelungsindustrien an, wofür effizientere und produktivere Verfahren eingeführt werden müssen.

Im gewerblichen Bereich ist die südafrikanische Wirtschaft derzeit nur bei ausgewählten Produkten international konkurrenzfähig. Die Vorteile nutzbar zu machen erfordert einen mittelfristigen Strukturanpassungsprozess, der hohe soziale Belastungen beinhaltet. Die Landwirtschaft ist relativ modern ausgebaut und bei manchen Produkten international konkurrenzfähig. Gerade bei der Obst- und Gemüseproduktion hätte der Aufbau kleiner und mittlerer schwarzer Betriebe, z.B. in Form von Genossenschaften, Zukunftschancen. Exportsteigerungen könnten auch dazu beitragen, das Ungleichgewicht in der Zahlungsbilanz zumindest teilweise zu kompensieren, das sich infolge verstärkten Importes von Kapitalgütern während des Umstrukturierungsprozesses einstellt.

Besonders erfolgreich entwickelte sich die Kraftfahrzeugindustrie dank des 1995 in Kraft gesetzten *Motor Industry Development Programme* (MIDP): Je mehr ein Unternehmen exportierte, desto mehr Fahrzeuge bzw. Teile durfte es im Gegenzug zollfrei einführen. Mitte der 1990er Jahre plante BMW noch, das für den lokalen Markt produzierende Werk in Rosslyn bei Pretoria zu schließen. Heute arbeitet es für den globalen Markt; zwischen 1997 und 2003 wurde die Produktion fast vervierfacht. Ähnliche maßgeschneiderte Programme wären auch für andere Sektoren zu empfehlen.

Südafrikas Banken- und Versicherungswesen, seine Telekommunikationsinfrastruktur sind gut ausgebaut. Großes Entwicklungspotenzial haben daher Dienstleistungen in diesen Bereichen. Auch der Tourismus hat sich hervorragend entwickelt: Von weniger als 3 Mio. im Jahr 1994 steigerte sich die Zahl der ausländischen Besucher auf 8,4 Mio. im Jahr 2006. Für 2010, das Jahr der Fußballweltmeisterschaft, wird die Marke von 10 Mio. angepeilt. Südafrika bietet eine Vielzahl touristischer Betätigungsfelder, vom Erlebnis- über den Bade-, Natur-, Sport-, Jagd-, Öko- und Kulturtourismus bis hin zum Konferenztourismus. Wie kein anderer Sektor ist der Tourismus geeignet, Arbeitsplätze zu schaffen, unternehmerische Aktivitäten im formellen und informellen Sektor anzuregen und eine besonders hohe Wertschöpfung bei der ansässigen Bevölkerung zu erzielen.

Die wichtigsten Handelspartner Südafrikas waren 2006:

Import	in Mrd. US-$	Anteil (in %)	Export	in Mrd. US-$	Anteil (in %)
Deutschland	8,5	12,6	Japan	6,2	10,7
VR China	6,8	10,1	USA	6,0	10,4
USA	5,1	7,6	Groß-britannien	4,6	8,0
Japan	4,4	6,5	Deutschland	3,9	6,8
Saudi-Arabien	3,6	5,3	Niederlande	2,7	4,7

Quelle: bfai

Wichtigstes ausländisches Investitionsland ist traditionell Großbritannien (Gesamthöhe 47 Mrd US-$, Stand 2008), gefolgt von den USA und Deutschland. Im Gegenzug investieren südafrikanische Firmen weltweit, so im Agrar-, Bergbau- und Energiesektor, im Brauwesen, in der Papierbranche, im Telekommunikationswesen, im Einzelhandel und im Bereich Finanz- und Versicherungsdienstleistungen. Auf dem afrikanischen Kontinent sind südafrikanische Firmen heute stark präsent. So ist die *MTN Group* größter Mobiltelefonanbieter in Afrika, im Nahen und Mittleren Osten. 2008 versorgte sie 54 Mio. Menschen in 21 Ländern. *Shoprite Checkers* eröffnete 1995 seinen ersten Laden außerhalb Südafrikas; 2006 war die Firma in 17 afrikanischen Staaten vertreten.

Südafrika importiert von Deutschland vor allem Kraftfahrzeuge und Kfz-Teile, Maschinen, Nachrichtentechnik/Elektronik, medizinische und optische Erzeugnisse, Elektrotechnik. Im Gegenzug führt Südafrika dorthin Möbel, Schmuck, Maschinen, Kraftfahrzeuge und Kfz-Teile, Papier, Agrar- und Bergbauprodukte ein. Mit der EU wurde 1999 nach langwierigen Verhandlungen ein Handels- und Entwicklungsabkommen abgeschlossen. Durch einen asymmetrischen Zeitplan liberalisiert die EU binnen zehn Jahren ca. 95% ihrer Einfuhren aus Südafrika, hingegen muss Südafrika in zwölf Jahren lediglich 86% erreichen. Das Ziel ist eine Freihandelszone. Südafrika ist Mitglied des 2003 in Kraft getretenen

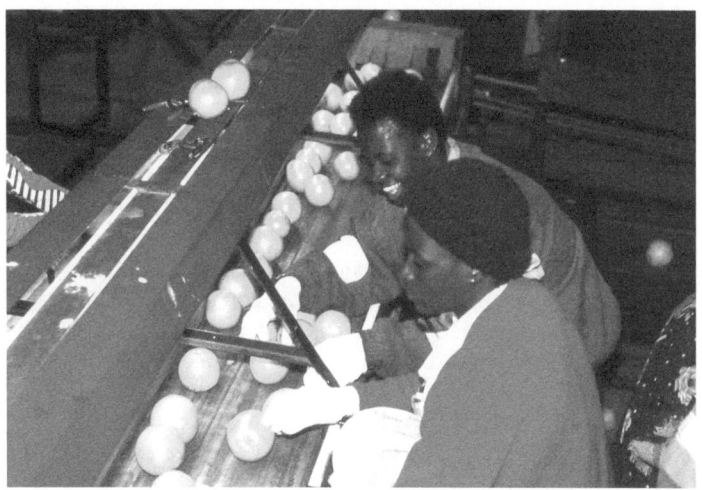

In der Landwirtschaft finden viele Menschen Arbeit

Contonou-Abkommens mit den Afrika-Karibik-Pazifik-Staaten (AKP-Staaten), wurde jedoch wegen seiner weit entwickelten Volkswirtschaft von den Handelserleichterungen ausgenommen.

Die USA gewährten den afrikanischen Ländern im Jahr 2000 auf zunächst acht Jahre den *Africa Growth and Opportunity Act* (AGOA). Gemäß dem Prinzip „Handel statt Hilfe" wurden Zugangsbarrieren gesenkt. Die Bedingungen wurden freilich von den USA vorgegeben und nicht verhandelt. Im Fall einer Bedrohung der nationalen Wirtschaft können die USA einzelne Zölle anheben.

Der internationale Handel hat seit 1994 überdurchschnittlich stark mit Asien, Australien-Ozeanien und Lateinamerika zugenommen. Südafrika setzt auf eine starke Süd-Süd-Koperation auf allen Ebenen, um seine Beziehungen zu diversifizieren und ein Gegengewicht gegenüber dem Norden zu bilden. 2003 wurde mit Indien und Brasilien die „IBSA-Initiative" vereinbart, die Wirtschafts- und Entwicklungsprojekte umfasst und die Schaffung einer Freihandelszone anstrebt.

Erst 1998 brach Südafrika die diplomatischen Beziehungen zu Taiwan ab und erkannte die Volksrepublik China an. 2004 wurde eine „strategische Partnerschaft" in den Gebieten Wirtschaft, Kultur, Wissenschaft und Gesundheit vereinbart. China hat seine Beziehungen mit dem afrikanischen Kontinent in den letzten Jahren stark intensiviert – Südafrika ist dort sein wichtigster Wirtschaftspartner. Zwischen 1996 und 2006 wuchs das bilaterale Handelsvolumen von 10,3 auf über 60 Mrd. Rand (über 8 Mrd. US-$). Der Handel ist weiterhin stark einseitig: Exporten nach China in Höhe von 16 Mrd. Rand standen 2006 Importe in Höhe von 46,7 Mrd. Rand entgegen. Südafrika wird mit billigen Textilien, Schuhen, Souvenirs, Süßigkeiten etc. überschwemmt. In der heimischen Industrie gehen dadurch zahllose Arbeitsplätze verloren. Im Gegenzug werden Bergbauprodukte wie Platin, Chrom, Vanadium, Kohle in das rohstoffhungrige China exportiert. Im Juni 2006 versprach Premierminister Wen Jiabao bei seinem Staatsbesuch, die Textilexporte nach Südafrika zu drosseln. China hat am Kap in den Bereichen Bergbau und Infrastruktur investiert. Als größte Anlage erwarb 2007 eine chinesische Bank 20% der *Standard Bank*. Umgekehrt haben südafrikanische Unternehmen in China im Bergbau, im Brauwesen und im Grundstücksmarkt investiert.

Südafrikas Ausfuhren nach Afrika haben nach 1994 stark zugenommen. 2005 gingen 15,5 % der Ausfuhren dorthin. Die Exportmärkte EU und Asien waren mit 39,3 % bzw. 29,0 % allerdings weit bedeutender. Bei den Importen spielte Afrika mit einem Anteil von 4,9 % im Jahr 2005 nur eine geringe Rolle – auf die EU und Asien entfielen jeweils 40% der Einfuhren.

Besonders stark ist Südafrikas Dominanz in der *Southern African Development Community* (SADC). Als Südafrika 1994 der bisherigen „Frontstaatenorganisation" beitreten durfte, meinten Spötter: „Die SADC tritt der Republik Südafrika bei." 49% aller Direktinvestitionen stammen aus Südafrika; die Kaprepublik trägt zu fast 75 % zum BIP der SADC bei und ist für 80 % des Handelsvolumens verantwortlich. Ziel von SADC ist eine immer stärkere Integration in den Bereichen Wirtschaft, Politik, Sicherheit, Kultur und Soziales. 14 Staaten vom Kongo bis zum Kap der Guten Hoffnung repräsentieren einen Wirtschaftsraum von 240 Mio. Menschen. Zum 1. Januar 2008 trat eine Freihandelszone in Kraft. Zollunion (2010), gemeinsamer Markt (2015) und gemeinsame Währung (2018) sollen folgen.

Die südafrikanische Regierung hat erkannt, dass sie keine Insel relativer Prosperität in einer unterentwickelten Region bleiben kann. Andernfalls werden Millionen weiterer illegaler Migranten zu den mindestens 5 Mio. bereits im Land befindlichen hinzukommen. Öffentlich-private Partnerschaften unter starker Beteiligung von südafrikanischem Kapital und Know-how verwirklichen im SADC-Raum Transport- und Entwicklungskorridore wie den Maputo-Korridor (Südafrika/Swasiland/Mosambik), den Transkalahari-Korridor (Südafrika/Botsuana/Namibia) und den Benguela-Korridor (Sambia/Kongo/Angola), die Landwirtschaft, Bergbau, Forstwesen, Leichtindustrien und Tourismus stimulieren sollen.

Die Staaten der Region setzen große Hoffnungen auf Südafrika als „Lokomotive für die Region", wenngleich sie den übermächtigen Nachbarn weiterhin mit Skepsis betrachten. Auch der Westen sieht in Südafrika ein Schlüsselland für die Stabilisierung des Kontinentes. Doch gibt es nicht nur ein „Erste-Welt-Südafrika", sondern auch ein „Dritte-Welt-Südafrika". Im *Human Development Index* der UNDP von 2007/08 rangierte das Land nur auf Rang 121 von insgesamt 177 Staaten. Südafrika ist wirtschaftlicher Riese und Zwerg zugleich.

Entwicklungsland Südafrika

Das alte Südafrika präsentierte sich als attraktives Schwellenland. Seit 1994 sieht die Regierung Südafrika auch als Entwicklungsland, was angesichts der großen Einkommensunterschiede und dem Nebeneinander fortgeschrittener und unterentwickelter Wirtschaftsbereiche zweifellos berechtigt ist. Mit 700 Mio. US-$ und einem Pro-Kopf-Anteil von 15,5 US-$ (2005) sind die bezogenen Mittel öffentlicher Entwicklungszusammenarbeit eher gering. Zum Vergleich: Nigeria erhielt im gleichen Jahr 6,4 Mrd. US-$ (Pro-Kopf-Anteil 48,9 US-$).

Das Bundesministerium für wirtschaftliche Zusammenarbeit und Entwicklung (BMZ) fördert beispielsweise über die GTZ und die KfW Projekte zur Stärkung lokaler Regierungsführung, zur Jugendentwicklung durch Fußball und zur Gewaltprävention. *Brot für die Welt* konzentriert sich auf Vorhaben zur HIV/Aids-Aufklärung und -Selbsthilfe. *Misereor* unterstützt u. a. die Verbesserung der medizinischen Versorgung und der Kinderernährung im ländlichen Ostkap. Die politischen Stiftungen fördern Projekte zur Stabilisierung demokratischer Verhältnisse und rechtsstaatlicher Strukturen, z.B. zur Stärkung kommunalpolitischer Kompetenz, parlamentarischer Fähigkeiten und effizienter Gewerkschaftsarbeit. Zur Armutsminderung werden Aus- und Fortbildungsprojekte für Arbeitslose oder weibliches Kleinunternehmertum unterstützt. Viele engagierte Partner stehen vor Ort zur Verfügung. Ihre stärkere Vernetzung würde die Kooperation noch erleichtern.

Schwierige Zukunftsaussichten

Mit angepeilten jährlichen Wachstumsraten von mindestens 6 % zwischen 2010 und 2014 will der Staat ein umfassendes Arbeits-, Sozial- und Dienstleistungsprogramm finanzieren, um eine durchgreifende Verbesserung der Lebensverhältnisse zu erreichen. Doch ist zweifelhaft, ob dieses Ziel erreicht werden wird. Die massive Abwanderung qualifizierter Arbeitskräfte stellt die Wirtschaft vor immer größere Probleme. Die im Januar 2008 einsetzende Stromversorgungskrise trug wesentlich dazu bei, dass sich das Wirtschaftswachstum verlangsamte. Die Währung verlor massiv an Wert, die Inflationsrate kletterte im März erstmals seit fünf Jahren auf einen zweistelligen Wert (10,1 %), und ausländische Anleger zogen Kapital von der Börse ab. Massive Strompreiserhöhungen und die Folgen der ausländerfeindlichen Pogrome (Vertrauensverlust bei Investoren, Arbeitskräftemangel in bestimmten Sparten, ggf. rückläufiger Tourismus) werden sich zusätzlich negativ auswirken. Für 2008 wird erwartet, dass das reale Wachstum von 5,1 % (2007) auf unter 4 % des BIP zurückgeht.

Auch wenn das Großprojekt Fußballweltmeisterschaft die Wirtschaft in den Jahren 2009 und 2010 vorübergehend stimulieren wird, müssen erst massive strukturelle Defizite überwunden werden, um der in Armut lebenden Bevölkerungshälfte befriedigende Arbeits- und Lebensperspektiven zu verschaffen. Sollte dies nicht gelingen, wird Südafrika von der Wachstumslokomotive zum Problemfall in Subsahara-Afrika werden.

Der Bürgerkrieg zwischen ANC und Inkatha forderte
zwischen 1990 und 1994 jährlich rund 3000 Tote

Die Kolonialzeit – Wurzel der Rassentrennung

Die Apartheid ist wesentlich älter als die rund 40 Jahre, in denen sie in den Gesetzbüchern institutionalisiert war. Ihre Wurzeln gehen auf die Kolonialzeit zurück, die 1652 mit der Inbesitznahme des Kaplandes durch die Niederländisch-Ostindische Kompanie begann. Diese wollte nur eine Versorgungsstation einrichten und war nicht an europäischer Immigration interessiert. Sechs Jahre nach der Inbesitznahme des Kaps traf der erste Kommandant Jan van Riebeeck die folgenschwere Entscheidung, Sklaven aus Niederländisch-Indien und Ostafrika einzusetzen. Dadurch wurde eine weiße Oligarchie etabliert, die die braunen und schwarzen Südafrikaner als kostengünstige Arbeitskräfte nutzte.

Bei der Abberufung van Riebeecks im Jahr 1662 gab es mehr Sklaven als weiße Bürger am Kap. Im Jahr 1717 beschloss die Kompanie erneut, keine gezielte Einwanderung zu betreiben. Südafrika nahm damit nicht den Weg der USA, Neuseelands oder Australiens. Im Jahr 1700 lebten in der Kapkolonie 2000 Weiße, im Jahr 1793 waren sie auf lediglich 13 830 angewachsen. Um das Jahr 1700 zählten die USA 200 000 Weiße, 100 Jahre später bereits über 3 Mio. Das ab 1788 europäisch besiedelte Australien überholte Südafrika schnell und beherbergte 2007 etwa 20 Mio. Einwohner europäischer Abstammung, während es in Südafrika ganze 4,4 Mio. waren.

Eine Zweiklassengesellschaft, bei der Hautfarbe und sozialer Status identisch wurden, bildete sich heraus. Anfangs bestand noch ein gewisses Maß an Mobilität: Khoi-Khoi-Frauen konnten in der sozialen Hierarchie emporsteigen, wenn sie weiße Männer ehelichten. Sklaven konnten ihre Freilassung erarbeiten und durch Heirat von Khoi-Khoi-Frauen sozial aufsteigen, gemäß der Prämisse: je heller, desto angesehener. Solche Mischehen brachten die soziopolitische Mittelgruppe der Kapmischlinge hervor.

Die Hautfarbe war zunächst nur ein Indikator für die Aufstiegschancen eines Individuums, aber noch keine Determinante. Khoi-Khoi und freigelassene Sklaven konnten ursprünglich das volle Bürgerrecht erwerben. Mit zunehmender Vermischung fürchtete freilich die kleine Gruppe der weißen Siedler um ihr Überleben und setzte Verordnungen durch, die interrassische Aufstiegsmöglichkeiten einschränkten. So wurden in der Kapkolonie gegen Ende des 18. Jahrhunderts Kinder aus Verbindungen mit nichtweißen Frauen nicht mehr als gleichberechtigt anerkannt. Die Niederländisch-Ostindische Kompanie förderte die Einwanderung von ledigen Frauen aus den Niederlanden, z. B. Mädchen aus Amsterdamer Waisenhäusern.

In den 1840er Jahren gegründeten Burenrepubliken Oranjefreistaat und Transvaal wurde eine strikte Rassentrennung eingeführt. Nur Weiße konnten das Bürgerrecht erwerben. Nichtweiße Arbeitskraft wurde auch hier gerne genutzt. Die Farmer warben schwarze Arbeiter und siedelten sie auf ihren Farmen an. Ähnlich verfuhren später die Minenbesitzer.

Die Weißen versäumten damit die Chance, in einem Teil Südafrikas einen Nationalstaat zu etablieren, in dem sie die Mehrheit stellten und der nicht auf der Dominanz über andere Völker und Rassen gegründet war. Heute gibt es keine Region, in der die Weißen eine numerische Mehrheit besitzen.

Die britische Verwaltung in der Kapkolonie und in Natal praktizierte eine mildere Form weißer Vorherrschaft. Sie war von den europäischen Geistesströmungen der Aufklärung und des Liberalismus geprägt, mit denen die Buren nicht in Berührung gekommen waren. Die Briten betrachteten die nichtweißen Südafrikaner als unterentwickelt, gestanden ihnen aber eine grundsätzliche Emanzipationsfähigkeit zu. Dem Motto der Burenrepubliken „Keine Gleichheit in Kirche und Staat" hielten die Briten das Motto „Gleiche Rechte für alle zivilisierten Menschen" entgegen.

Im Jahr 1828 wurden die Nichtweißen am Kap rechtlich gleichgestellt, und bis 1834 wurde die Sklaverei abgeschafft. In den Parlamenten der Kapkolonie und Natals konnten Nichtweiße das aktive und passive Wahlrecht erhalten, wenn sie bestimmte Besitz- und Bildungsqualifikationen erfüllten. Die Hürden lagen allerdings sehr hoch. Zahlenmäßig relevant als Wähler waren nur die Kapmischlinge.

Bei Gründung der *Südafrikanischen Union* im Jahr 1910 kam es zu einem Kompromiss zwischen Briten und Buren auf Kosten der Nichtweißen. Den Provinzen Transvaal und Oranjefreistaat wurde der Fortbestand des exklusiv weißen Wahlrechts zugestanden, während in der Kapprovinz und in Natal das „farbenblinde" Zensuswahlrecht übernommen wurde. Auch die strengeren Segregationsbestimmungen des Nordens konnten dort weiterbestehen.

Viele Schwarze im Norden hatten nach der Niederlage der Burenrepubliken (1902) die britische Kolonialherrschaft freudig begrüßt. Die Verfassung der Südafrikanischen Union von 1910 und das drei Jahre später verabschiedete Landgesetz betrachteten sie als Verrat. Es ist kein Zufall, dass just im Jahr 1912 der Südafrikanische Nationale Eingeborenen-Kongress, der Vorläufer des ANC, gegründet wurde. Zunächst forderte er nicht viel mehr als die landesweite Einführung des Zensuswahlrechtes und eine Revision des Landgesetzes. Von dem Slogan „Ein Mensch, eine Stimme" war der Kongress noch weit entfernt.

Der Verrat der eigenen Prinzipien wurde in London damit bemäntelt, dass es nur eine Frage der Zeit sei, bis auch die nördlichen Provinzen die fortschrittlicheren Regelungen des Südens übernehmen würden. Doch nahm die Entwicklung die entgegengesetzte Richtung: Zug um Zug wurden die strengeren Bestimmungen des Nordens auf den Süden ausgedehnt. Wegmarken waren die Entfernung der Schwarzen (1936) und Mischlinge (1956) von der gemeinsamen Wahlliste in der Kapprovinz. Vorübergehend durften sie noch über getrennte Wahllisten weiße Interessenvertreter ins Parlament wählen, doch auch dieses Zugeständnis wurde 1959 im Fall der Schwarzen bzw. 1968 im Fall der Mischlinge abgeschafft.

Die 1948 eingeführte Apartheid brachte lediglich die Systematisierung und ideologische Überhöhung einer 300 Jahre alten Einrichtung. Bereits der Premierminister der britischen Kapkolonie Cecil Rhodes hatte 1894 die Rassentrennung als das „Gesetz Afrikas" bezeichnet, und in den Gesetzbüchern der Kapkolonie und Natals standen zahlreiche segregierende Bestimmungen. Selbst die 1921 von europäischen Zuwanderern gegründete *Südafrikanische Kommunistische Partei* (SACP) propagierte zunächst ein „weißes kommunistisches Südafrika", bis sie sich auf Druck Stalins den schwarzen Massen öffnete.

Der Apartheidstaat

Unter dem Druck verarmter und verunsicherter burischer Wähler entwickelte die *Nationalpartei* das System wirtschaftlicher Verschränkung der Rassen bei gleichzeitiger sozialer und politischer Trennung weiter. Die bedeutsamsten Apartheidgesetze waren der *Population Registration Act* (1950), der die Menschen des Landes erstmals in Weiße, Inder, Mischlinge und Bantu klassifizierte, der *Group Areas Act* (1950), der landesweit getrennte Wohngebiete vorschrieb, und der *Natives Resettlement Act* (1956), der die Beseitigung aller nichtweißen Inseln in weißen Gebieten ermöglichte.

Die Apartheid umfasste alle Sphären des menschlichen Lebens. So systematisierte der *Reservation of Separate Amenities Act* (1953) die Trennung im sozialen Bereich (Verkehrsmittel, Läden, Parkbänke usw.). Der erweiterte *Immorality Act* (1950) stellte nun auch sexuelle Beziehungen zwischen Weißen und Mischlingen bzw. Indern unter Strafe. Verhältnisse zwischen Weißen und Schwarzen waren bereits seit 1927 verboten.

Die Weißen rechtfertigten die Apartheid damit, dass Rassentrennung nicht automatisch eine ungleiche Behandlung beinhalte. Doch sah die Realität anders aus. Bezeichnenderweise bemühten sich Schwarze vor Gerichten darum, als Mischlinge eingestuft zu werden, und Mischlinge wollten Weiße werden. Der umgekehrte Fall kam kaum vor. Mit der Illusion der Gleichwertigkeit täuschten sich viele Weiße über die Folgen der Apartheid hinweg. Ein schwarzes Township hatten die meisten von ihnen auch nie von innen gesehen.

Die Apartheid verschleierte die Existenz einer nichtweißen Bevölkerungsmehrheit. Tagsüber arbeiteten Schwarze im weißen Südafrika, nachts und am Wochenende waren sie verschwunden. Sie erschienen weder im Fernsehen noch auf dem Wahlzettel. Die weißen Südafrikaner lernten ihre schwarzen Landsleute weder in der Schule noch in der Freizeit kennen und folglich auch nicht verstehen. Wer es nicht wissen wollte, hörte und sah daher auch keine Beschwerden – folglich musste es den Schwarzen gutgehen. Wurde wirklich einmal Kritik hörbar, so war der weiße Südafrikaner nur allzu schnell bereit zu glauben, dass es sich um von Ausländern oder Kommunisten aufgehetzte Individuen handele, während „die große Mehrheit" mit ihrer Lage „zufrieden" sei.

Schwarze wurden in vielen Fällen von ihrem angestammten Land vertrieben. Stundenlange Fahrtwege wurden ihnen zugemutet. Wanderarbeiter wurden monate- und jahrelang von ihren in den Homelands lebenden Ehefrauen und Kindern getrennt. Die Folgen waren Alkoholismus, Prostitution und Gewaltkriminalität in den Townships. Die weißen Südafrikaner wollten aber nur die Symptome, nicht die Ursachen sehen. Manche von ihnen fanden in der angeblichen „Unmoral" der Schwarzen noch eine wohlfeile Bestätigung ihrer Vorurteile.

Die Apartheid war voll skurriler und tragikomischer Begleiterscheinungen. Beamte prüften mit Bleistiften, ob Kopfhaare glatt waren oder zum Kräuseln neigten. Sondereinheiten der Polizei fahndeten mit Teleobjektiven und Tonbandgeräten unter Schlafzimmerfenstern nach Fällen von Rassenschande, und böswilligen Nachbarn bot sich ein weites Feld der Denunziation. Schwarze Haushaltsgehilfen lebten mit Sondergenehmigungen in weißen Häusern und verbrachten einen wesentlich größeren Teil ihrer Zeit bei der Familie des Arbeitgebers als bei ihrer eigenen. Doch die Kirche, die Parkbank und den Omnibus durften sie nicht teilen. Einheimische Inder und Chinesen wurden als Asiaten eingestuft, taiwanesische Chinesen und Japaner mit Rücksicht auf die Wirtschaftsbeziehungen jedoch als „Ehrenweiße". Für Diplomaten und Geschäftsleute aus schwarzen Staaten wurden „internationale Hotels" eingerichtet – der wohlklingende Name war lediglich eine Chiffre dafür, dass die Betreffenden hier die Sondergenehmigung für Treffen mit weißen Südafrikanern hatten. In den Homelands wurden korrupte schwarze Eliten ausgehalten. Dort entstanden „Hauptstädte", die den Charakter Potemkinscher Dörfer hatten. Beispielsweise beschäftigte der „Internationale Flughafen" von Bisho in der Ciskei 60 Mitarbeiter, erlebte zwischen 1987 und 1992 aber nur zweimal die Landung eines Flugzeugs.

Das Apartheidsystem brachte eine eigene Sprache hervor, nicht unähnlich George Orwells „Newspeak" (Neusprech) in seinem Buch *1984*. So wurden aus der Apartheid die „Getrennte" und schließlich die „Multinationale Entwicklung", aus dem „Ministerium für Bantu-Angelegenheiten" ein „Ministerium für plurale Angelegenheiten".

Auch im Apartheidstaat klafften freilich Theorie und Praxis auseinander. Mancherorts tolerierten die Behörden „graue Zonen" der Koexistenz von Weiß und Schwarz. Städte wie Pretoria und Bloemfontein galten als *verkrampt* (reaktionär), Kapstadt und Johannesburg dagegen als *verlig* (aufgeschlossen). Auf dem Land war die Lage vielfach entspannter als in den Städten. Hier gab es keine derart große bedrohliche Zusammenballung von Menschen unterschiedlicher Hautfarbe. Zwar herrschte auf vielen burischen Farmen eine patriarchalische Hierarchie, doch der Farmer fühlte sich für das Wohlergehen seiner schwarzen Arbeiter verantwortlich

Hendrik Frensch Verwoerd (geb. 1901 in Amsterdam, ermordet 1966 in Kapstadt) kam als Kind nach Südafrika und studierte in Stellenbosch Theologie und Psychologie. 1925–1927 absolvierte er in Berlin, Hamburg und Leipzig ein Zusatzstudium, und mit 26 Jahren wurde er Professor für Angewandte Psychologie in Stellenbosch. 1937–1948 war er Herausgeber der nationalistischen Zeitung *Die Transvaaler*. Über die Südafrika-Reise des britischen Königspaares 1947 berichtet er lediglich indirekt, indem er auf Verkehrsstaus als Folge des Besuches von „Herrn und Frau Windsor aus London" hinwies. 1950 wurde er „Minister für Bantu-Angelegenheiten", 1958 Premierminister. Als sein britischer Kollege Harold Macmillan 1960 in Kapstadt seine berühmte Rede über den „Wind der Veränderung" hielt, forderte Verwoerd in seiner improvisierten Replik Gerechtigkeit auch für die Weißen in Afrika. 1961 führte er Südafrika aus dem Commonwealth und rief die Republik aus. Am 6. September 1966 wurde er von einem für geistesgestört befundenen weißen Parlamentsdiener erstochen. Sein Schwiegersohn Carel Boshoff hat in Orania (Nordkap) ein selbstverwaltetes Gemeinwesen begründet, das die Keimzelle eines burischen „Volksstaates" werden soll. Hingegen trat ein Enkel, der Philosophiedozent Willem Verwoerd, 1993 in den ANC ein.

und sorgte für sie – oft besser als sein englischsprachiger Nachbar.

Häufig verteidigten weiße Südafrikaner die Apartheid damit, dass in vielen Ländern eine mehr oder weniger offene Rassentrennung praktiziert werde. Dies mochte zutreffen. Doch war Südafrika das einzige Land, das sie bis ins Detail gesetzlich regelte. Außerdem wurde die systematisierte Apartheid 1948 zum denkbar unpassendsten Zeitpunkt eingeführt: drei Jahre nach dem Zusammenbruch des Nationalsozialismus mit seinen „Nürnberger Gesetzen", ein Jahr nach der Unabhängigkeit Indiens, dem Auftakt der antikolonialen Emanzipation. Die Apartheid wurde international als zutiefst anachronistische Ideologie empfunden.

Der Kampf gegen die Rassentrennung trug den Charakter eines Kreuzzugs und war nicht frei von Übertreibungen. So klassifizierte der UN-Sicherheitsrat die Apartheid 1977 als „Bedrohung des Weltfriedens", was über das verhängte Waffenembargo hinaus den Einsatz militärischer Zwangsmittel gemäß Kapitel VII der UN-Charta ermöglicht hätte. Entsprechende Untersuchungen wurden angestellt, doch blieb eine Militärintervention glücklicherweise aus – wie im Irak hätte sie den vor Ort lebenden Menschen sicherlich mehr geschadet als genutzt. Problematisch war auch, dass man mit einem Bekenntnis gegen die Apartheid von eigenen Verfehlungen ablenken konnte, wie es afrikanische Diktatoren gerne praktizierten.

Kritik an der Apartheid kam in den 1950er Jahren auch aus dem eigenen Lager. Eine Gruppe von Rebellen in der *Nationalpartei* widersetzte sich vergeblich der Entrechtung der stammverwandten Kapmischlinge. Andere Stimmen forderten die Gesundschrumpfung auf einen stark verkleinerten weißen Staat, der ohne die Nutzung schwarzer Arbeitskraft auskam.

Mit Premierminister Dr. Hendrik Frensch Verwoerd kam 1958 ein Exponent jener Strömungen an die Macht. Anders als seine Vorgänger Malan und Strijdom verkündete er keine „negative", ausgrenzende Apartheid, sondern „positive" Rassentrennung, wofür er den neuen Begriff „Getrennte Entwicklung" einführte. Die südafrikanischen Schwarzen sollten in ihren Homelands (Heimatgebieten) autonome, später sogar völlig unabhängige Staatswesen gründen können. Hierfür sollten diese Gebiete territorial vergrößert und wirtschaftlich entwickelt werden. Als Erstes wurde 1963

Albert Luthuli (geb. um 1898 in Bulawayo/Südrhodesien, gest. 1967 in Groutville) war der Enkel eines Zulu-Häuptlings. 13 Jahre lang unterrichtete er an der kirchlichen Lehrerbildungsanstalt *Adams College* bei *Durban*, doch gab er seinen Beruf auf, als er 1936 sein Häuptlingsamt in Groutville/Zululand antrat. 1938 besuchte er Indien, 1948 die USA. Im Jahre 1945 trat er dem ANC bei und wurde 1952 zu dessen Präsident gewählt. Wegen seines politischen Engagements setzte ihn die Regierung als Häuptling ab. Unter seiner Führung begann der ANC 1952 eine „Ungehorsamskampagne". Den Einsatz von Gewalt lehnte der überzeugte Christ und Laienprediger ab. Mehrfach wurde Luthuli „gebannt" bzw. inhaftiert; eine Anklage wegen Hochverrats (1956) wurde wieder fallengelassen. Als ihm 1961 der Friedensnobelpreis verliehen wurde, durfte er ihn nicht annehmen. Nach dem Verbot des ANC (1960) lebte Luthuli unter strengen Auflagen in seinem Heimatort.

die Transkei autonom, 1976 sogar „unabhängig" mit eigener Armee, Flagge, Hymne und eigenen Briefmarken. Doch Verwoerds Konzept wies diverse Pferdefüße auf: Erstens gestand es den Schwarzen auf Druck der Wirtschaft und der Farmer nur 13 % der Fläche zu – größere Industriegebiete, Häfen, Städte etc. waren davon ausgeklammert. Zweitens verzichtete es nicht auf die Nutzung billiger schwarzer Arbeitskraft im weißen Südafrika, womit das Prinzip der Trennung ad absurdum geführt wurde. Lediglich „Grenzindustrien" in Nachbarschaft zu den Homelands sollten aufgebaut werden, um die Landflucht zu drosseln. Drittens wurden wesentlich weniger Mittel für die Entwicklung der Homelands aufgewendet, als die regierungsamtliche Tomlinson-Kommission für notwendig befunden hatte. Viertens boten die projektierten Homelands den städtischen Schwarzen keine Perspektive: Sie wurden diesen zugerechnet, obwohl sie teilweise bereits seit mehreren Generationen im weißen Gebiet lebten. Und fünftens weigerte sich Dr. Verwoerd, mit der stärksten schwarzen Kraft, dem ANC, zu verhandeln, und beschränkte sich auf die „traditionellen Führer".

Radikalisierung der schwarzen Opposition

Die Regierungsübernahme durch die *Nationalpartei* im Jahr 1948 radikalisierte die schwarze Opposition. Nicht mehr Häuptlinge vom Lande und Geistliche, sondern aus der ANC-Jugendliga stammende Aktivisten wie Oliver Tambo, Walter Sisulu und Nelson Mandela gaben nun den Ton an. Ihnen ging es nicht mehr um schrittweise Emanzipation, sondern um sofortige Gleichberechtigung. „Ein Mensch, eine Stimme!", lautete nun die Forderung, die vielen Weißen, aber auch manchen Mischlingen und Indern gehörige Angst machte.

Infolge der Kooperation mit der bereits 1950 verbotenen SACP verstärkte sich der kommunistische Einfluss im ANC, damit letztlich auch der weiße und indische Einfluss. Prominente weiße Kommunisten waren Yossel „Joe" Slovo, der brillant agierende Sohn jüdischer Einwanderer aus Litauen, der Bauingenieur Denis Goldberg und der burische Dissident Abraham Fischer, dessen Großvater es zum Premierminister des Oranjefreistaats gebracht hatte. Die bis heute anhaltende strukturelle Verquickung mit der SACP war für den ANC zwiespältig: Einerseits wurden seinem Kampf damit neue Bündnispartner zugeführt, andererseits drohten ideologische und materielle Abhängigkeiten vom Ostblock sowie eine verminderte Akzeptanz in der westlichen Welt.

Wir, das Volk

Die Einleitungssätze der 1955 verabschiedeten *Freiheitscharta*:
„Wir, das Volk von Südafrika, erklären, unserem ganzen Land und der Welt zur Kenntnis: Südafrika gehört allen, die darin leben, Schwarzen und Weißen. Keine Regierung kann gerechterweise einen Machtanspruch erheben, es sei denn, dass er auf dem Willen des Volkes gegründet ist (…)"

Im Jahr 1952 initiierte der ANC eine landesweite Ungehorsamskampagne. 1955 wurde zusammen mit den verbündeten weißen, indischen und Mischlingskongressen die berühmte „Freiheitscharta" verabschiedet, die ein unteilbares Südafrika auf der Basis des allgemeinen, gleichen Wahlrechtes und die Schaffung einer gerechteren Wirtschaftsordnung forderte.

Im März 1959 erfolgte eine bedeutsame Abspaltung vom ANC: Unter dem charismatischen Robert Sobukwe, einem Dozenten für Bantu-Sprachen, wurde der Panafrikanische Kongress gegründet. Der afronationalistisch ausgerichtete PAC kritisierte den dominanten Einfluss von Weißen, Indern und Kommunisten im ANC und war wesentlich militanter. Am 21. März 1960 kam es in Sharpeville südlich von Johannesburg zum Zusammenstoß zwischen der Polizei und PAC-Anhängern, die gegen die Passbestimmungen aufbegehrten. Hierbei töteten die von der Situation überforderten Polizisten 69 Schwarze. Das weiße Südafrika hatte seine Unschuld verloren, und Sharpeville wurde zum Synonym für Apartheidterror. Premierminister Dr. Verwoerd reagierte mit einem Verbot von ANC und PAC. 36 Jahre später wurde in Sharpeville die neue südafrikanische Verfassung von Staatspräsident Nelson Mandela unterzeichnet.

Poqo („Allein"), der neugegründete Guerillaflügel des PAC, suchte daraufhin in der Transkei den schwarzen Volkskrieg zu entfachen und trat durch blutige Massaker an Weißen hervor. Diese Strategie war jedoch erfolglos und kontraproduktiv. *Poqo* wurde 1963 zerschlagen.

Auch der ANC gründete nun 1961 im Exil unter dem Namen *Umkhonto we Sizwe* („Speer der Nation", abgekürzt MK) eine Guerillaorganisation. Sie beschränkte sich bis Ende der 1970er Jahre auf Gewalt gegen Sachen, so wurden Bombenanschläge auf Bürogebäude und Stromversorgungsanlagen durchgeführt. Im Jahr 1963 gelang es der Polizei, das MK-Hauptquartier auf der Farm Rivonia bei Johannesburg auszuheben. Da die Anklage wegen Hochverrats fallengelassen wurde, blieb den ANC-Aktivisten (darunter der bereits 1962 festgenommene Nelson Mandela) die Todesstrafe erspart. Acht der neun Angeklagten wurden am 12. Juni 1964 wegen Anschlägen gegen Gebäude und Infrastruktureinrichtungen zu lebenslangen Haftstrafen auf der unwirtlichen Gefängnisinsel Robben Island bei Kapstadt verurteilt.

Nelson Rolihlahla Mandela (geb. 1918 in Qunu/Transkei) gehört dem regierenden Haus der Tembu an. Sein Clanname lautet „Madiba". Im Jahr 1944 war er Mitbegründer der ANC-Jugendliga, 1950 wurde er ihr Präsident. In Johannesburg eröffnete er 1952 zusammen mit dem späteren ANC-Präsidenten Oliver Tambo die erste schwarze Rechtsanwaltspraxis Südafrikas und war einer der führenden Köpfe der „Ungehorsamskampagne". In erster Ehe heiratete er die Krankenschwester Evelyn Ntoko, 1958 in zweiter  Ehe die Lehrerin Nomzamo Winnifred Madikizela. Anfang der 1960er Jahre tauchte er in den Untergrund ab und organisierte Sabotageakte. Im August 1962 wurde Mandela verhaftet und 1964 zu einer lebenslangen Haftstrafe verurteilt. Berühmt wurden die Schlussworte seiner viereinhalb Stunden langen Verteidigungsrede: „Ich habe mich für das Ideal einer demokratischen und freien Gesellschaft eingesetzt, in der alle Menschen in Harmonie und Chancengleichheit zusammenleben. Es ist ein Ideal, für das ich lebe und das ich zu verwirklichen hoffe. Aber ich bin auch bereit, dafür zu sterben, sollte dies notwendig werden." Von 1964–1982 war er auf Robben Island in Haft, danach in weiteren Gefängnissen auf dem Festland. Zahlreiche Politiker setzten sich für die Freilassung des weltweit prominentesten Gefangenen ein, dem ein Dutzend Ehrendoktorate verliehen und zahlreiche Plätze, Gebäude etc. gewidmet wurden. Am 11. Februar 1990 entließ ihn Staatspräsident F.W. de Klerk in die Freiheit. Nelson Mandela wurde Präsident des ANC und erhielt 1993 zusammen mit F.W. de Klerk den Friedensnobelpreis. 1994–1999 amtierte er als erster schwarzer Staatspräsident. Mit seinem Bemühen um Versöhnung erwarb er sich weltweite Verehrung. Für die schwarzen Südafrikaner ist er die Ikone ihres Leidens und ihres Widerstands. Mandela engagierte sich weltweit für die Lösung von Konflikten, so z.B. in Burundi. Eine bittere Erfahrung war die Trennung und Scheidung (1996) von seiner skandalbehafteten Ehefrau Winnie. 1998 heiratete er Graça Machel, die Witwe des mosambikanischen Staatspräsidenten Samora Machel. Seine *Nelson Mandela Foundation* unterstützt Projekte im Bildungssektor und in der HIV/Aids-Prävention.

Mitte der 1960er Jahre war der Apartheidstaat auf dem Höhepunkt seiner Macht: ANC, PAC und SACP waren zerschlagen, ihre Führer im Gefängnis oder im Exil. Die letzten Bande mit England waren gekappt, das Land 1961 zur Republik erklärt worden. Die internationale Reputation war noch kaum erschüttert, die Wirtschaft boomte. Auch in Wissenschaft und Technologie war Südafrika führend. So entwickelte der Physiker Allan M. Cormack Anfang der 1960er Jahre an der Universität Kapstadt das Prinzip des Computertomographen (und erhielt hierfür 1979 den Nobelpreis für Medizin). Dem Herzchirurgen Christiaan Barnard gelang 1967 am Kapstädter Groote-Schuur-Hospital die weltweit erste Herzverpflanzung.

Die Ursachen der politischen Wende

Der Soweto-Aufstand im Jahr 1976 besiegelte das Ende der Apartheid, wenngleich sich ihre Abschaffung noch 15 Jahre hinziehen sollte. Die Jugendrebellion im 1 Mio. Menschen großen Megatownship bei Johannesburg verdeutlichte, dass die Homelandpolitik keine Lösung darstellte. Eine neue, militantere Widerstandsgeneration drängte nach. Die Unruhen, die mit Demonstrationen gegen die Einführung des Afrikaans als Unterrichtssprache begannen, gingen von der „Schwarzen Bewusstseinsbewegung" aus, die eher dem PAC nahestand. Ihr führender Exponent Steve Biko wurde 1977 im Polizeigewahrsam brutal ermordet. Dem ANC gelang es jedoch in den Folgejahren, sich wieder an die Spitze des Widerstandes zu setzen. Über Monate konnte die Regierung die Unruhen nicht in den Griff bekommen, und das internationale Ansehen Südafrikas war nachhaltig erschüttert. 575 Tote und 2389 Verletzte waren die amtliche Bilanz.

Fünf bestimmende Faktoren führten schließlich zur Abschaffung der Apartheid: wirtschaftliche Zwänge, die Verschlechterung der Sicherheitslage, der internationale Druck, der Wegfall der vorteilhaften Ost-West-Konstellation und schließlich die ungünstige Bevölkerungsentwicklung.

Die Soweto-Unruhen beendeten 1976 jene innere Stabilität, die die Regierung der *Nationalpartei* stets als Errungenschaft gepriesen hatte. Politisch motivierte Streiks und Unruhen gefährdeten den wirtschaftlichen Frieden und die ausländische Investitionsbereitschaft. Gleichzeitig benötigte die Industrie immer besser qualifizierte Arbeitskräfte. Selbst Führungskräfte auf hoher und mittlerer Ebene konnten nicht mehr allein von den Weißen gestellt werden. Doch die regierende *Nationalpartei* suchte weiterhin den Zuzug von Schwarzen in die Städte zu drosseln. Eine Rolle spielte auch, dass die Wirtschaft daran interessiert war, die schwarzen Frauen in den Arbeitsprozess einzugliedern. Nach den Vorstellungen der Regierung sollten diese aber in den Homelands verbleiben.

Apartheid wurde für die Wirtschaft zu teuer: Sie durfte schwarze Arbeiter nur in untergeordneten Positionen beschäftigen und konnte keine berufliche Weiterqualifikation betreiben. Die von der Regierung geforderte Errichtung von „Grenzindustrien" in der Nähe von Homelands war mit hohen Anfangskosten in unerschlossenen Regionen verbunden. Immer nachdrücklicher drängte die Wirtschaft bei der Regierung auf Reformen.

Der Großindustrielle Harry Oppenheimer fasste die Problematik folgendermaßen zusammen: „Mit der Weiterentwicklung der Industrie konnte man einfach nicht mehr von Wanderarbeitern abhängig sein (…) Man kann doch auf die Dauer keine hochentwickelte Industrienation leiten, wenn die Leute keine vernünftige Ausbildung haben und nicht in der Nähe des Arbeitsplatzes wohnen. Die Opposition gegen die Apartheid hatte praktische, nicht nur moralische Gründe."

Die Schwarzen entwickelten sich für die Wirtschaft zu einem Konsumfaktor, was in veränderten Zielgruppen bei der Werbung deutlich wurde. In den Jahren 1970–1982 wuchsen die Reallöhne der Schwarzen um 60 %, diejenigen der Weißen um 18 %. Erste wirtschaftspolitische Reformen weichten die Apartheid auf: Im Jahr 1979 wurde die Bildung schwarzer Gewerkschaften legalisiert, die Arbeitsplatzreservierung für Weiße in vielen Branchen abgeschafft. Eine sozioökonomische Emanzipation ohne politische Emanzipation war aber langfristig kaum vorstellbar. Die Regierung sah sich mit immer höheren Staatsausgaben konfrontiert: Kosten einer inkonsequenten Homeland-Politik mit einem gigantischen weißen wie schwarzen Beamtenapparat, Kosten zur Umgehung von Sanktionen und Embargomaßnahmen, Kosten für die innere und äußere Sicherheit. Allein die Verteidigungslasten stiegen von 257 Mio. US-$ (1970) auf 2 Mrd. US-$ (1980) und schließlich 3,2 Mrd. US-$ (1988).

Südafrikas *Cordon Sanitaire* brach ab 1974 zusammen, als sich in Angola, Mosambik und Simbabwe (ehemals Rhodesien) radikale schwarze Regierungen etablierten und teilweise den südafrikanischen Befreiungsbewegungen Stützpunkte einräumten. Deren bewaffneter Kampf wurde nun vom Warschauer Pakt militärisch und logistisch unterstützt. Selbst eine bewaffnete Konfrontation mit Warschauer-Pakt-Truppen schien nicht ausgeschlossen. In den 1980er Jahren suchte Südafrika die Nachbarstaaten militärisch, wirtschaftlich und infrastrukturell zu destabilisieren und schürte Stellvertreterkriege. In Angola musste es 1987/88 der Rebellenbewegung UNITA gegen Kubaner und Regierungstruppen massiv zu Hilfe kommen. Die Schlacht um Cuito Cuanavale in Südangola brachte den Südafrikanern zwar keine Niederlage, doch zeigte sich, dass sie die Luftüberlegenheit verloren hatten und im modernen elektronischen Kampf nicht mehr überlegen waren.

Auch im Inneren verschlechterte sich die sicherheitspolitische Lage. Zwar konnte der MK nie einen flächendeckenden Guerillakrieg entfachen. Doch war seine Strategie erfolgreich, die Townships unregierbar zu machen. Weiße Wehrpflichtige mussten der Polizei beistehen, wofür sie nicht ausgebildet waren. Insbesondere bei den Anglo-Südafrikanern schwand die Moral. Die Bilder von brennenden Townships, prügelnden Polizisten, getöteten und verhafteten schwarzen Jugendlichen schädigten das Renommee des Landes.

Einen großen Anteil am politischen Wandel hatte auch die internationale Antiapartheidkampagne. In einer breiten Koalition arbeiteten Christen, Bürgerrechtler, Dritte-Welt-Aktivisten, Liberale, Sozialdemokraten und Kommunisten zusammen, um Südafrika zu isolieren und zu boykottieren. Alle diese Strömungen konnten in dem entrückten Nelson Mandela eine Identifikationsfigur finden. Bekannte Unterstützer wie Richard Attenborough, Harry Belafonte, Paul Simon und Stevie Wonder popularisierten die Ziele der Bewegung. Anlässlich des 70. Geburtstages des inhaftierten Nelson Mandela fand am 11. Juni 1988 ein Konzert im Londoner Wembley-Stadion statt. An die 75 Gruppen und Musiker spielten vor 72 000 Besuchern, und die Veranstaltung wurde in 60 Länder übertragen.

Gepanzertes Polizeifahrzeug in Soweto in den 1980er Jahren

Ende der 1980er Jahre löste sich der für Südafrika vorteilhafte Ost-West-Konflikt. Bisher hatte Pretoria vor einer kommunistischen Machtübernahme am Kap warnen und sich dem Westen als zuverlässiger Partner andienen können. Nun deutete der sowjetische Staatschef Gorbatschow an, dass er die massive Unterstützung der Befreiungsbewegungen im südlichen Afrika aufgebe und keine kommunistische Machtübernahme mehr anstreben werde. Nach einem Moskaubesuch im Dezember 1987 überbrachte der bayerische Ministerpräsident Franz Josef Strauß diese Botschaft im Januar 1988 nach Pretoria. Die Regierung der *Nationalpartei* mochte diese Entwicklung als Stärkung interpretieren, doch letztlich handelte es sich um eine Schwächung: Die geostrategische Bedeutung Südafrikas wurde erheblich reduziert. Mitte 1989 machte die gewiss nicht ANC-freundliche britische Premierministerin Margaret Thatcher in London dem neuen südafrikanischen Präsidenten F. W. de Klerk unmissverständlich klar, dass das strategische Interesse des Westens an Südafrika erheblich geschrumpft sei und er nicht mehr mit der gleichen Nachsicht wie früher rechnen könne. Im US-Kongress drohe eine wesentliche Verschärfung der Sanktionen und Embargomaßnahmen, und es sei zu befürchten, dass die USA die EG-Staaten zwingen würden, sich anzuschließen. Thatcher gab ihm den Rat, so schnell wie möglich und noch aus einer Position der Stärke heraus Verhandlungen mit dem ANC aufzunehmen.

Gerade die britische Politik begleitete den Übergang in Südafrika höchst aufmerksam. Größere Wirtschaftsinteressen als bei irgendeinem anderen Land standen auf dem Spiel. Eine zusätzliche Motivation waren rund 750 000 britische Passinhaber mit Anrecht auf konsularische Hilfe bis hin zu einer eventuellen Evakuierung. Der herausragende britische Botschafter in Südafrika, Sir Robin Renwick, war in seiner Amtszeit (1987–1991) der entscheidende Vordenker und Begleiter des friedlichen Wandels.

Eine wesentliche Rolle bei der Abschaffung der Apartheid spielte schließlich die für die Weißen ungünstige demographische Entwicklung. 1921 hatte ihr Bevölkerungsanteil noch 22% betragen; 1985 waren es nur noch 16 % mit weiter fallender Tendenz.

F. W. de Klerk und die „Pretoriastrojka"

Die Zeichen der Zeit wurden im innersten Führungskreis, in der *Nationalpartei*, an den Eliteuniversitäten und im *Broederbond* erkannt. Dessen Vorsitzender, Jan Pieter de Lange, meinte in den 1980er Jahren: „Das größte Risiko für das Afrikanertum wäre es, kein Risiko einzugehen." Doch besaßen die Staatsführer noch nicht die Größe, diese Erkenntnis in die Tat umzusetzen. Der zögerliche Premierminister Johannes Balthasar Vorster (1966–1978) griff lieber zu Polizeieinsätzen, als wirkliche Reformen zu wagen. Unter seinem Nachfolger Pieter Willem Botha (1978–1989) wurde weiterhin wertvolle Zeit verschenkt, was das Land mit hohen menschlichen und materiellen Opfern bezahlte. Als ehemaliger Verteidigungsminister gab sich Botha der Illusion hin, alle Probleme durch den Einsatz der Sicherheitskräfte in den Griff zu bekommen – dies übrigens gegen den Rat hoher Militärs. Er propagierte den Kampf gegen einen angeblichen *total onslaught* (totalen Angriff) kommunistischer Kräfte. Damit erzeugte er bei Teilen der weißen Bevölkerung eine kollektive Psychose, die die Schwelle für Menschenrechtsverletzungen und Staatsterror senkte.

Kritiker pflegte P. W. Botha unwirsch abzukanzeln. Doch war das intrigante „Große Krokodil" weniger selbstbewusst, als es auf den ersten Blick schien. Als private Besucher in seiner Residenz seinen Schreibtisch erblickten, fragten sie Frau Botha, ob der Staatspräsident dort weitreichende Entscheidungen treffe. Sie antwortete, dass ihr Mann im Gegenteil häufig grübelnd dasitze und nicht weiterwisse.

Die als grundlegende Reform gepriesene Einführung eines Dreikammerparlamentes für Weiße, Mischlinge und Inder (1984) mit dem zum exekutiven Staatspräsidenten beförderten P. W. Botha an der Spitze erwies sich als kontraproduktiv: Nun fühlte sich die schwarze Bevölkerungsmehrheit erst recht ausgeschlossen und rebellierte landesweit.

Die Enttäuschung über Bothas Politik war so groß, dass südafrikanische Wirtschaftsvertreter unter Führung des Anglo-American-Vorsitzenden Gavin Relly 1985 in Mfuwe/Sambia erste Kontakte zum ANC aufnahmen und dessen ökonomische Positionen in einer Serie von Treffen im Ausland ausloteten. Unter den Augen der Medien trafen sich außerdem 1987 burische Dissidenten mit ANC-Vertretern in Dakar/Senegal. Damit brachen sie ungeniert die heimischen Gesetze.

Während der Amtszeit P. W. Bothas etablierte das Militär mit dem „Staatssicherheitsrat" sowie über das ganze Land verstreuten „militärisch-zivilen Komitees" eine Art Nebenregierung. Polizei-Sondereinheiten wie das berüchtigte *Civil Coordination Bureau* führten einen schmutzigen Krieg gegen echte und vermeintliche Regimegegner und entglitten jeglicher parlamentarischen Kontrolle. Mutmaßliche Staatsfeinde wurden gefoltert und liquidiert – auch im Ausland: So fiel Ruth First, die Ehefrau von Joe Slovo, 1982 in Maputo/Mosambik einer Briefbombe zum Opfer; 1988 wurde die Pariser ANC-Repräsentantin Dulcie September in ihrem Büro erschossen. Auch fachten Polizeieinheiten insgeheim die blutigen Auseinandersetzungen zwischen dem ANC und der konkurrierenden Zulu-Bewegung *Inkatha* an. In den Gefängnissen nahm während des Ausnahmezustandes (1984–1990) die Zahl ungeklärter Todesfälle und „Selbstmorde" stark zu. Auch viele weiße Südafrikaner waren Mitte der 1990er Jahre über das von der *Wahrheits- und Versöhnungskommission* enthüllte Ausmaß des Staatsterrors entsetzt, der selbst vor der Herstellung von Giftstoffen für Attentate und Diamanten-, Elfenbein- und Drogenschmuggel zur Finanzierung verdeckter Aktivitäten nicht zurückgeschreckt war.

Freilich wies auch der Befreiungskampf dunkle Seiten auf. Drakonisch und häufig willkürlich urteilten selbsternannte „Volksgerichte". Beispielsweise mussten schwarze Frauen den Inhalt ihrer Taschen aufessen, wenn festgestellt wurde, dass sie in weißen Geschäften eingekauft hatten, auch wenn es sich um Waschmittel oder Seife handelte. Besonders berüchtigt waren die „Halskrausenmorde", denen zwischen September 1984 und Oktober 1989 fast 800 „Kollaborateure" zum Opfer fielen – mit diesem Etikett wurden auch Angehörige konkurrierender schwarzer Parteien belegt. Die „Halskrause" bedeutete, dass dem Opfer ein brennender, mit Benzin getränkter Autoreifen umgehängt wurde. Qualvoll verbrannte und erstickte es, da gleichzeitig seine Lunge vergiftet wurde. Eine Rettung war nicht mehr möglich, da das brennende Gummi und die Haut untrennbar miteinander verschmolzen. Oft wurde das sterbende Opfer von einer enthemmten Menge getreten und beschimpft. Manche ANC-Führer verurteilten die „Halskrause", viele schwiegen, einige begrüßten sie ausdrücklich, wie z. B. im April 1986 Nelson Mandelas enthemmte Ehefrau Winnie: „Zusammen, Hand in Hand, werden wir mit unseren Streichholzschachteln und Halskrausen dieses Land befreien!"

Ende der 1970er Jahre hatte der Guerillaflügel MK beschlossen, auch zivile Opfer in Kauf zu nehmen. Bei fünf großen Sprengstoffanschlägen zwischen 1983 und 1986 in Pretoria, Durban und Amanzimtoti starben insgesamt 35 schwarze und weiße Zivilisten, über 350 wurden zum Teil schwer verletzt. Wenig zimperlich ging der MK mit „Dissidenten" und „Spionen" um: Nach einer Meuterei in Angola im Jahr 1984 wurden dort sowie in Sambia, Tansania und Uganda Straflager eingerichtet, wo es zu Folterungen und Hinrichtungen kam.

Noch in der Amtszeit P. W. Bothas gestaltete Außenminister Roelof Frederik „Pik" Botha das Ende des militärischen Engagements in Angola (1989) und die Entlassung Namibias in die Unabhängigkeit (1990) mit. Diese Entwicklungen wurden zum erfolgreichen Testfall für die Wende in Südafrika.

Nach einem Schlaganfall wurde P. W. Botha 1989 in einem innerparteilichen Putsch zunächst als Parteiführer, dann auch als Staatspräsident gestürzt. Wenig schien zunächst auf einen Wechsel hinzudeuten. Doch sein Nachfolger F. W. de Klerk erwies sich als flexibler und lernfähiger als seine Vorgänger. Außerdem gefiel dem

Frederik Willem de Klerk (geb. 1936 in Johannesburg) ist ein Sohn des Schuldirektors Jan de Klerk, der verschiedenen Kabinetten der *Nationalpartei* angehörte und 1968–1976 Präsident des Senats war. F.W. de Klerk studierte in Potchefstroom Jura, zog 1972 für die *Nationalpartei* ins Parlament ein und wurde 1978 erstmals Minister. Er galt als Konservativer und schlug als Erziehungsminister Studentenunruhen drakonisch nieder. 1989 wurde er zunächst Parteivorsitzender, im August auch Staatspräsident. Am 2. Februar 1990 hielt er seine berühmte Rede  im Parlament, die den Umbruch einleitete. Im Mai 1990 begannen die Verhandlungen mit dem ANC, genau vier Jahre später löste Mandela ihn nach ersten allgemeinen Wahlen als Staatspräsident ab. Beide wurden 1993 mit dem Friedensnobelpreis ausgezeichnet. Wesentlichen Einfluss auf F.W. de Klerk hatte sein liberal ausgerichteter Bruder, Professor Willem de Klerk. Bis 1996 amtierte F.W. de Klerk als Vizepräsident in der Übergangsregierung. 1997 verabschiedete er sich aus der Politik. 2000 gründete er die *F.W. de Klerk Foundation* zur Unterstützung friedlichen Zusammenlebens in multirassischen Gesellschaften.

ehrgeizigen und medienbewussten de Klerk die für einen südafrikanischen Politiker ungewohnte Aussicht, weltweit Lob und Anerkennung zu erhalten. Nach langen Jahren hatte Südafrika wieder einen sympathisch und gesprächsbereit wirkenden Staatsführer – sein Vorvorgänger Vorster war US-Außenminister Henry Kissinger noch wie eine „Figur aus dem Alten Testament" erschienen.

F.W. de Klerk glich auf verblüffende Weise dem anderen Reformer seiner Zeit: dem sowjetischen Staatsführer Michail Gorbatschow. Beide entstammen dem alten Denken und leiteten Reformen ein, beide ähneln sich mit ihrem Lächeln und ihrer Stirnglatze sogar physiognomisch. Für die Reformen am Kap wurde denn auch die Bezeichnung „Pretoriastrojka" geprägt. Auch beider Schicksal nach der Wende ähnelte sich: Der Reformprozess entglitt ihrer Kontrolle, und das Interesse an den Initiatoren ließ stark nach.

Unter den misstrauischen Augen von P. W. Botha, teilweise wohl auch hinter seinem Rücken, waren in den 1980er Jahren erste Reformen versucht worden. Zunächst hofften die Strategen der *Nationalpartei* noch, ANC und SACP ausgrenzen und einen günstigen Kompromiss mit der *Inkatha*-Partei Buthelezis und anderen gemäßigten Kräften aushandeln zu können. Doch kam der Geheimdienst zum Ergebnis, dass *Inkatha* bestenfalls 10–20% der Schwarzen hinter sich hatte und andere schwarze Parteien kaum eine Rolle spielten. Die übergroße Mehrheit unterstützte den ANC – ohne ihn war keine Lösung möglich.

Diskret knüpfte die Regierung im Ausland erste Kontakte zum ANC und der SACP. Im November 1985 begann der Dialog mit dem Gefangenen Mandela, der offiziell kein Amt im ANC innehatte (in London amtierte als gewählter Präsident Oliver Tambo), jedoch die unbestrittene Führungsfigur war. Die Gelegenheit zu einer ersten Ansprache ermöglichte der Aufenthalt von Mandela in einem Kapstädter Krankenhaus. Ein ständiges Kontaktkomitee wurde eingesetzt. Es bediente sich der Mittlerdienste des Wärters James Gregory, der mit seinem Gefangenen ein Vertrauens- und Freundschaftsverhältnis aufgebaut hatte. Am 5. Juli 1989 kam es zum historischen Treffen zwischen P. W. Botha und Mandela im *Tuynhuys*, dem Amtssitz des Staatspräsidenten in Kapstadt.

Die südafrikanische Führung lotete aus, inwieweit der ANC konzessionsbereit war: Ob und wann er auf den bewaffneten Kampf verzichten würde, inwieweit er vom System „Ein Mensch, eine Stimme" abrücken könnte, wie dogmatisch seine sozialistische Orientierung war. Über verschlungene Wege, z. B. mittels Kassiber, hielt Mandela dabei Fühlung mit der Exilführung. Besonders wichtig war ihm, deutlich zu machen, dass er nicht zu einem Alleingang oder gar zu Kollaboration greifen würde. Unruhe im ANC, Abspaltungen etc. hätten den Verhandlungserfolg torpediert, und es gab interessierte Kreise, die dies gerne erreicht hätten.

Frühzeitig und sorgfältig bereitete die Regierung die Freilassung vor. Mandela wurde in ein anderes Gefängnis verlegt, wo er über alle aktuellen Entwicklungen eingehend unterrichtet wurde. Schließlich unternahm er sogar inkognito mit Wärtern Ausflüge, um sich an das moderne Südafrika zu gewöhnen. Da kein aktuelles

Foto von ihm existierte, war die Gefahr, dass er erkannt würde, gering. In seinen lesenswerten Memoiren schreibt er, dass er mehrfach die Gelegenheit gehabt hätte, unbemerkt zu fliehen.

Staatspräsident P. W. Botha gab sich noch der Illusion hin, dass Mandelas Freilassung von Vorbedingungen wie seinem Rückzug aus der Politik oder einer Aufgabe der Forderung nach „Ein Mensch, eine Stimme" abhängig gemacht werden könne. Die intellektuelle Elite der *Nationalpartei* schätzte die Lage realistischer ein. Sie kam bald zur Erkenntnis, dass angesichts der zu erwartenden Instabilität in der Übergangsperiode eine autoritätsgebietende Integrationsfigur wie Nelson Mandela geradezu ein Glücksfall war, und empfahl eine bedingungslose Freilassung.

Die Exilführung des ANC war ebenfalls an Verhandlungen interessiert. Nüchtern erkannte sie die existierende Pattsituation: Einerseits war der ANC stark genug, dauernde Unruhen am Leben zu halten. Andererseits konnte die Regierung auf absehbare Zeit eine revolutionäre Machtübernahme verhindern. Eine Fortsetzung der Konfrontation hätte zu viele unnötige Opfer auf beiden Seiten gefordert.

Das Ringen um eine gerechte und stabile Ordnung

Die Sitzung des Dreikammerparlamentes am Freitag, dem 2. Februar 1990, begann wie jede andere. Doch dann geschah die Sensation: Staatspräsident F. W. de Klerk verkündete den ungläubig lauschenden Abgeordneten die Legalisierung der verbotenen Organisationen ANC, SACP und PAC, die Aufhebung aller Beschränkungen für Oppositionsgruppen, das nahe Ende des Ausnahmezustandes, die Entlassung politischer Gefangener und die baldige Abschaffung der letzten Apartheidgesetze. Repräsentative Verhandlungen über eine neue Verfassungsordnung sollten schnellstmöglich beginnen. Laut protestierend verließen die Abgeordneten der *Konservativen Partei* daraufhin den Plenarsaal.

Eine Woche später, am 11. Februar, folgte jenes Ereignis, auf das die Welt gewartet hatte: Nelson Mandela wurde nach 27-jähriger Haft aus dem Victor-Verster-Gefängnis bei Kapstadt entlassen. Durch das Blitzlichtgewitter Hunderter Journalisten bahnte er sich seinen Weg, Hand in Hand mit seiner zweiten Ehefrau Winnie.

Ihre Beziehung war aber wahrscheinlich schon damals aufgrund der außerehelichen Eskapaden der lebenslustigen, 16 Jahre jüngeren Gattin zerbrochen. Auch mit Menschenrechtsverletzungen ihrer Leibgarde, Korruptionsaffären und militanten Reden bereitete Winnie ihrem Ehemann gehörigen Kummer. Dennoch verlor er ihr gegenüber nie die Contenance. 1996 erfolgte die Scheidung.

Staatspräsident F. W. de Klerk konnte noch einmal mit einer sensationellen Parlamentsrede aufwarten: Am 24. März 1993 lüftete er das Staatsgeheimnis Nr. 1, wonach Südafrika seit November 1979 Nuklearmacht war. Sechs Atombomben des „Hiroshima-Typs" seien einsatzfähig, eine siebte im Bau gewesen, als zwischen November 1989 und Juni 1991 alle Bomben, Fertigungsanlagen und Pläne auf seinen Befehl zerstört worden seien. Gemäß de Klerk waren die Nuklearwaffen politischer Natur und nicht für einen Einsatz auf dem Gefechtsfeld bestimmt gewesen: Gegebenenfalls wäre das Vorhandensein von Atomwaffen demonstriert worden, um die Sowjetunion abzuschrecken und die USA zum Eingreifen zu zwingen. In der Tat wurde bekannt, dass Staatspräsident Botha im Oktober 1988 demonstrativ einen getarnten nuklearen Testschacht in der Kalahari offenlegen ließ. Nach militärischen Rückschlägen in Angola wollte die Regierung mit dieser Drohung die Fortsetzung der im August jenes Jahres eingeleiteten Friedensgespräche mit Angolanern und Kubanern sicherstellen.

Die nukleare Abrüstung war wahrscheinlich auf Druck der USA erfolgt, die eine Übergabe der Atomwaffen an den ANC respektive eine Weiterverbreitung nach Iran, Kuba oder Libyen fürchteten. Im Juli 1991 trat Südafrika dem Atomwaffensperrvertrag bei. Erstmals hatte eine Atommacht „freiwillig" ihr Potenzial abgebaut.

Bei der Abrüstung waren keine internationalen Inspektoren eingeladen worden – die Regierung wollte wohl frühere Kooperationspartner wie Israel und Frankreich decken. Denn die südafrikanische Atomrüstung war nicht, wie von de Klerk behauptet, ohne fremde Unterstützung gelungen. Insbesondere mit Israel hatte Südafrika seit den 1960er Jahren eine enge militärische und nukleare Zusammenarbeit gepflegt.

In der schwierigen Übergangsperiode zwischen 1990 und 1994 bildeten de Klerk und Mandela respektive die *Nationalpartei* und die *ANC-Allianz* (ANC, SACP, COSATU) geradezu ein Tandem. Beide Seiten wussten, dass nur eine enge Kooperation der beiden stärksten Kräfte die Klippen dieser sensiblen Übergangsphase umschiffen konnte.

Im Mai 1990 fanden in Kapstadt die ersten öffentlichen Gespräche statt. Die Regierung stimmte der Rückkehr der Exilanten zu und garantierte ihnen Straffreiheit. Mandela erklärte daraufhin am 6. August die Aussetzung des bewaffneten Kampfes.

Die Übergangsphase war im höchsten Maß sensibel. Da der ANC noch keiner Abrüstung zugestimmt hatte, waren paramilitärische Gruppierungen quasi legal. Außer seinem Guerillaflügel MK gab es die dem ANC nahestehenden *Self-Defence Units*, die zum PAC gehörende *Azanian People's Liberation Army* (APLA), die Inkatha-nahen *impis* und *Self-Protection Units* sowie die *Afrikaner Weerstandsbeweging* (AWB) und andere paramilitärische Formationen der weißen Rechten. Gleichzeitig schwand die Autorität von Militär und Polizei. Das Gewaltmonopol des Staates zerbröckelte, und nur eine neue Verfassungsordnung, verbunden mit einer Reorganisation und Demokratisierung der Sicherheitskräfte, konnte ein Wiedererstarken des Staates bewirken. Doch bis dahin war noch ein weiter Weg.

Die *ANC-Allianz* setzte die Regierung mit dem verbindlich vereinbarten Wahltermin April 1994 erfolgreich unter Druck: Für die schwarzen Massen wurde dieses Datum zum Hoffnungssymbol.

Am 20. Dezember 1991 wurde die Verfassungskonferenz *Konvent für ein Demokratisches Südafrika* (CODESA) einberufen. 19 Parteien waren vertreten, neben NP, ANC und SACP auch die neugegründete *Inkatha-Freiheitspartei* (IFP), allerdings ohne ihren abwartenden Vorsitzenden Buthelezi, und die Homeland-Führungen. Abseits standen noch der PAC und die weiße Rechte.

Die *ANC-Allianz* arbeitete darauf hin, möglichst schnell die Regierung zu entmachten, die Kontrolle über die Sicherheitskräfte und ein Mitspracherecht über Budget und Finanzen zu erhalten sowie die neue Verfassung von einer gemäß dem Prinzip „Ein Mensch, eine Stimme" gewählten verfassunggebenden Versammlung ausarbeiten und beschließen zu lassen. Darin sollten möglichst wenige Gruppenschutzbestimmungen vorkommen, und wenn solche doch aufgenommen werden mussten, dann sollten sie befristet sein – Joe Slovo prägte die Formulierung der „Sonnenuntergangsklauseln".

Hingegen suchte die *Nationalpartei* die Legitimität der Regierung bis April 1994 aufrechtzuerhalten. Das paritätisch zusammengesetzte Forum CODESA sollte die neue Verfassung vor allgemeinen Wahlen beschließen. De Klerk wollte eine anschließende Übergangsperiode mit besonderen Machtbeteiligungs- bzw. Schutzklauseln möglichst lange befristen, manche dieser Bestimmungen sollten gar auf unbestimmte Zeit Geltung haben. Vergeblich suchte die *Nationalpartei* der *ANC-Allianz* ein konkordanzdemokratisches System schmackhaft zu machen, in dem sich die verschiedenen Bevölkerungsgruppen nicht gegenseitig majorisieren könnten. Später propagierte sie eine institutionalisierte Koalition der größten Parteien (ähnlich dem 1959 in der Schweizer Bundesregierung eingeführten Parteienproporz) mit Vetorechten für alle Regierungsparteien.

Ein unter den weißen Südafrikanern durchgeführtes Referendum erbrachte am 17. März 1992 eine Zustimmung von 68,7 % für die Politik de Klerks. Die oppositionelle *Konservative Partei* konnte somit keine Neuwahlen unter Weißen mehr erzwingen, die sie aufgrund der Tücken des Mehrheitswahlrechtes möglicherweise gewonnen hätte.

An die Stelle von CODESA trat am 1. April 1993 ein erweitertes „Vielparteienforum", an dem nun auch der PAC und – vorübergehend – die konservativen Buren teilnahmen. Wichtig waren nicht nur das Plenum, sondern auch die verschiedenen Unterkommissionen zur Erarbeitung von Spezialfragen. Dort wurde viel Grundlagenarbeit und Vertrauensbildung geleistet. Wesentliche Weichenstellungen erfolgten bei Geheimgesprächen der führenden Politiker, teilweise in abgelegenen Busch-Camps (*bosberaad*). Immer wieder drohten die Gespräche fehlzuschlagen, z. B. in der Frage des verfassungsbestimmenden Quorums.

Die wichtigsten Verhandlungsführer waren auf Seiten der *Nationalpartei* Roelf Meyer, Tertius Delport und Dawie de Villiers, auf Seiten der *ANC-Allianz* der frühere Gewerkschaftsführer Cyril Ramaphosa, der UDF-Aktivist Mohammed Valli Moosa und der Kommunist Joe Slovo.

Die Verhandlungspartner vereinbarten schließlich einen historischen Kompromiss: Die weiße Seite akzeptierte eine demokratische Ordnung nach dem Prinzip „Ein Mensch, eine Stimme". Im Gegenzug warf die *ANC-Allianz* sozialistische Vorstellungen über Bord und akzeptierte die marktwirtschaftliche Ordnung. Weitere politische Zugeständnisse der *ANC-Allianz* waren die fünfjährige

Mehrparteien-Übergangsregierung und befristete Beschäftigungs-garantien bzw. Abfindungen für Staatsbeamte. Die Regierung durfte bis zu den ersten allgemeinen Wahlen im Amt bleiben, doch wurde ihr ab Dezember 1993 ein „Übergangsexekutivrat" zur Seite gestellt, womit die *ANC-Allianz* an exekutiven Entschei-dungen beteiligt wurde. Die endgültige Verfassung sollte zwei Jahre nach den allgemeinen Wahlen von der Verfassunggebenden Ver-sammlung, bestehend aus Parlament und Senat, mit Zweidrittel-mehrheit beschlossen werden. Zugrunde gelegt wurde ihr eine von der Vielparteienkonferenz beschlossene Übergangsverfassung mit bindenden Prinzipien (Grundrechtekatalog, Schutz der unterschied-lichen Sprachen und Kulturen, allgemeines und gleiches Wahl-recht, Mehrparteiensystem, föderale Ordnung sowie Anerkennung traditioneller Herrschaftsformen). Das Recht auf Eigentum stand nicht im Katalog bindender Verfassungsprinzipien, wurde aber in der Übergangsverfassung bekräftigt. Bei den politischen Verhand-lungen hatten sich die Unterhändler der *ANC-Allianz* ihren schlecht vorbereiteten und überheblichen Gegenspielern haushoch überle-gen gezeigt. So erwies sich der smarte Roelf Meyer als jugendliches Leichtgewicht, das seinem Gegenüber Cyril Ramaphosa zu kei-nem Zeitpunkt gewachsen war. Folgende Anekdote machte später die Runde: In Zusammenhang mit der Ernennung der Richter des Verfassungsgerichtshofes hatten die Unterhändler der *ANC-Alli-anz* einen komplizierten Vorschlag der Gegenseite zunächst für be-sonders raffiniert gehalten und um Bedenkzeit gebeten. Doch nach sorgfältiger Prüfung brachen sie in Lachen aus: Der Vorschlag war lediglich verwirrend und schlecht durchdacht. Erstaunt konsta-tierte Ramaphosa 1994, dass die *Nationalpartei* überraschend widerstandslos in allen Punkten nachgegeben hatte. Der Westen wäre damals im Interesse künftiger Stabilität durchaus bereit ge-wesen, eine politische Lösung sui generis für Südafrika zu unter-stützen, z. B. ein abgesichertes Schutzsystem für Minderheiten.

Die künftige wirtschaftliche Ordnung war hingegen hinter ver-schlossenen Türen ausgehandelt worden. Auf diesem Feld war die Befreiungsbewegung schlecht vorbereitet (erst 1990 etablierte der ANC eine Wirtschaftsabteilung), und sie hatte es hier nicht nur mit der *Nationalpartei*, sondern auch mit der mächtigen Privatwirt-schaft zu tun. Mit einer Mischung aus Zuckerbrot und Peitsche konnten die von Harry Oppenheimer angeführten Wirtschaftsvertreter der *ANC-Allianz* entscheidende Zugeständnisse abringen. Dabei wurden sie von US-Botschafter Princeton Nathan Lyman und seinem britischen Kollegen Anthony Reeve tatkräftig unterstützt. Die nach einem Oppenheimer-Anwesen benannte *Brenthurst Group* traf sich regelmäßig mit Führern der *ANC-Allianz* und organisierte Kontakte zu internationalen Finanzinstitutionen. Nelson Mandela war nach seiner Freilassung wiederholt Gast bei Oppenheimer; nach seiner Scheidung wohnte er mehrere Monate im Hause des Versicherungsmagnaten Douw Steyn, die Hochzeitsreise seiner Tochter Zinzi wurde von dem Hotelkettenbesitzer Sol Kerzner gesponsert. Weltbank und IWF organisierten Trainingsprogramme für künftige ANC-Wirtschaftspolitiker, einige von ihnen wurden dort sogar vorübergehend beschäftigt.

Gefahr eines südafrikanischen Bosnien

Gewalttaten brachten den Verhandlungsprozess immer wieder an den Rand des Scheiterns. Von Anfang an programmiert waren schwere Krisen in den vier „unabhängigen" Homelands. Militante ANC-Anhänger wollten diese Territorien gewaltsam rückgliedern, Homeland-Potentaten suchten unter Einsatz ihrer Armeen die Fiktion der Unabhängigkeit zu verteidigen. In der Ciskei und in Bophuthatswana kam es im September 1992 bzw. März 1994 zu blutigen Scharmützeln, in letzterem Fall beinahe auch zu einem fatalen Rassenkonflikt, nachdem Hunderte AWB-Männer einmarschiert waren und den Konflikt dadurch angeheizt hatten. Schließlich konnten bis April 1994 alle vier „unabhängigen" Homelands rückgegliedert werden. In Venda und der Transkei hatten die Regierungen diesen Schritt freiwillig vollzogen und dadurch ein Blutvergießen vermieden.

Folgenschwer war der 1985 ausgebrochene blutige Konflikt zwischen der von ländlichen Zulu getragenen *Inkatha*-Bewegung und dem ANC in Natal und den Townships um Johannesburg, wo viele Zulu-Wanderarbeiter leben. Zwischen 1990 und 1994 forderte er jährlich rund 3000 Tote, etwa so viele wie der gleichzeitig stattfindende Krieg in Kroatien. Er wies eine ethnische Komponente auf (Zulu versus Xhosa), in Natal kämpften jedoch in erster Linie *Inkatha*-treue Zulu gegen ANC-treue Zulu.

Prinz *Mangosuthu Gatsha Buthelezi* (geb. 1928 in Mahlabatini/Zululand) wurde 1953 mit Zustimmung des ANC Häuptling des Buthelezi-Stammes. Er ist Onkel des Zulu-Königs Goodwill Zwelethini, dessen Sprecher er lange Jahre war. Sein Clanname lautet „Shenge". Buthelezi war Mitglied der ANC-Jugendliga und verstand sich lange als interner ANC-Vertreter. 1976 nahm er das Amt des Premierministers im Homeland KwaZulu an, widersetzte sich aber dessen Entlassung in die „Unabhängigkeit". Ein Jahr zuvor  hatte er die 1924 gegründete Kulturbewegung *Inkatha* reaktiviert. Nun verschlechterten sich die Beziehungen zum ANC, zwischen 1985 und 1994 kam es zu einem blutigen Bürgerkrieg. Ungeachtet dessen setzte sich Buthelezi für die Freilassung von Nelson Mandela ein. Erst eine Woche vor den Aprilwahlen 1994 erklärte er die Teilnahme der IFP. Einen Monat später wurde er zum Innenminister berufen. 1999 bot ihm Thabo Mbeki im Falle einer Verschmelzung der IFP mit dem ANC das Amt des Vizepräsidenten an. Hardliner in beiden Parteien torpedierten jedoch ein solches Arrangement. Nach einem Streit mit Mbeki um die Ausländerpolitik wurde Buthelezi 2004 nicht mehr ins Kabinett berufen.

Die jungen Aktivisten beschimpften Buthelezi als staatlich bezahlten Erfüllungspolitiker. Der ANC verübelte ihm, dass er den Guerilleros keine Operationsbasis zur Verfügung stellte und sich für eine marktwirtschaftliche Ordnung einsetzte. Vor allem aber missbilligte der ANC, dass sich Buthelezi mit der *Inkatha* die Option für eine konkurrierende Partei geschaffen hatte – in der Tat kam es 1990 zur Gründung der Kulturbewegung *Inkatha Freedom Party* (IFP).

Die tieferen Ursachen sind vielschichtig: persönliche Rivalitäten der Führer, ein Gegensatz zwischen an traditionellen Werten orientierten ländlichen Zulu und von der modernen Industriegesellschaft geprägten städtischen Schwarzen, weit in die Geschichte zurückreichende Aversionen zwischen den beiden größten Völkern sowie die Furcht vieler Zulu, von einer stolzen Kriegernation zu einer einflusslosen und sozioökonomisch rückständigen Minderheit herabzusinken.

De Klerks Hinwendung zum ANC bedeutete eine Abwendung von *Inkatha*. Buthelezi sah sich isoliert. Er konzentrierte sich seither auf den Ausbau seiner regionalen Machtbasis KwaZulu-Natal. Wiederholt drohte er mit Wahlboykott und sezessionistischen Plänen.

Mandela warf der Regierung vor, dass ihre Sicherheitskräfte heimlich *Inkatha*-Milizen unterstützen würden. In der Tat hatte es in den 1980er Jahren ein geheimes Kooperationsprogramm zwischen Armee und *Inkatha* gegeben. Als am 17. Juni 1992 in Boipatong mutmaßliche *Inkatha*-Anhänger 46 ANC-Anhänger, darunter viele Frauen und Kinder, töteten und Anzeichen für die Duldung des Massakers durch die Sicherheitskräfte erkennbar wurden, zog sich die *ANC-Allianz* fast ein Jahr vom Verhandlungsprozess zurück und setzte die Regierung mit „Massenaktionen" unter Druck. Diese Doppelstrategie aus Druck und Verhandeln wandte die *ANC-Allianz* mehrmals erfolgreich an. Mandela achtete stets darauf, seine Anhänger wieder zur Räson zu bringen und an den Verhandlungstisch zurückzukehren.

Zweifelsohne waren viele Anschuldigungen gegen die *Inkatha* nicht unbegründet. Andererseits hatte der ANC seine Position in die Medien lancieren können. Drei Monate vor Boipatong hatten beispielsweise ANC-Anhänger in einem *Inkatha*-Township bei Kapstadt ein Massaker mit 23 Toten veranstaltet, das kaum Beachtung fand. Nicht weniger als 341 mittlere und höhere *Inkatha*-Führer wurden zwischen 1985 und 1992 ermordet.

Höhepunkt der Konfrontation war das „Shell-House-Massaker" vom 3. April 1994: Aus dem Johannesburger ANC-Hauptquartier eröffnete der Sicherheitsdienst das Feuer auf eine *Inkatha*-Demonstration. In der Innenstadt kam es zu bürgerkriegsartigen Szenen. Über 50 Menschen starben. Strafrechtliche Ermittlungen wurden durch Regierungsveto verhindert, was *Inkatha*-Anhänger bis heute als schreiendes Unrecht empfinden. Mandela räumte später ein, persönlich den Feuerbefehl erteilt zu haben. Er war jedoch kein Scharfmacher, sondern hielt Slovo und andere militante Kräfte in der *ANC-Allianz* davon ab, mit Gewalt den Sturz Buthelezis in KwaZulu zu versuchen.

Inkatha-*Anhänger fordern Sonderrechte für KwaZulu-Natal*

Angesichts des emotional aufgeheizten Klimas war es selbst Kleinstgruppen oder Individuen möglich, den Friedensprozess zur Explosion zu bringen. Dies wurde von rechten wie linken Extremisten versucht, und jedes Mal stand Südafrika am Rand eines Bürgerkrieges.

Die medienwirksame Erstürmung des Vielparteien-Tagungszentrums in Kempton Park am 26. Juni 1993 durch Hunderte rechtsextremer AWB-Leute in Khaki-Uniformen war noch eine vergleichsweise harmlose Aktion gewesen. Denn die rüde auftretenden AWB-Leute verzichteten darauf, die in die Hinterzimmer geflüchteten Delegierten zu attackieren. Nach dem Verlesen von Proklamationen und gemeinsamen Gebeten zogen sie wieder ab.

Am Ostersamstag, dem 10. April 1993, exekutierte der polnische Einwanderer Janusz Waluś den SACP-Generalsekretär und ANC-Funktionär Chris Hani vor dessen Bungalow kaltblütig mit vier Schüssen. Die illegale Waffe hatte ihm ein Politiker der *Konservativen Partei*, Clive Derby-Lewis, besorgt. Der charismatische Hani war unter der schwarzen Township-Jugend immens populär. Sie antwortete mit einer Woche der Rache und Zerstörung. Kalkül der Attentäter war zweifelsohne gewesen, eine eskalierende schwarz-weiße Konfrontation zu provozieren und somit den Friedensprozess zu torpedieren. Den beruhigenden Appellen von Mandela und anderen Politikern war es zu verdanken, dass die Lage wieder normalisiert werden konnte. Dazu trug auch bei, dass Waluś und Derby-Lewis bald gefasst und abgeurteilt wurden.

Eine Provokationsstrategie verfolgte auch die zum PAC gehörende, aber autonom operierende *Azanian People's Liberation Army* (APLA), die am bewaffneten Kampf festhielt. Zum Jahreswechsel 1992/93 entfesselte sie unter dem Motto „Ein Siedler, eine Kugel" eine Terrorkampagne gegen weiße Männer, Frauen und Kinder. Der schockierendste Anschlag ereignete sich am 25. Juli 1993, als APLA-Kämpfer mit Schnellfeuergewehren und Handgranaten einen anglikanischen Gottesdienst in der Kapstädter St.-James-Kirche stürmten. Ein Dutzend Tote und zahlreiche Verletzte waren die traurige Bilanz.

Zum Jahresanfang 1994 schien die Lage auf den ersten Blick vielversprechend: *Nationalpartei* und *ANC-Allianz* hatten sich über die Bildung einer fünfjährigen Übergangsregierung der stärksten Parteien nach den Wahlen geeinigt. Ein Übergangsexekutivrat war eingesetzt und eine Übergangsverfassung verabschiedet. Doch Südafrika besaß nicht nur zwei, sondern fünf relevante Akteure: Konservative und rechtsextreme Buren, die *Inkatha* und der PAC wollten den Kompromiss nicht mittragen und waren von NP und *ANC-Allianz* im Verhandlungsprozess marginalisiert worden. Besonders bedrohlich war die Tatsache, dass unzufriedene Buren und *Inkatha* inzwischen eng kooperierten. Beide forderten autonome oder unabhängige Territorien und wandten nun ebenfalls eine Doppelstrategie aus Druck und Verhandeln an: Als höchste Stufe des Widerstandes drohten sie, die Wahlen zu sabotieren und einseitig die Unabhängigkeit eines burischen „Volksstaates" bzw. eines „Königreiches KwaZulu-Natal" auszurufen. Hierfür waren in der Tat unter Federführung von General a. D. Constand Viljoen und anderen pensionierten Militärs Eventualpläne ausgearbeitet worden. Die Verbindung von kampferprobten Zulu und qualifizierten, an den Schalthebeln der Wirtschaft und Infrastruktur sitzenden burischen Fachkräften war eine hochexplosive Mischung. Die Dissidenten spekulierten darauf, dass die ungebrochene Autorität Viljoens in Armeekreisen dafür sorgen würde, dass große Teile der Sicherheitskräfte am Tag X passiv bleiben würden.

Nichts fürchtete Mandela mehr als ein südafrikanisches Bosnien. Deshalb erklärte er sich Mitte 1993 zu Nachverhandlungen mit den abseitsstehenden Kräften bereit. Als ihm ungeduldige ANC-Mitglieder später vorwarfen, zu nachgiebig zu sein, hielt er ihnen entgegen: „Ihr wisst nicht, welche Gefahren wir abgewendet haben!"

Nachverhandlungen für friedliche Wahlen

Am 23. April unterzeichneten der ANC, die Regierung und die von Constand Viljoen neugegründete Partei *Freiheitsfront* im Westflügel des Regierungsgebäudes in Pretoria das „Abkommen über Afrikaner-Selbstbestimmung". Entworfen hatte es der liberale burische Politiker Frederik van Zyl Slabbert. Organisatorische und inhaltliche Unterstützung kam vom deutschen Politikberater Klaus Baron von der Ropp, einem frühen Vertreter eines Ausgleichs auf territorialer Basis und Teilnehmer der Dakar-Gespräche zwischen ANC und burischen Dissidenten im Juli 1987. Die im August 1993 aufgenommenen Geheimverhandlungen zwischen ANC-Vertretern und konservativen Buren hatte der Zwillingsbruder Constand Viljoens, der beim reformorientierten Institut für eine Demokratische Alternative in Südafrika (IDASA) tätige Theologe Abraham Viljoen, vermittelt. US-Botschafter Lyman und sein britischer Kollege Reeve unterstützten den Dialog und werteten das Abkommen durch ihre Anwesenheit bei der Unterzeichnung auf. Es garantierte die Option der Selbstbestimmung für kulturelle und sprachliche Gruppen innerhalb Südafrikas, auch auf territorialer Grundlage (daraus wurde 1996 der Verfassungsartikel 235). Im Gegenzug erklärte sich Viljoen bereit, die Forderung nach Selbstbestimmung zurückzustellen, und sicherte die Wahlteilnahme seiner Partei, Kooperation und Gewaltverzicht zu.

Nicht alle bisherigen Anhänger folgten ihm auf diesem pragmatischen Weg. Scharfmacher wie der Führer der militanten AWB,

Eugène Terre'Blanche, riefen im April 1994 zum „Dritten Freiheitskrieg" auf. Doch war die große Mehrheit der Buren weniger militant, als es bisweilen in den Medien den Anschein hatte. Die von den Journalisten dämonisierte AWB lebte vom Charisma ihres bärtigen Führers Terre'Blanche mit dem sprechenden Namen „Weiße Erde", einem phänomenalen Redner, aber schwachen Führer. Eine wirkliche militärische Herausforderung war die AWB nie. Der Versuch einer Intervention in Bophuthatswana im März 1994 wurde für die AWB zum Desaster. Große Teile der Bewegung waren schlecht organisiert, undiszipliniert und stark von den Sicherheitskräften unterwandert, wenn nicht sogar manipuliert. Zwar gelangen einzelnen AWB-Zellen im April 1994 spektakuläre Bombenanschläge, doch konnten sie die Wahlen nicht verhindern. Mit der Verurteilung ihres labilen Führers zu einer mehrjährigen Haftstrafe (1997) wegen krimineller Exzesse versank die bis heute nicht einmal verbotene AWB in die Bedeutungslosigkeit.

Eine Woche vor der Wahl lenkte auch Mangosuthu Buthelezi auf Druck von US-Botschafter Lyman ein. Unterstützt durch die von Buthelezi geforderte ausländische Vermittlung (Henry Kissinger aus den USA, Peter Lord Carrington aus Großbritannien, schließlich auch Washington Okumu aus Kenia), schloss er am 19. April ein Abkommen, in dem international begleitete Nachverhandlungen über eine erweiterte Autonomie in Aussicht gestellt und die Stellung des Zulu-Königs geregelt wurden. Traditionelle Rechte des Monarchen und anderer traditioneller Führer, wie z.B. umfangreiches Landeigentum, wurden anerkannt. Auf Provinzebene wurde ihnen eine beratende Funktion in einem *House of Traditional Leaders* eingeräumt. Erst nach diesem Verhandlungsergebnis ging die IFP im Kaltstart in die Wahl. Auf vielen Wahlzetteln konnten nur noch zusätzliche Aufkleber angebracht werden; vielerorts mussten IFP-Wähler ihre Partei gar handschriftlich hinzufügen.

Der PAC schloss kein vergleichbares Abkommen, lenkte aber ebenfalls ein. Trotz der grundsätzlichen Ablehnung eines Kompromisses zwischen „Tätern und Opfern" nahm er an der Wahl teil. Seine Guerillatruppe APLA wurde mit Posten in den Sicherheitskräften geködert.

Wesentliche Voraussetzung für freie und faire Wahlen waren die Einsetzung eines paritätisch besetzten neuen Vorstandes für die

Südafrikaner aller Hautfarben wählten 1994 ein Parlament

mächtige staatliche Fernseh- und Rundfunkanstalt (Juni 1993) und die Etablierung einer Unabhängigen Wahlkommission (Dezember 1993).

Vielerorts herrschte an den Wahltagen 26. bis 29. April Volksfestcharakter, den auch kilometerlange Schlangen vor den Stimmlokalen nicht trüben konnten. Weiße Familien wählten zusammen mit ihren schwarzen Hausangestellten. Alte Menschen, schwangere Frauen, Behinderte standen begeistert stundenlang an, um das erste Mal in ihrem Leben zu wählen. Schwarze Veteranen erzählten stolz von ihrer letzten Stimmabgabe in den 1930er Jahren in der Kapprovinz. 19 Parteien standen auf dem nationalen Wahlzettel, wegen der vielen Analphabeten nicht nur mit ihrem Namen, sondern auch mit Symbolen und Fotos ihrer Spitzenkandidaten. Zur Auflockerung trugen skurrile Kleinparteien wie die *Soccer Party* (Fußballpartei) oder die *Kiss Party* einer Hausfrau bei. In Teilen von KwaZulu-Natal und des West-Transvaal musste unter den Bedingungen des Ausnahmezustands mit hoher Militärpräsenz gewählt werden.

Getrübt wurde die Freude durch die chaotische Organisation, vor allem in KwaZulu. In manchen Stimmlokalen gab es mehr

Stimmen als Wähler, oder die Urnen enthielten lediglich Stimmzettel für eine einzige Partei. Wahlurnen wurden nachträglich entdeckt, andere verschwanden spurlos; Stimmzettel kamen nicht oder nicht rechtzeitig an. Während der Wahl wurden die Wahlregeln 37-mal verändert. „Computerpannen" führten schließlich zu einem quälenden Warten.

Das am Morgen des 6. Mai verkündete Endergebnis glich einem Wunder: Der ANC hatte mit 62,7 % der Stimmen keine verfassungsdiktierende Zweidrittelmehrheit erhalten – die Bürgerkriegsgefahr schien damit gebannt, und die Börse atmete auf. Die *Nationalpartei* hatte mit gerade 20,4 % das Quorum für einen der beiden Vizepräsidentenposten erreicht, die IFP schaffte mit gerade 10,5 % das Quorum für eine Aufnahme in die Übergangsregierung. Konnte der ANC sieben der neun Provinzen gewinnen, so setzte sich die *Nationalpartei* am Westkap mit 53,3 % durch, die IFP in ihrer Heimatprovinz Natal mit 50,3 %.

Jede der drei großen Parteien konnte mit diesem Ergebnis zufrieden sein. Auf den vierten Platz kam aus dem Stand die burische *Freiheitsfront* (2,2 %), gefolgt von der liberalen *Demokratischen Partei* (DP) mit 1,7 %. Abgeschlagen auf dem sechsten Platz landete der finanz- und führungsschwache PAC mit 1,3 %.

Richter Johann Kriegler, der Leiter der Unabhängigen Wahlkommission, gab offen zu, dass er für die Abhaltung freier Wahlen, nicht für deren Ergebnis verantwortlich gewesen sei. Außerdem sei „nationale Versöhnung" wichtiger als „Stimmzettelversöhnung". Trotz der Unregelmäßigkeiten erkannten die Tausende in- und ausländischen Beobachter die Wahl als „substanziell frei und fair" an.

Die Journalisten Patti Waldmeir und Michael Holman vermuteten schon am 7./8. Mai in der Londoner *Financial Times*, dass man das Wahlergebnis im Interesse von Frieden und Stabilität ausgehandelt hatte. Im Februar 2002 gab F. W. de Klerk vor Journalisten in Nigeria zu, dass die Wahl einvernehmlich manipuliert worden war. So seien 1 Mio. vorgefertigte Stimmen für „einen Kandidaten" und „eine Partei" an ausgewählte Stimmlokale verteilt worden. Hauptgewinner der Manipulation waren demnach Buthelezi und seine IFP. Sie war wohl ein wichtiger Bestandteil der Abmachung vom 19. April 1994 zwischen Mandela, de Klerk und Buthelezi, der bezeichnenderweise zum Innenminister der Übergangsregierung ernannt wurde – im Gegenzug ging die IFP in KwaZulu-Natal freiwillig eine große Koalition mit dem ANC ein. Im Interesse von Frieden und Stabilität hatte der ANC also auf die absolute Mehrheit verzichtet. De Klerks spätes Geständnis fand kaum Beachtung – man glaubte lieber weiter an das „Wunder vom Kap".

Die vierjährige Interimsperiode endete am 10. Mai 1994 mit der feierlichen Vereidigung des neuen Staatspräsidenten Nelson Mandela in Pretoria.

Plakate im Vorfeld der ersten allgemeinen freien Wahlen
(26.–29. April 1994)

DIE POLITIK

An historic day-
SOUTH AFRICA

Versöhnung als Leitmotiv von Nelson Mandela

Mit dem Antritt der Übergangsregierung im Mai 1994 kam Aufbruchstimmung auf. Südafrika war wieder präsent in internationalen Gremien, kehrte ins Commonwealth zurück und konnte mit der ganzen Welt Handel und Sport treiben. Seine Bürger durften wieder in alle Länder reisen, im Gegenzug besuchten immer mehr Touristen das neue Südafrika.

Der bei Amtseinführung 76 Jahre alte Präsident Nelson Mandela erwies sich als erstaunlich vital. Mit seinem Charisma und seiner Autorität wurde er zum wichtigsten Garanten eines stabilen Übergangs. Auch ehemalige Gegner zollten ihm Respekt. Unbürokratisch und herzlich ging er auf Menschen zu und gewann damit zahlreiche Freunde. „Madiba" wurde zu einem der weltweit geachtetsten Staatsmänner. Die von ihm bevorzugte Mode – bunte, informelle Gewänder – stand für eine neue, ungekannte Leichtigkeit.

Leitmotiv seiner fünfjährigen Amtszeit war Versöhnung. Mandela übernahm das von Erzbischof Tutu propagierte Konzept einer „Regenbogennation", um die Entstehung eines multikulturellen Patriotismus zu fördern. Unvergessen ist sein Auftritt im Springbok-Nationaltrikot beim Gewinn der Rugby-Weltmeisterschaft 1995 – diese Sportart hatten die meisten schwarzen Südafrikaner bislang als Symbol des burischen Chauvinismus verabscheut. Mit zahlreichen Initiativen bemühte sich Mandela um das Vertrauen der Minderheiten, in Sonderheit der Weißen. Dies hatte zwei Gründe: Erstens war Mandela überzeugt, dass Südafrika auch künftig auf den Fleiß und die Talente der weißen Südafrikaner angewiesen war. Zweitens fürchtete er deren Widerstandspotenzial, in der noch von weißen Offizieren dominierten Armee wie auch in der Zivilgesellschaft. Seine Politik zielte daher darauf ab, einen Mittelweg zwischen schwarzen Erwartungen und weißen Befürchtungen zu steuern.

In seinem Bemühen um Versöhnung war Mandela kaum zu überbieten. Er stattete Altpräsident P. W. Botha einen Besuch ab, lud seinen früheren Gefängniswärter anlässlich seiner Amtseinführung auf die Ehrentribüne ein und trank Tee mit dem Staatsanwalt, der einst die Todesstrafe gegen ihn gefordert hatte. Auch bat er alle noch lebenden Witwen verstorbener Staatspräsidenten und Premierminister zu sich und brachte sie mit Ehefrauen von ANC-Veteranen zusammen.

Die 95-jährige Elisabeth „Betsie" Verwoerd, die Witwe des Apartheidideologen Dr. Hendrik Verwoerd, musste absagen. Sie lebte in Orania (Nordkap), einer von ihrem Schwiegersohn Carel Boshoff gegründeten Keimzelle eines angestrebten autonomen „Volksstaates", wo sich zwischen 1991 und heute rund 2000 Buren angesiedelt haben. Der Präsident ließ es sich nicht nehmen, sie selbst zu besuchen. Er flog nach Kimberley und fuhr von dort mit dem Auto über lange staubige Straßen in das entlegene Orania. Zusammen mit Frau Verwoerd stieg er sogar auf einen Hügel zur letzten noch stehenden Verwoerd-Statue. Später wollte Frau Verwoerd ihm eine Proklamation vortragen. In ihrer Aufregung fand die alte Dame ihre Brille nicht. Daraufhin nahm ihr Nelson Mandela höflich das Konzept aus der Hand und las den in Afrikaans verfassten Text selbst vor.

In Mandelas Kabinett erhielt die *ANC-Allianz* 18 Ressorts, die *Nationalpartei* sechs (bedeutend waren lediglich Finanzen sowie Provinz- und Verfassungsentwicklung), die IFP drei (darunter das in seinen Kompetenzen eng begrenzte Innenressort). Die Minister der *ANC-Allianz* stammten aus allen Bevölkerungsgruppen: zwölf Schwarze, drei Inder, zwei Weiße und ein Kapmischling. Es dominierten Rückkehrer aus dem Exil. Trotz innerparteilicher Widerstände bezog Mandela auch ehemalige Homelandpolitiker wie Prinzessin Stella Sigcau und Bantu Holomisa ein, die in der Übergangsphase zum ANC übergewechselt waren. Am liebsten hätte er das Parteienspektrum noch erweitert und so unterschiedliche Partner wie die burische *Freiheitsfront* und den PAC in sein Kabinett integriert.

Versöhnung in Verbindung mit Wahrheitsfindung war auch Leitgedanke bei der Bewältigung vergangener Untaten. Als Kompromiss hatten sich ANC-Allianz und Nationalpartei auf eine konditionierte Amnestie geeinigt: Bei Offenlegung der Wahrheit und tätiger Reue konnte unter bestimmten Voraussetzungen von Strafverfolgung für politisch motivierte Straftaten abgesehen werden. Mandela sah in der Begegnung und Versöhnung von Tätern und Opfern einen katharsischen Prozess. Zu Vorsitzenden der von 1996 bis 1998 tagenden „Wahrheits- und Versöhnungskommission" mit Amnestierungsbefugnis ernannte er mit Desmond Tutu und seinem Stellvertreter Alex Boraine einen Schwarzen und einen Weißen als Vorsitzende. Beide waren Geistliche, was den moralischen Impetus unterstrich. In der Tat kam es bei den öffentlichen Verhandlungen zu ergreifenden emotionalen Szenen. Die schonungslose Enthüllung der Wahrheit hatte noch einen weiteren Aspekt: Die Ideologie der Apartheid wurde von Tätern persönlich delegitimiert.

Auch Verbrechen des schwarzen Widerstands wurden verhandelt und unter gleichen Bedingungen amnestiert. Als sich Vizepräsident Mbeki 1998 vehement gegen die Aufnahme von Folterungen und Menschenrechtsverletzungen des ANC in den Abschlussbericht wandte, setzte sich Mandela durch und gewährleistete eine unzensierte Publikation. Rund 31 000 Fälle von Menschenrechtsverletzungen waren verhandelt worden. 849 Personen wurde Straffreiheit gewährt; 5392 Antragstellern wurde sie verweigert.

Die weißen Südafrikaner reagierten unterschiedlich. Viele fühlten sich befreit und erleichtert. Andere zeigten sich über das Aufbrechen alter Wunden enttäuscht. Rechte Weiße sprachen gar von Hexenjagd und verglichen die Wahrheitskommission mit dem Orwell'schen „Wahrheitsministerium" aus *1984*. Von der alten Regierung beantragten nur einige Minister Amnestie, nicht jedoch die ehemaligen Staatspräsidenten Botha und de Klerk, die sich für unschuldig hielten. Mandela stellte in solchen Fällen die Versöhnung über die Gerechtigkeit und setzte nicht auf rücksichtslose Verfolgung durch die Strafjustiz.

Mandelas Verhältnis zum Vizepräsidenten de Klerk verschlechterte sich bald. Dieser konnte Zurückstufung und Einflussverlust nur schlecht verwinden und verärgerte den Präsidenten durch seinen zunehmend belehrenden und konfrontativen Stil. Mandela war enttäuscht, als er erfuhr, dass de Klerk Anfang 1994 noch insgeheim eine Blankoamnestie für 3500 Polizisten erlassen hatte. Auch sah er sich durch manipulative Gewaltakte der Sicherheitskräfte in der Übergangszeit hintergangen und machte dafür seinen Amtsvorgänger persönlich verantwortlich.

Hingegen zollte Mandela stets dem Altpräsidenten P. W. Botha Respekt. Ein besonders enges Verhältnis entwickelte er zu Ex-general Constand Viljoen und schätzte dessen Rat in Sicherheits- und Agrarfragen. Mandela trug sich sogar mit dem Gedanken, Viljoen zum Verteidigungsminister zu machen; eine solche Besetzung war der ANC-Allianz aber nicht vermittelbar. Im Unterschied zu den Anglo-Südafrikanern, denen stets ein Standbein in Europa nachgesagt wird, erachtet Mandela die Buren als echte Afrikaner. In seinem Büro und in seinem Haushalt umgibt er sich mit burischen Angestellten.

War Nelson Mandela in seinem unermüdlichen Bemühen um Versöhnung ein Heiliger oder ein nüchtern kalkulierender Politiker? Die Wahrheit liegt wohl in der Mitte. Während seiner 28-jährigen Haft hat er zweifellos eine innere Wandlung erlebt, die ihn Hass- und Rachegefühle überwinden ließ. Im Gefängnis konnte Mandela aber auch die Psychologie der Buren studieren und Strategien für eine mentale Beeinflussung entwickeln. Schließlich ist zu berücksichtigen, dass er stets um sein Bild in der Geschichte bemüht war. Schon während seiner Haftzeit begann er 1974, heimlich seine Memoiren zu schreiben. Mandela will als großmütiger Staatsmann in die Geschichte eingehen, nicht als konfrontativer Politiker.

Die neue Verfassung

Die neue südafrikanische Verfassung wurde am 8. Mai 1996 von den 400 Parlamentsabgeordneten und 90 Senatoren mit übergroßer Mehrheit verabschiedet. Zuvor waren die Meinungen von 120000 Einzelpersonen und rund 500 Organisationen eingeholt worden. Als Grundprinzipien werden menschliche Würde, Gleichheit, Menschenrechte und Grundfreiheiten, Antirassismus und Antisexismus, die oberste Autorität der Verfassung und der Gesetze sowie das allgemeine gleiche Wahlrecht und ein Mehrparteiensystem genannt. Zur allgemeinen Überraschung blieb es bei elf Amtssprachen – Englisch, Afrikaans und neun Bantu-Sprachen. Hiervon können im amtlichen Gebrauch bestimmte Sprachen je nach Praktikabilität bevorzugt werden.

Der Verfassung wurde ein Katalog von Grund- und Menschenrechten vorangestellt, über deren Einhaltung der Verfassungsgerichtshof, diverse Kommissionen und ein *Public Protector* (Ombudsmann) wachen. Südafrika erhielt eine der liberalsten Ordnungen weltweit – so wurde erstmals in einer Verfassung ein

Die neue Fahne soll Versöhnung symbolisieren

Diskriminierungsverbot aufgrund der sexuellen Orientierung festgeschrieben. Konsequente Folge war 2006 die gesetzliche Zulassung der gleichgeschlechtlichen Ehe.

Im alten Südafrika war nach britischem Vorbild das Parlament höchster Souverän. Dies ist nun der Verfassungsgerichtshof. Die elf Richter werden vom Staatspräsidenten ernannt. Die Kommissionen zur Gewährleistung von Grundrechten und Gleichheitsanspruch sind mit erheblichen Vollmachten ausgestattet.

Die vom Staatspräsidenten und seinen Stellvertretern geführte Regierung wird gemäß dem Mehrheitsprinzip gebildet. Die Legislative besteht aus der Nationalversammlung (400 Abgeordnete) und dem neu etablierten Provinzrat (je zehn Abgeordnete aus den neun Provinzen). Die Provinzen verfügen über eigene, von Premierministern geführte Regierungen und Parlamente. In Gesetzgebung, Verwaltung und Finanzausstattung ist ihr Spielraum jedoch eng begrenzt. Nur untergeordnete gesetzgeberische Zuständigkeiten, wie z. B. der Bierausschank, werden ihnen exklusiv zugeordnet. Sie sind, wie die kommunalen Körperschaften, zu „kooperativem Verhalten" verpflichtet. Die nationale Legislative kann alle Provinzentscheidungen umstoßen, wenn sie dabei die nationale Sicherheit oder essenzielle Standards im Auge hat. Bei Gesetzen, die sowohl in nationale wie provinzielle Zuständigkeit fallen, hat der Provinzrat ein Mitspracherecht, kann jedoch von der Nationalversammlung mit Zweidrittelmehrheit überstimmt werden.

Auf Betreiben der ANC-Allianz wurden zusätzliche sozioökonomische Grundrechte aufgenommen. Während den Arbeitnehmern ein verfassungsmäßig garantiertes Streikrecht zusteht, wird das Recht der Arbeitgeber auf Aussperrung nur noch in der Arbeitsgesetzgebung geregelt. Das Recht auf Eigentum wurde abgeschwächt. Gegen eine Entschädigung kann der Staat zugunsten einer Landreform „im öffentlichen Interesse" enteignen. Einsprachige Bildungseinrichtungen werden nur dann genehmigt, „wenn es dem Staat angemessen erscheint".

Andererseits erreichten *Freiheitsfront* und *Nationalpartei*, dass zumindest eine Kommission zur Förderung und zum Schutz der Rechte kultureller, religiöser und sprachlicher Gemeinschaften ins Leben gerufen wurde. Privatschulen können staatliche Mittel erhalten, dürfen jedoch nicht rassisch oder ethnisch exklusiv sein. Auch wurde Übergangsprinzip Nr. 34, das die Möglichkeit der Selbstbestimmung auch auf territorialer Grundlage einräumt, als Artikel Nr. 235 übernommen. Damit wäre die Weiterentwicklung der Verfassung in Richtung eines asymmetrischen Föderalismus staatsrechtlich möglich.

Traditionelle schwarze Führer werden offiziell anerkannt; ihnen wird eine Mitsprache in der Kommunalverwaltung zugesprochen. Sowohl auf nationaler Ebene wie auf Provinzebene ist die Einrichtung von Häuptlingsräten möglich. Obwohl der ANC traditionellen Herrschaftsformen distanziert gegenübersteht, zeigte er sich in diesem Punkt konzessionsbereit, denn ANC-nahe Häuptlinge hatten sich mit konservativen Häuptlingen solidarisiert.

Zeitgleich mit der Verabschiedung der Verfassung trat die *Nationalpartei* im Juni 1996 in Erkenntnis ihrer Machtlosigkeit vorzeitig aus der Übergangsregierung aus. De Klerk kündigte den Aufbau einer starken parlamentarischen Opposition an, um nur ein Jahr später ebenso überraschend seinen Abschied aus der Politik zu verkünden. Staatspräsident Mandela wertete den abrupten Rückzug aus der Übergangsregierung als Affront gegen seine Versöhnungspolitik. Auch in der *Nationalpartei* stieß de Klerks Zickzackkurs auf Unverständnis. Private Gründe mögen mitverantwortlich gewesen sein: Stärker als die Politik hatte ihn in den vergangenen Jahren die Liebesaffäre mit der Frau eines Freundes beschäftigt. 1998 ließ er sich nach 38 Ehejahren von seiner Ehefrau Mareike scheiden und heiratete Elita Georgiades.

Mangosuthu Buthelezi boykottierte ab April 1995 die Verfassunggebende Versammlung und rief zu Massenprotesten auf, weil der ANC seiner Ansicht nach die Zusagen bei der Verhandlung erweiterter Kompetenzen für KwaZulu-Natal nicht einhielt. Buthelezi beharrte grundsätzlich auf Einschaltung internationaler Vermittler; Mbeki sah dies nur dann als erforderlich an, wenn die Verhandlungen der Verfassunggebenden Versammlung in Bezug auf KwaZulu-Natal hoffnungslos steckenbleiben sollten. Es drohte ein Wiederaufflammen des blutigen Bürgerkrieges. Buthelezis weitreichende Forderungen (exekutive, legislative und judikative Selbstbestimmung, finanzielle Unabhängigkeit, Vetorecht bei provinzbezogenen Entscheidungen der Nationalregierung, ja sogar eine eigene Provinzialarmee) standen in diametralem Gegensatz zu den Vorstellungen des ANC.

Doch nach einem Krisengespräch mit Mandela verabschiedete sich Buthelezi vom Konzept einer Exklusivautonomie. Ein Teil der IFP-Delegierten stimmte für die neue Verfassung, der Rest blieb der Abstimmung fern. Buthelezis Einknicken hatte wahrscheinlich drei Gründe: Erstens war inzwischen deutlich, dass seine Machtbasis schwächer als angenommen war – bei der Wahl 1994 war die IFP bekanntlich auf Stimmenmanipulation angewiesen gewesen. Zweitens fehlten ihm nun kampfbereite Alliierte. Drittens war es Thabo Mbeki in Verbindung mit Jacob Zuma, einem Zulu und ANC-Provinzminister, gelungen, König Goodwill Zwelithini aus seiner Abhängigkeit von Buthelezi zu lösen und in eine neutralere Position zu bringen. Hierzu trug auch bei, dass die im Abkommen vom 19. April 1994 vereinbarte großzügige Apanage des Zulu-Königs von der Nationalregierung, nicht von der Provinzregierung bezahlt wird – ein kluger Schachzug des ANC (und vielleicht auch des Königs). Der Realpolitiker Buthelezi gab sich mit der angebotenen Kooptierung in die Nationalregierung zufrieden und blieb Innenminister. Mandela bedankte sich, indem er ihn später mehrmals zu seinem amtierenden Vertreter ernannte, wenn er sich im Ausland aufhielt.

Leistungen und Versäumnisse der Mandela-Ära

Die von ANC/SACP gestellten Minister waren für ihre Aufgaben kaum vorbereitet: Im Untergrund, im Gefängnis oder im Exil hatten sie sich nur beschränkte Kenntnisse für die Leitung eines teilindustrialisierten Schwellenlandes aneignen können. Auch standen sie vor einer dreifachen Herausforderung. Erstens mussten sie eine neue Staats- und Gesellschaftsordnung etablieren. Vier Provinzen, vier „unabhängige" schwarze „Nationalstaaten" und sechs schwarze Homelands waren in neun Provinzen umzugliedern. Die Transformation erstreckte sich auf alle Bereiche des Staates und des öffentlichen Lebens. So mussten 19 verschiedene Erziehungsministerien (!) zusammengefasst und mehr als 30 000 Schulen für Angehörige aller Bevölkerungsgruppen geöffnet werden. 843 rassisch getrennte Gemeinden waren bis zum Jahr 2000 in neue Lokalkörperschaften umzuwandeln (es entstanden sechs Großraumräte, 52 Distrikträte und 241 Lokalräte). Zweitens musste die Regierung die Erwartung von Millionen schwarzer Wähler auf baldige Besserung ihrer wirtschaftlichen und sozialen Lage befriedigen. Drittens musste sie vor dem Hintergrund der rasant fortschreitenden Globalisierung die innenorientierte südafrikanische Wirtschaft öffnen und wettbewerbsfähig machen.

Misstrauisch vom In- und Ausland beobachtet, verschafften sich zahlreiche ANC- und SACP-Minister bald Respekt. Joe Slovo und nach dessen frühem Tod (1995) Sanki Mthembi-Mahanyele (Hausbau) erreichten, dass binnen zehn Jahren 1,6 Mio. Häuser gebaut wurden. Kader Asmal (Wasserwesen und Forsten) verschaffte im gleichen Zeitraum 9 Mio. Südafrikanern einen Trinkwasseranschluss und 6,4 Mio. Zugang zu sanitären Einrichtungen. Dullah Omar (Justiz) reformierte die staatlichen Institutionen und Gesetze und war verantwortlich für die Etablierung zentraler demokratischer Einrichtungen (Verfassungsgerichtshof, Menschenrechtskommission, Öffentlicher Ombudsmann). Tito Mboweni (Arbeit) demokratisierte das Arbeitsrecht und schuf mit dem *National Economic Development and Labour Council* (NEDLAC) ein nationales Dialogforum für Arbeitgeber und Arbeitnehmer, das stabile Arbeitsbeziehungen bescherte. 1999 löste er Dr. Chris Stals als respektierter Gouverneur der Zentralbank ab. Trevor Manuel verdiente sich seine Sporen zunächst als Minister für Handel, Industrie und Tourismus und wurde 1996 erster vom ANC nominierter Finanzminister. Mit einer stabilen makroökonomischen Politik erwarb er sich internationale Anerkennung. Mohammed Valli Moosa setzte als Vizeminister für Provinz- und Verfassungsfragen seine bei CODESA begonnene Kooperation mit Roelf Meyer (*Nationalpartei*) fort und implementierte ab 1996 als Minister die von ihm mitgestaltete neue Verfassung. Energische Frauen wie Sanki Mthembi-Mahanyele (Hausbau, später ANC-Vizegeneralsekretärin), Nkosazana Dlamini-Zuma (Gesundheit, später Äußeres), Lindiwe Sisulu (1996 Vize-Innenministerin, später Ministerin für Geheimdienste, dann für Hausbau), Geraldine Fraser-Moleketi (1996 Wohlfahrt und Bevölkerung, später Öffentliche Dienste und Verwaltung), Frene Ginwala (Parlamentspräsidentin) und Mojanku Gumbi (Rechtsberaterin von Thabo Mbeki) prägten nun die südafrikanische Politik mit. Mit Phumzile Mlambo-Ngcuka wurde 2005 eine Frau sogar Vizepräsidentin.

Doch gab es auch Enttäuschungen. Sibusiso Bengu, Vizekanzler der Universität Fort Hare, versagte als Erziehungsminister bei der Neuordnung des Unterrichtswesens. Prüfungsergebnisse und Leistungen schwarzer Schüler und Studenten erreichten neue Tiefststände. Kompetente weiße Lehrer verschreckte er mit seinem forcierten Programm der Versetzung aufs Land. Betroffene zogen es vor, die im Gegenzug großzügig angebotenen Pensionen anzunehmen. Der bei Amtsantritt 69-jährige Außenminister Alfred Nzo setzte kaum Impulse und war bekannt dafür, dass er gelegentlich bei Sitzungen einschlief. Vizeaußenminister Aziz Pahad war um eine Neuausrichtung bemüht, konnte sie jedoch nicht mit der erforderlichen Autorität durchsetzen. Damit wurde die Außenpolitik zum Spielball divergierender Interessen. Vertreter der alten Schule suchten die Orientierung an Europa fortzusetzen, während Afronationalisten Südafrika zum Vorkämpfer Afrikas machen wollten. Die einen präsentierten Südafrika als Industrieland, die anderen als Entwicklungsland. Staatspräsident Mandela verfolgte eine eher unrealistische humanitäre Außenpolitik, andererseits praktizierten er und andere ANC-Politiker uneingeschränkte Solidarität mit fragwürdigen alten Freunden wie Muammar al-Ghaddafi und Fidel Castro. Manche ANC-Vertreter befürworteten aufgrund der Apartheid-Vergangenheit eine zurückhaltende Außenpolitik; andere Akteure, wie Verteidigungsminister Johannes „Joe" Modise, setzten auf gesteigerte Waffenexporte und eine Führungsrolle bei Friedensmissionen. Stella Sigcau (Ministerin für Staatsbetriebe) schlidderte 1996 in Korruptionsaffären, hielt aber zäh an ihrem Amt fest. Auf Provinz- und Lokalebene machten sich Fehlleistungen noch stärker bemerkbar. Der bürokratische Wasserkopf wurde dort stark ausgebaut. Im Ostkap musste Premierminister Raymond Mhlaba 1997 gar abgesetzt werden, um ein Abgleiten in Chaos und Anarchie zu verhindern.

Zunehmend agierte Nelson Mandela nicht als exekutiver Staatspräsident, sondern als eine Art konstitutioneller Monarch. Er sah seine Aufgabe darin, als Symbol friedlicher Transformation im In- und Ausland für Südafrika zu werben. Die Leitung von Kabinettssitzungen und die Ausarbeitung der Leitlinien überließ er zunehmend seinem Vizepräsidenten Thabo Mbeki.

Mandela konnte den Großteil der Südafrikaner dazu bewegen, der neuen Regierung Vertrauen zu schenken. In Ministerien und Behörden führten weiße Staatsangestellte loyal die Direktiven ihrer neuen schwarzen Vorgesetzten aus. Die politisch motivierte Gewalt ebbte 1995/96 ab. Mandela band die alten Sicherheitskräfte ein, indem er General George Meiring mit der Führung der *South African National Defence Force* (SANDF) beauftragte, die aus der bestehenden Armee und den bewaffneten Widerstandsmilizen gebildet und nun als Berufsarmee organisiert wurde. Vage Putschverdächtigungen Meirings gegen ehemalige Guerillaführer ermöglichten es 1998, den Armeekommandeur und weitere weiße Spitzenoffiziere durch schwarze Militärs zu ersetzen. Die erwartete Kapitalflucht der Wirtschaft blieb aus. Mandela dämpfte die Erwartungen seiner Anhänger, predigte Disziplin und wandte sich gegen eine Kultur des Anspruchsdenkens. Im Ausland agierte er erfolgreich als Sympathieträger, wenngleich sich das Wohlwollen nicht im erhofften Maß in Hilfsprogrammen, Vorzugskrediten und Investitionen niederschlug.

Mandelas Stärke war vielleicht auch seine größte Schwäche: In seinem Bemühen um Versöhnung verzögerte er nicht selten Entscheidungen. Kompetenzen zwischen Ministerien wurden unklar verteilt, wodurch Machtkämpfe ausgelöst wurden. Vor der Entscheidungsfindung standen langwierige Konsultationen. Gegenüber Vertrauten praktizierte er weitgehende Loyalität und verteidigte sie mitunter auch dann noch hartnäckig, wenn Fehlleistungen indiskutabel geworden waren. Drängende Probleme wie die Durchseuchung mit HIV/Aids, den Verfall administrativer Effizienz im Zuge der forcierten Neueinstellung schwarzer Beamter *(affirmative action)* und die explodierende Gewaltkriminalität erkannte Mandela unzureichend und hielt die verantwortlichen Ressortminister nicht zu energischen Gegenmaßnahmen an.

Blick nach Afrika: Neue Akzente unter Thabo Mbeki

Mit seinen edlen Anzügen, seinem Oxford-Englisch und seiner Vorliebe für Shakespeare setzt der seit 1999 amtierende Staatspräsident Thabo Mbeki andere Akzente als sein Vorgänger. Als britischer Gentleman hat er wenig gemein mit dem schwarzen Durchschnittsbürger – umso mehr ist er bemüht, seiner Politik eine schwarzafrikanische Note zu geben. Mbeki ist intellektuell, introvertiert und öffentlichkeitsscheu. Anstatt im Rampenlicht zu stehen, arbeitet er sich lieber durch Akten und sitzt nächtelang am Computer. Seine wohlformulierten Reden schreibt er grundsätzlich selbst. Aus seiner Exilzeit hat er eine stark ausgeprägte Scheu vor Verrätern und Spionen. Die Geheimdienste unterstellte er bereits als Vizepräsident direkt seinem Büro. Ein Manko ist seine geringe Verwurzelung an der Basis. Seine Politik entwickelt Mbeki hinter den Kulissen, gestützt auf einen durch und durch loyalen Mitarbeiterkreis. Besonders einflussreich sind sein alter Exilfreund Essop Pahad (Minister im Staatspräsidentenamt) und Joel Netshitenzhe (Leiter der Kommunikationsabteilung). Mbeki gilt als geschickter Diplomat und kann beträchtlichen Charme entwickeln. Ziele sucht er eher durch Absprachen als durch öffentliche Erörterung zu erreichen. Freunde schwören auf seinen Intellekt und sein Organisationstalent, Gegner halten ihn für einen gefährlichen Manipulator.

Stärker als Mandela ist Mbeki der Meinung, dass die früher bevorzugten Weißen nun Opfer bringen müssen. Mitunter erhebt er pauschale Vorwürfe, wenn er z. B. das Fortbestehen von „zwei Nationen" beklagt, einer reichen weißen und einer armen schwarzen. Mbeki umgibt sich vorwiegend mit schwarzen Beratern und sucht eine einflussreiche schwarze Mittel- und Oberschicht aufzubauen. Er ist äußerst empfindlich gegenüber Kritik von Weißen, aus dem

Inland wie aus dem Ausland. Bei Bedarf versteht es der gewiefte Politiker, die afronationalistische Karte zu spielen.

Mbeki wählte die internationale Bühne, um sich in den großen Fußspuren von Nelson Mandela zu profilieren. Er will als Erneuerer Afrikas in die Geschichte eingehen. Hartnäckig ist Mbeki bemüht, das Bild vom krisengeschüttelten, bankrotten Kontinent zu korrigieren. Den nördlichen Industriestaaten sucht er zu demonstrieren, dass Afrikaner ihre Probleme selbst lösen und in der Weltpolitik und Weltwirtschaft mitreden können. Der Regionalmacht Südafrika will er dabei eine führende Rolle verschaffen und setzt auf einen multilateralen Ansatz in der Außenpolitik. Seine Bemühungen haben auch eine innenpolitische Komponente: Den Bürgern Südafrikas soll eine nationale Leitvision vermittelt werden.

1997 definierte Mbeki die Bedingungen für eine „Afrikanische Renaissance": sozialer Zusammenhalt, Demokratie, ökonomische Reformen und Wachstum. Er kritisierte die überkommenen Strukturen und Politiker in Afrika und forderte seine Amtskollegen auf, sich um das Gemeinwohl zu bemühen.

Mbeki sucht die regionale Staatengemeinschaft SADC zu stärken und zu einem handlungsfähigen Akteur zu machen. Dabei ist er bemüht, die Furcht vor südafrikanischer Dominanz zu reduzieren. So setzte er sich 1994 dafür ein, dass Südafrika Nachbarländern Schulden erließ und dass das Großprojekt einer Aluminiumschmelze nicht, wie vorgesehen, in Südafrika, sondern in Mosambik errichtet wurde.

Mbeki war wesentlich dafür verantwortlich, dass die ineffektive *Organisation Afrikanischer Einheit* (OAE) im Juli 2002 im heimischen Durban durch eine handlungsfähigere *Afrikanische Union* (AU) ersetzt wurde. Organe sind der Exekutivrat und die Generalversammlung, ein Panafrikanisches Parlament, ein Afrikanischer Gerichtshof sowie Finanzinstitutionen. Im Gegensatz zu ihrer Vorgängerin kann und soll sich die AU bei schweren Menschenrechtsverletzungen in Mitgliedsstaaten einmischen. Ein nach Mehrheitsprinzip entscheidender Friedens- und Sicherheitsrat interveniert mit einem abgestuften Instrumentarium bei Konflikten; eine afrikanische Friedensstreitmacht befindet sich im Aufbau. Mbeki und andere südafrikanische Politiker haben in afrikanischen Konflikten vermittelt; südafrikanische Armee-Einheiten nahmen an ersten AU-Friedensmissionen in Burundi und Darfur (Sudan) teil. Im Juli

Thabo Mvuyelwa Mbeki (geb. 1942 in Idutywa/Transkei) ist ein Sohn des ANC-Veteranen Govan Mbeki. Wie Mandela ist er ein Xhosa. 1962 ging Mbeki ins Exil und studierte in England Wirtschaftswissenschaften. Mit seinem Vater und dessen marxistischen Vorstellungen verband ihn wenig; er orientierte sich vielmehr an der britischen *Labour Party*. Mbeki machte Karriere als ANC-Vertreter in diversen Staaten, Leiter der Ämter für Information bzw. Internationale Beziehungen sowie als rechte Hand des ANC-Präsidenten Oliver Tambo. 1990 wurde er Berater Mandelas. Doch musste er Cyril  Ramaphosa den Vortritt als ANC-Verhandlungsführer lassen. Sein größter Rivale, der populäre Chris Hani, wurde 1993 ermordet.

So wurde Mbeki 1993 stellvertretender ANC-Präsident, 1994 Vizepräsident Südafrikas, 1997 ANC-Präsident, 1999 und erneut 2004 Präsident Südafrikas. Durch geschickte Arrangements, Kooptierung von Gegnern, mitunter auch durch wenig zimperliche Kampagnen konnte er seine weiteren Rivalen Cyril Ramaphosa, Tokyo Sexwale und Matthew Phosa ausschalten, die alle 1996/97 in die Privatwirtschaft wechselten. Mbeki zentralisierte die Entscheidungsstrukturen im ANC und schränkte den Einfluss linker Kräfte (SACP, COSATU) stark ein. Beim ANC-Kongress 1997 platzierte er seine Gefolgsleute in alle Gremien. Ein herber Rückschlag war im Dezember 2007 die Abwahl als ANC-Präsident zugunsten von Jacob Zuma.

2001 startete Mbeki zusammen mit den Staatschefs von Ägypten, Algerien, Nigeria und Senegal die sozioökonomische Initiative *Neue Partnerschaft für Afrikanische Entwicklung* (NEPAD). Grundgedanke sind zusätzliche Entwicklungsleistungen und Handelserleichterungen von Seiten der Industriestaaten. Im Gegenzug verpflichtet sich Afrika zu entwicklungsorientierter Politik, Bekämpfung von Armut und Unterentwicklung, wirtschaftlichen Reformen, Demokratisierung und Beachtung der Menschenrechte.

Ein zentrales Element ist der – freilich bislang nur freiwillige und sanktionslose – Überprüfungsprozess *(peer review)*: Staaten werden regelmäßig öffentlich begutachtet.

Mbeki sieht das Schwellenland Südafrika als ideale „Brücke" zwischen westlichen Industriestaaten und den Staaten der Dritten Welt. Bei der WTO-Ministerkonferenz 2003 in Cancún unterstützte er die Gründung der G20+. Mbeki erkennt im Prozess der Globalisierung Chancen für den Süden, kritisiert jedoch eine zu geringe Reglementierung des Weltwirtschaftssytems und fordert den Abbau struktureller Benachteiligungen, wie z.B. Subventionen in Industrieländern. Mbeki gehört auch zu den Initiatoren des Schwellenländerverbundes G5 (Ägypten, Brasilien, Indien, Nigeria, Südafrika) als Gegengewicht zur G8. Besonders eng kooperiert Südafrika mit Indien und Brasilien (IBSA-Initiative).

Unterstützt von seiner energischen Außenministerin Nkosazana Dlamini-Zuma, hat Mbeki kontinentale und globale Impulse gegeben. Manche Ziele sind freilich überzogen, so z.B. das Streben nach einem ständigen Sitz Südafrikas im UN-Sicherheitsrat oder die Vision, dass sich das Land rasch zu einem afrikanischen „Tigerstaat" entwickeln werde. Institutionen und Initiativen wie die AU, SADC oder NEPAD werden durch Uneinigkeit und Unterfinanzierung gehemmt. In Afrika ist weiterhin Misstrauen gegenüber einer Führungsrolle des „reichen" Südafrika verbreitet, dem man Eigeninteressen unterstellt. Soziale Protestbewegungen in Südafrika werfen Mbeki vor, nicht die Anliegen des Südens zu vertreten, sondern um Anschluss an den Norden zu buhlen. Und bei der Masse der Südafrikaner findet seine „große Vision" nur geringe Resonanz. Mbekis Kritiker z.B. in der SACP oder in COSATU fordern die Regierung auf, sich zunächst um die drängenden heimischen Probleme wie Verarmung, Arbeitslosigkeit, Kriminalität zu kümmern.

Rückschläge: Simbabwe und HIV/Aids

Thabo Mbeki ist wenig empfänglich gegenüber Kritik, praktiziert mitunter Medienschelte und neigt zu Eigensinn. Diese Eigenschaften konterkarieren seine intellektuelle Brillanz und bescheren ihm Rückschläge. Bizarr war 2001 seine Vendetta gegen die früheren Rivalen Ramaphosa, Sexwale und Phosa. Gestützt auf vage

Zeugenaussagen, behaupteten Mbeki und Sicherheitsminister Steve Tshwete, dass eine geplante „Verschwörung" zum Sturz Mbekis aufgedeckt worden sei. Die Attacke offenbarte ein problematisches innerparteiliches Demokratieverständnis, zumal keinerlei Indizien für illegale Handlungen festgestellt werden konnten.

Die größten Rückschläge handelte sich Mbeki mit seiner Simbabwe- und seiner HIV/Aids-Politik ein. Das nördliche Nachbarland galt lange Zeit als Musterland. Als sich Ende der 1990er Jahre die wirtschaftlichen Probleme mehrten und erstmals eine starke Oppositionspartei die Pfründe von Staatspräsident Robert Mugabe und seiner *Zimbabwe African National Union – Patriotic Front* (ZANU-PF) bedrohte, brach Mugabe eine rassistische Kampagne gegen die kleine weiße Minderheit vom Zaun. Sogenannte „Kriegsveteranen", besser gesagt städtisches Lumpenproletariat, wurden zu wilden Landbesetzungen ermuntert und Tausende Farmen weitgehend entschädigungslos enteignet. Dabei wurden auch 250 000 schwarze Farmarbeiter und Angehörige in Arbeitslosigkeit und Verelendung getrieben. In Wirklichkeit zielte die Kampagne gegen die erstarkende schwarze Oppositionspartei, deren Anhänger auf dem Land von den ausgesandten „Kriegsveteranen" eingeschüchtert wurden. Die improvisierte „Landreform" löste eine Welle von Gewalttaten und Menschenrechtsverletzungen aus und trieb die Wirtschaft ins Chaos.

Historisch waren ZANU-PF und ANC stets getrennte Wege gegangen. Mugabe und Mbeki stehen sich weder inhaltlich noch persönlich nahe. Dennoch schonte Mbeki stets seinen Amtskollegen.

In Einklang mit seinem außenpolitischen Ansatz setzte Mbeki auf ein regional abgestimmtes Vorgehen und „stille Diplomatie". Diese Strategie kostete Zeit und ermöglichte Mugabe immer neue Volten. Mehrfach demütigte er Mbeki, indem er kurz nach der feierlichen Verkündung von Kompromissen wieder von gegebenen Zusagen zurücktrat. Mbeki vermied es, Mugabe öffentlich zu kritisieren und mit den zur Verfügung stehenden ökonomischen Instrumenten, wie z.B. einer Unterbrechung der Strom- und Transportverbindungen, unter Druck zu setzen – im Gegenteil: Südafrika stundete nichtbezahlte Stromrechnungen. Auch als 2008 die Konfrontation in Simbabwe eskalierte, wollte Mbeki dort noch „keine Krise" erkennen.

Was waren die Gründe für Mbekis zögerliches Vorgehen? Zum

einen scheute er eine konfrontative Politik mit Rücksicht auf die schwarze Unterschicht in Südafrika. Denn in Unkenntnis der tatsächlichen Lage in Simbabwe ist Mugabe bei vielen armen Südafrikanern als Landreformer zu Lasten der Weißen populär. Zum anderen stört Mbeki die Ungleichbehandlung Simbabwes: Seiner Ansicht nach spielen weiße Südafrikaner und Europäer das Thema Simbabwe nur deshalb hoch, weil dort Weiße zu den Opfern zählen. Diese Analyse mag zwar stimmen, ändert aber nichts an der für alle Simbabwer katastrophalen Politik Mugabes. Auch viele schwarze Südafrikaner sind scharfe Kritiker von Mbekis Simbabwe-Politik, z. B. der Allianzpartner COSATU.

Mbekis Politik hat ihren Preis: Im Mai 2008 entlud sich landesweit die Wut verarmter Südafrikaner gegen die drei Millionen hierher geflüchteter Simbabwer. Die Dauerkrise im Nachbarland beschädigte das Renommee des südlichen Afrika und stellte die Glaubwürdigkeit von AU und NEPAD in Frage.

Ähnlich verhängnisvoll hat sich die HIV/Aids-Politik ausgewirkt. Das östliche und südliche Afrika sind die weltweit am stärksten von der Seuche betroffenen Regionen. Im Zeitraum 1990–1995 schnellten die Infizierungen nach oben. Zu dieser Zeit war Südafrika mit der Abschaffung der Apartheid beschäftigt und schenkte der neuen Bedrohung wenig Beachtung. Ende 2005 betrug die Durchseuchungsrate der 15–49-Jährigen an die 19 %. Regional waren große Unterschiede zu konstatieren: So erreichte KwaZulu-Natal einen Spitzenwert von 39,1 % infizierten Gebärenden. In absoluten Zahlen lebten Ende 2005 in Südafrika die meisten HIV-infizierten Einwohner weltweit: 5,5 Mo. Rund 400 000 Südafrikaner sterben jährlich an den Folgen von Aids. Es ist die häufigste Todesursache unter Erwachsenen. Kinder, die ein oder zwei Elternteile durch Aids verloren haben, erhalten kaum eine genügende Erziehung, wachsen häufig auf der Straße auf und bilden ein Rekrutierungspotenzial für Kriminelle. 2007 musste das Land bereits 1,5 Mio. Aids-Waisen verkraften.

HIV/Aids verschärft die sozioökonomischen Probleme: Denn es sterben vor allem 30–50-Jährige, die im Erwerbsprozess stehen. Damit fallen Ernährer von Familien aus, soziale Netzwerke zerbrechen, und die Produktivität sinkt durch den Verlust qualifizierter Arbeitskräfte. Die Gesundheitskosten steigen dramatisch an. Firmen besetzen heute bereits Arbeitsplätze doppelt, da mit Aidsbedingten Ausfällen zu rechnen ist. Die Armee gründet Hospize für betroffene Soldaten, manche Einheiten sollen infolge hoher Infizierungsraten nicht einsatzfähig sein.

Ende der 1990er Jahre begann die Regierung, Programme gegen HIV/Aids zu entwickeln. Dabei kam es zu einem unschönen Streit mit den multinationalen Pharmakonzernen, die weder die Preise für antiretrovirale Medikamente senken noch Südafrika die Herstellung kostengünstiger Generika erlauben wollten. Andererseits war die Regierung nicht bereit, einen „nationalen Notstand" auszurufen, der die Verwendung von Generika im Rahmen einer befristeten Ausnahmeregelung ermöglicht hätte. Denn bis heute ist es in Südafrika unpopulär, das wahre Ausmaß von Aids zu thematisieren. Marktwirtschaftlich orientierte ANC-Politiker philosophierten darüber, dass es langfristig sinnvoller sei, in Gesunde zu investieren als in Todkranke.

Mbeki setzte zunächst große Hoffnungen auf das Medikament Virodene, eine südafrikanische Entwicklung. Es passte hervorragend in sein Weltbild: afrikanische Lösungen für afrikanische Probleme. Doch stellte sich heraus, dass Virodene eher schädliche Nebenwirkungen als Wirkungen hervorrief. Über Bürgerzuschriften und Internetrecherchen fand Mbeki Mitte 1999 Zugang zu Dissidenten der Aidsforschung. Nun zweifelte er einen Zusammenhang zwischen HIV und Aids an und hielt afrikanische Hypotheken wie Mangelernährung und unzureichende sanitäre Verhältnisse für mögliche Krankheitsursachen. Er berief dissidente Wissenschaftler in Gesundheitskommissionen und verbreitete seine Zweifel, z. B. in aggressiven Briefen an Bill Clinton, Tony Blair und Kofi Annan. Mbekis Schreiben war so provokativ, dass man es im Weißen Haus zunächst für eine Fälschung hielt.

Als die Pharmakonzerne einlenkten und den Ländern im Süden im Jahr 2000 stark verbilligte Medikamente anboten, gab Mbeki zu bedenken, dass die Konzerne doch nur Profite im Sinn hätten und schädliche Nebenwirkungen zu befürchten seien. Gesundheitsministerin Tshabalala-Msimang weigerte sich, eine medikamentöse Therapie zu finanzieren – selbst vergewaltigten Frauen wurde sie verweigert. Stattdessen empfahl sie den Südafrikanern, kräftigende afrikanische Heilmittel wie Rote Beete, Knoblauch und Zitronensaft zu sich zu nehmen. Afronationalisten im ANC applaudierten. Der ANC-Funktionär Peter Mokaba bezeichnete

2002 in einem Artikel die Hypothese eines HI-Virus als Lüge und Täuschung, um Afrikaner zu Versuchskaninchen zu machen. Sieben Monate später starb er mit 43 Jahren an den Folgen von Aids.

Bis heute ist umstritten, ob Mbeki wirklich die Thesen der Dissidenten glaubt oder nur wider den Stachel löcken wollte. Ausschlaggebend war wahrscheinlich, dass er sich in der HIV/Aids-Frage gegängelt fühlte: Nordamerikaner und Europäer entschieden seiner Ansicht nach selbstherrlich, welche Therapien Afrikanern helfen sollten, und im Interesse ihrer Profite belebten sie das Klischee des sexbesessenen, verantwortungslosen schwarzen Mannes. Entsprechend aggressiv war seine Reaktion.

Mbekis Verhalten hatte fatale Folgen: Erstens wurde durch langwierige Debatten und Untersuchungskommissionen wertvolle Zeit bei der Bekämpfung der Immunseuche verschenkt. Zweitens ermunterten seine Thesen Männer zum ungeschützten Geschlechtsverkehr wie auch Scharlatane zum Verkauf von „Wundermitteln". Drittens machte sich Mbeki mit seinen Zweifeln am Stand der Wissenschaft nicht nur persönlich unglaubwürdig: Als Staatspräsident beschädigte er das Renommee seines Landes.

Nicht nur weiße Oppositionspolitiker, sondern auch Teile der *ANC-Allianz*, schwarze Gesundheitsexperten, Nichtregierungsorganisationen und unabhängige Medien attackierten die Regierung. Der ansonsten mit Kritik sehr zurückhaltende Nelson Mandela forderte Mbeki zur Umkehr in der Aids- wie auch in der Simbabwe-Politik auf. Mandela und Buthelezi gaben bekannt, dass ein Sohn bzw. ein Sohn und eine Tochter an den Folgen von Aids starben – mit diesem Tabubruch brachten die beiden Väter viele Südafrikaner zum Nachdenken. In langwierigen Verfahren bis zum Obersten Gerichtshof wurde die Regierung 2001 höchstrichterlich dazu gezwungen, antiretrovirale Medikamente im staatlichen Gesundheitswesen zu verabreichen. Mbeki hatte sich auf Empfehlung seiner Berater schon Ende 2000 aus der Debatte zurückgezogen – der Imageschaden war unkalkulierbar geworden. Schließlich wurde Ende 2003 ein dreijähriges Therapieprogramm im Umfang von 1,6 Mrd. US-$ aufgelegt. Doch haben die Engpässe im Gesundheitswesen dazu geführt, dass die ehrgeizigen Ziele bisher weit hinter den Erwartungen zurückgeblieben sind.

Die Themen Simbabwe und HIV/Aids dokumentieren bedenkliche Verirrungen der Regierung Mbeki. Sie sind aber auch Belege dafür, dass Südafrika über freie und kritische Medien, eine selbstbewusste Zivilgesellschaft und eine unabhängige Justiz verfügt.

Strukturelle ANC-Dominanz, schwache Opposition

Die aus ANC, SACP und COSATU bestehende *ANC-Allianz* zehrt bis heute vom Bonus der nationalen Befreiungsbewegung. Hingegen kann sich die Opposition nicht hinreichend aus dem Getto der ethnischen Minderheiten lösen. Sie mag eine wichtige Rolle als kritische Wächterin spielen – als realistische Alternative kann sie noch nicht gelten.

Bei der zweiten nationalen Parlamentswahl im Juni 1999 verbesserte sich die *ANC-Allianz* auf 66,4 %; infolge der Unterstützung durch eine Splitterpartei verfügte sie im Parlament über eine absolute Mehrheit. Die *Neue Nationalpartei* (NNP), wie sie sich nun hochtrabend nannte, brach von 20,4 % auf 6,9 % ein. Zweitstärkste Partei wurde die liberale DP, die ihren Anteil von 1,7 % auf 9,6 % steigerte. Die IFP Buthelezis schrumpfte von 10,6 % auf 8,6 %.

Der Trend setzte sich im April 2004 fort: Die *ANC-Allianz* erstarkte auf 69,7 %, die *Demokratische Allianz* (DA, vormals DP) auf 12,4 %. Im Gegenzug magerte die IFP weiter auf 7,0 % ab, und die NNP wurde mit gerade einmal 1,7 % zum Offenbarungseid gezwungen. Bedenklich war der dramatische Rückgang der Wahlbeteiligung von 86 % (1994) auf 72 % (1999) und nun 58 % (2004). Zunehmende Politikverdrossenheit macht sich bemerkbar.

Auch auf Provinzebene baute die *ANC-Allianz* ihre Vormachtstellung aus. 1994 hatte sie sieben von neun Provinzen erobert. 2001 schaffte die *ANC-Allianz* eine Regierungsbeteiligung am Westkap durch Bildung einer Koalition mit der NNP. 2004 erreichte der ANC die Mehrheit in dieser Provinz, während die NNP auch hier kollabierte. In diesem Jahr gelang es der ANC-Allianz auch erstmals, eine knappe Mehrheit in KwaZulu-Natal zu erringen und dort allein zu regieren.

Ähnlich dominant ist die *ANC-Allianz* auf kommunaler Ebene. Größter Rückschlag war im März 2006 der Sieg der DA bei den Kommunalwahlen in Kapstadt. Mit Unterstützung kleinerer Parteien nahm Hellen Zille von der DA dem ANC das Bürgermeisteramt in der wichtigen Metropole ab.

Die NNP zerstörte sich mit einer richtungslosen Politik. Sie oszillierte zwischen Regierungsbeteiligung und Opposition, zwischen ANC und DP/DA. Der 1997 zum Parteivorsitzenden gewählte Marthinus van Schalkwyk (Spitzname *Kortbroek*, d. h. kurze Hose) war noch schwächer als sein Vorgänger de Klerk. Nie gelang es der Partei, eine signifikante Anzahl schwarzer Wähler zu gewinnen. Enttäuscht wandten sich die weißen Unterstützer ab, schließlich auch die Kapmischlinge. 2005 löste sich die NNP auf und schloss sich dem ANC an – ein klägliches Ende für das einstige Flaggschiff der Apartheid. Einigen Politikern sicherte dieser Schritt das politische Überleben, so van Schalkwyk, der 2004 zum Minister für Entwicklung und Tourismus berufen wurde.

Der Aufstieg der DP/DA war zu einem guten Teil dem energischen und rhetorisch brillanten Parteiführer Tony Leon zu verdanken, einem anglo-südafrikanischen Politiker jüdischer Herkunft. Er verwies auf die stolze apartheidkritische Tradition der Liberalen und widersetzte sich nach Verwirklichung der Rechtsgleichheit Regelungen, die Angehörige bislang benachteiligter Bevölkerungsgruppen begünstigen. Auch praktizierte er einen aggressiv-konfrontativen Oppositionsstil britischen Zuschnitts. Damit bildete er einen denkbar großen Gegensatz zu Präsident Mbeki, der auf Arrangements setzt und eine Bringschuld der Weißen einfordert. 1999 reüssierte Leon mit dem provokativen Wahlkampfmotto „Fight Back" – viele weiße Wähler verstanden dies als Aufforderung, „den Schwarzen das Maul zu stopfen", auch wenn Leon eine solche Absicht natürlich dementierte. 2006 trat er von der Parteiführung zurück.

Neue DA-Vorsitzende wurde die deutschstämmige Helen Zille, eine frühere Journalistin, die sich im zivilen Widerstand gegen die Apartheid betätigt hatte. Die Nummer zwei ist seit einigen Jahren ein Schwarzer, der frühere Leiter der Landkommission und einstige PAC-Aktivist Joe Seremane. Die Stimmengewinne der DA werden von der Tatsache überschattet, dass sie im Wesentlichen auf Kosten der NNP gingen. Bei der schwarzen Bevölkerung, die rund 80 % der Wähler stellt, macht die DA nur unbedeutende Fortschritte. Ihre klassisch-liberalen Themen stoßen dort auf geringe Resonanz. Mit ihrer strikt marktwirtschaftlichen Wirtschaftspolitik steht die DA rechts vom ähnlich orientierten ANC Mbeki'scher Prägung. Namhafte Wachstumschancen eröffnen sich aber nur links davon.

Die IFP hat ihre organisatorischen Mängel bis heute nicht überwunden und wichtige ausländische Mentoren verloren. Die Partei stützt sich eher auf eine (schrumpfende) Stammwählerschaft als auf eine klar erkennbare Programmatik und Vision. Ein Machtfaktor ist die IFP momentan nur in KwaZulu-Natal. Die Partei wird durch die Dauerrivalität zwischen einem ANC-nahen und einem ANC-feindlichen Flügel geschwächt. Der Parteiführer Buthelezi will 2009 abtreten, ein Nachfolger seiner Statur ist nicht in Sicht. Nach dem Rückzug aus der Nationalregierung schloss die IFP 2004 ein Kooperationsabkommen mit der DA; die inhaltlichen Übereinstimmungen sind jedoch begrenzt.

Die vom ehemaligen ANC-Politiker Bantu Holomisa geführte sozialdemokratische UDM blieb auf ihre regionale Xhosa-Basis im Ostkap begrenzt. Das 1997 bei der Gründung zusammen mit Roelf Meyer verfolgte Ziel einer landesweiten multirassischen Partei wurde verfehlt. 2004 erzielte die UDM lediglich 2,3 %. Die afronationalistische Befreiungsbewegung PAC ist marginalisiert, zerstritten und als Faktor in der Politik ausgeschieden.

Bemerkenswert ist das bescheidene, aber stetige Ansteigen der evangelikal orientierten Afrikanisch-Christlichen Demokratischen Partei (ACDP) von 0,5 % (1994) auf 1,6 % (2004). Eine gut organisierte Oppositionspartei, die einen Mix aus christlich-konservativen Wertvorstellungen, *Law and Order* und sozialpolitischen Versprechungen propagieren würde, hätte ein nicht zu unterschätzendes Wahlpotenzial bei Südafrikanern aller Rassen.

Die Regierung trifft innerhalb der *ANC-Allianz* auf eine mächtigere Opposition als im nationalen Parlament. Angesichts der großen Spannungen zwischen Marktwirtschaftlern und Sozialisten, zwischen Westlern und Afronationalisten wurde immer wieder spekuliert, dass die *ANC-Allianz* zerbrechen könnte. Der Journalist Allister Sparks prognostiziert mittelfristig die Entstehung einer sozialdemokratischen Partei, einer sozialistischen Arbeiterpartei sowie einer populistischen Partei, die die Traditionalisten, Arbeitslosen, Verarmten und Landlosen mobilisiert. Ein solches Szenario ist durchaus realistisch – fraglich ist nur, ob letztere Gruppen dann noch auf Wahlen setzen werden.

Angesichts der strukturellen Dominanz der Regierung und der Schwäche der Opposition besteht die Gefahr, dass die *ANC-Allianz* der Verführung der Macht erliegt. Hierfür gibt es Warnzeichen: Die Kritikbereitschaft der Regierenden hat abgenommen, und eine Atmosphäre „politischer Korrektheit" hat um sich gegriffen. Insbesondere auf Provinz- und Kommunalebene häufen sich Fälle von Missmanagement, Ineffizienz und Korruption.

Die Geißeln Kriminalität und staatliche Schwäche

Im September 2006 hielt Alterzbischof Desmond Tutu eine Aufsehen erregende Vorlesung an der Kapstädter Universität. Seine *Steve Bantu Biko Memorial Lecture* war eine flammende Anklage gegen den Werteverfall der Gesellschaft. Die mühsam errungene Freiheit drohe in Zügellosigkeit und Willkür umzuschlagen. Kritiker würden nicht ernst genommen, sondern als Rassisten abqualifiziert. Untätige Beamte kanzelten Besucher unwirsch ab. Streikende plünderten Geschäfte, Studenten verwüsteten ihre Universitäten. Zahllose Menschen würden bei Autoentführungen kaltblütig erschossen, neun Monate alte Babys brutal vergewaltigt. Es sei höchste Zeit, dass die Südafrikaner zu Achtung und Respekt für ihre Mitmenschen zurückfänden.

Ähnlich wie Anfang der 1990er Jahre die Gefahr eines Bürgerkrieges bedroht heute die überbordende Gewaltkriminalität die Stabilität Südafrikas. Die Kaprepublik gilt als das gewalttätigste aller nicht in einem Krieg befindlichen Länder. Für 2005/06 stellte die Polizei folgende Bilanz auf (zum Vergleich die deutsche Kriminalstatistik bei 1,8-fach höherer Bevölkerungszahl):

	Südafrika (4/2005–3/2006)	Deutschland (1/2006–12/2006)
Mord	18 528	2 468
Vergewaltigung und sexuelle Nötigung	64 731	8 118
Schwere Körperverletzung	454 495	150 874
Raub	119 726*	53 969

* definiert als „Raub unter erschwerten Umständen"

Alle zehn Minuten wird in Südafrika eine Frau vergewaltigt, alle 28 Minuten ein Mensch erschossen, alle 41 Minuten ein Kraftfahrzeug mit Waffengewalt entführt. Dabei ist zu berücksichtigen, dass Delikte wie Vergewaltigung, leichter Raub oder Diebstahl wegen Inkompetenz und Überlastung der Polizei häufig gar nicht angezeigt werden.

Besonders besorgniserregend ist die extreme, hierzulande kaum vorstellbare Brutalität, mit der viele Täter vorgehen. Raubopfer werden gedemütigt, gequält, vergewaltigt, nicht selten umgebracht. Fahrer entführter Kraftfahrzeuge können von Glück reden, wenn sie fliehen dürfen. Häufig werden sie stundenlang im Kofferraum umhergefahren, misshandelt und irgendwo verletzt ausgesetzt, wenn nicht sogar ermordet. In Krankenhäusern sind Abteilungen zur psychologischen Behandlung traumatisierter Verbrechensopfer eingerichtet.

Die Kriminalität ist in hohem Maß organisiert. Hunderte Syndikate operieren in Südafrika, darunter viele internationale. Kriminelle treten mit großer Dreistigkeit auf. Konkurrierende Taxiunternehmen liefern sich in aller Öffentlichkeit Gefechte und heuern Söldner aus Mosambik an. Autoschieberbanden rufen die Polizei an und geben einzelne Pkws zurück, da sie nicht in ihr Markenkonzept passen.

Aufsehen erregen nur noch spektakuläre Vorfälle, z. B. als ein Pfarrer in Kapstadt während des Gottesdienstes von der Kanzel mit einer mitgeführten Pistole auf eingedrungene Räuber feuerte. Oder als im Dezember 2007 der tansanische Hochkommissar zusammen mit seinen Gästen in seiner Residenz von bewaffneten Tätern misshandelt und ausgeraubt wurde. Zuvor waren ein vietnamesischer Diplomat angeschossen und der südafrikanische UN-Botschafter beraubt worden. Prominente werden nicht verschont: So wurde 2006 die Literaturnobelpreisträgerin Nadine Gordimer in ihrem Haus geschlagen und ausgeraubt, 2007 machte der Mord an der Reggae-Ikone Lucky Dube Schlagzeilen.

Touristen gehören glücklicherweise bislang nicht zu den bevorzugten Opfern. Sie verkehren in aller Regel nicht an den Zentren der Kriminalität, und Sehenswürdigkeiten und Hotels werden durch Polizei und Sicherheitsdienste besonders geschützt. Doch ist insbesondere für Einzelreisende erhöhte Vorsicht angebracht.

Was sind die Gründe für die überbordende Gewaltkriminalität? Eine Hauptursache liegt in der Apartheidpolitik. *Bantu education* vermittelte nur rudimentäre Kenntnisse; die Schulen waren miserabel ausgestattet, die Lehrer kaum qualifiziert und wenig motiviert. In den 1980er Jahren rief der ANC mit der Parole „Befreiung vor Erziehung" die Jugendlichen zum Schulboykott auf. Dadurch entstand eine entwurzelte, analphabetische und chancenlose Generation, die nichts zu verlieren hat.

Die ökonomische Ungleichheit zwischen Schwarz und Weiß verschärfte sich in der Apartheidära. Das krasse Wohlstandsgefälle stachelt heute die Kriminalität an. Aus Neid oder Verzweiflung greifen schwarze Südafrikaner zur Selbsthilfe und stoßen dabei auf ein gewisses Verständnis ihrer Umgebung, solange diese nicht selbst zum Opfer wird. Doch werden heute beileibe nicht nur Weiße, sondern noch häufiger Schwarze Opfer von Kriminalität.

Die Polizei wurde in der Apartheidzeit in erster Linie zur Bekämpfung des politischen Widerstandes eingesetzt. In schwarzen Wohngebieten wurde wenig gegen Kriminalität unternommen. Mancherorts kooperierten Sicherheitskräfte wie auch Widerständler mit kriminellen Banden. Der politische Dauerkonflikt etablierte zudem eine „Kultur der Gewalt". Auch im familiären Bereich ist sie sprunghaft angestiegen.

Im Zeitraum 1985–1995 entdeckte die internationale organisierte Kriminalität Südafrika und überschwemmte das Land mit Drogen und Waffen. Bezahlt wurde z. B. mit Kraftfahrzeugen, die nun systematisch gestohlen bzw. entführt und illegal ausgeführt wurden. Die auf politische Gewalt fixierten Sicherheitskräfte versäumten rechtzeitige Gegenmaßnahmen.

Nachbarländer wie Angola und Mosambik wurden im Kalten Krieg mit Hunderttausenden Handfeuerwaffen überschwemmt. Nach dem Ende der dortigen Bürgerkriege wurden diese Waffen nicht kontrolliert entsorgt, sondern wanderten in großer Zahl in die Hände südafrikanischer Krimineller. Schusswaffen können heute auf dem Schwarzmarkt zu Schleuderpreisen gekauft werden, ja sie werden sogar für Überfälle stundenweise vermietet.

Die Polizei war 1994 schlecht bezahlt, schlecht ausgebildet, schlecht ausgerüstet und infolge der Apartheidvergangenheit verhasst. Diese Hypotheken wirken bis heute fort. Zahlreiche weiße Polizisten nutzten die bis 1999 gegebene Möglichkeit, mit einer

Abfindung auszuscheiden. Dies taten vor allem die fähigen Beamten, die auch im Zivilleben reüssieren konnten – die unfähigen blieben der Polizei erhalten. Viele ehemalige Polizisten und Soldaten sind heute in privaten Sicherheitsdiensten, aber auch in kriminellen Banden tätig.

Korruption prägte das alte Regime, und auch der ANC blieb von diesem Übel nicht verschont. Sechs große Korruptionsaffären leisteten sich ANC-Politiker in der Übergangszeit bis 1999. Als der ANC-Politiker Bantu Holomisa 1996 eine solche Affäre aufdeckte, wurde er wegen Illoyalität attackiert und aus der Partei gedrängt. Auch in Polizei und Verwaltung ist Korruption verbreitet und wird von Kriminellen instrumentalisiert. In einer südafrikanischen Stadt wurde die gesamte Spezialeinheit der Polizei zur Aufdeckung von Autoentführungen verhaftet – sie hatte im großen Stil falsche Autonummern ausgegeben. Bei der Staatsanwaltschaft verschwinden Anklageschriften, Container passieren in Häfen unkontrolliert den Zoll, und gegen Bezahlung sind falsche südafrikanische Identitätsdokumente erhältlich.

Die Justiz ist überlastet, das Gefängniswesen marode. So dauert es quälend lange, bis Anklagen erhoben und Prozesse durchgeführt werden. Die Gefängnisse sind überfüllt und veraltet, die Zahl der Ausbrüche ist enorm hoch. Mitunter begehen Insassen mit Duldung ihrer Wärter außerhalb Straftaten und teilen sich danach die Beute.

Ökonomische Perspektivlosigkeit senkt die Hemmschwelle bei der Begehung von Straftaten. Jährlich drängen Hunderttausende junger Südafrikaner auf den Arbeitsmarkt; die meisten von ihnen können keine Arbeitsstelle finden. Hinzu kommen mindestens 5 Mio. illegale Zuwanderer aus ganz Afrika. Einheimische Schwarze bezeichnen sie abfällig als *makwerekwere*, dem deutschen Schimpfwort „Kanaken" vergleichbar.

Schon heute arbeiten in Südafrika doppelt so viele Sicherheitsleute wie Polizisten. Mancherorts lassen sich sogar Polizeiwachen beschützen. Aber auch private Sicherheit kann zum Risiko werden: Die geschiedene Ehefrau von F. W. de Klerk wurde 2001 von ihrem eigenen Wachmann erstochen. Die in jüngster Zeit explosiv angestiegenen, mit militärischer Präzision durchgeführten Raubüberfälle auf Banken oder Geldtransporter gehen häufig auf Insiderinformationen von Sicherheitsleuten zurück. Wie das Beispiel

Lateinamerika zeigt, ist außerdem der Weg von Sicherheitsdiensten zu Vigilantentum, Todesschwadronen und Privatarmeen nicht weit.

Sicher ist nur noch derjenige, der sich Sicherheit leisten kann. Damit wird erneut eine Zweiklassengesellschaft etabliert. „Zonen der Sicherheit" schotten sich gegenüber dem restlichen Südafrika mit Wachdiensten, hohen Mauern, Zugangskontrollen und elektronischen Warn- und Kontrollsystemen ab. Wie einst zu Zeiten der Apartheid findet soziale und territoriale Separierung statt – nun allerdings „freiwillig" und nicht mehr notwendigerweise entlang der Rassenschranke. Doch zunehmend dringt die Kriminalität auch in solche geschützte Inseln ein.

Bei weißen und schwarzen Südafrikanern wird der Ruf nach einem starken Staat und Wiedereinführung der 1995 vom Obersten Gerichtshof für verfassungswidrig erklärten Todesstrafe laut. In Townships mehren sich Fälle, wo echte oder vermeintliche Kriminelle gelyncht werden. Zuwanderer aus den Nachbarländern werden pauschal verdächtigt oder sogar attackiert, im Mai 2008 eskalierten die Aggressionen zu landesweiten Pogromen. Im Norden Südafrikas macht *Mapogo-a-Mathamaga* (Farben des Raubtiers) Furore, die Kriminelle gnadenlos verfolgt und auspeitscht. Wer die schwarze Vigilantenorganisation finanziell unterstützt, darf ihr Symbol, einen Leopardenkopf, an seiner Tür anbringen und kann auf einen erheblichen Abschreckungseffekt setzen. Im Raum Kapstadt wurde 1995 die muslimische Bürgerwehr *People Against Gangsterism and Drugs* (PAGAD) ins Leben gerufen. Vermummt und bewaffnet demonstrierte PAGAD in den Straßen für Recht und Ordnung und machte unter dem Beifall der Anwohner Jagd auf Kriminelle. Am 4. August 1996 zerrten PAGAD-Leute den Kapstädter Drogenhändler Rashaad Staggie aus seinem Wagen, schossen ihn an und verbrannten ihn bei lebendigem Leib. Die Polizei wagte nicht einzugreifen. Danach demonstrierten steckbrieflich gesuchte Kriminelle in Kapstadt unter Polizeischutz gegen Lynchjustiz – die Sicherheitskräfte verhinderten so erneute Zusammenstöße zwischen Gangstern und PAGAD. Erst nach erheblichen Anstrengungen gelang es, PAGAD zu zerschlagen. Zuletzt hatte die Organisation einen aggressiven Islamismus propagiert und mit spektakulären Bombenattentaten von sich reden gemacht. 2002 ereigneten sich die letzten Anschläge.

Erst ab 1996 begann die Regierung, schärfere Maßnahmen zur Bekämpfung der Kriminalität einzuleiten: verbesserte Ausbildung und Ausrüstung von Polizei, Justiz und Gefängniswesen, organisatorische Reformen, Aufstellung unabhängiger Ermittlungseinheiten (wie das 2001 gegründete, FBI-ähnliche *Directorate of Special Operations*, genannt *Scorpions*), gemeinsame Programme von Staat und Wirtschaft zur Bekämpfung der Kriminalität, Aufklärungskampagnen sowie verbesserte regionale Zusammenarbeit und Grenzüberwachung auf SADC-Ebene.

In den letzten Jahren verwies die Regierung auf statistische Erfolge in der Kriminalitätsbekämpfung. Einzelne *hot spots* wie die Innenstadt von Johannesburg sind durch von der Wirtschaft unterstützte Maßnahmen wie flächendeckende Videoüberwachung in der Tat sicherer geworden. Doch zeigte sich auch, dass Kriminelle flexibel in weniger kontrollierte Gegenden abwandern. Während einige Delikte zurückgingen, schnellten andere im gleichen Zeitraum hoch (z. B. bewaffnete Lkw-Entführungen und Raubüberfälle auf Büros).

Wenngleich diverse Gegenmaßnahmen eingeleitet wurden, so hat es die Regierung Mbeki versäumt, die Gewaltkriminalität durch eine konzertierte Aktion entscheidend einzudämmen. Empfindlich reagierte sie auf Kritik. So forderte Sicherheitsminister Charles Nqakula (ANC/SACP) 2006 die Opposition auf: „Wenn Sie mit der Kriminalität nicht leben können, dann verlassen Sie Südafrika!" 2008 beschloss das Nationale Exekutivkomitee (NEC) des ANC, die erfolgreiche unabhängige Ermittlungsbehörde *Scorpions* aufzulösen und in die Polizeistrukturen zu integrieren. Angeblich hatte sie zu eigenmächtig operiert. Eigentlicher Grund dürfte sein, dass die im Kampf gegen organisierte Kriminalität und Korruption verdiente Eliteeinheit zu unerschrocken gegen hohe ANC-Funktionäre vorging. Gemäß der Zeitung *Mail & Guardian* wurde oder wird gegen ein Drittel der Mitglieder des NEC wegen Straftaten unterschiedlicher Art ermittelt.

Zur Bekämpfung der überbordenden Gewaltkriminalität sind kurz- und langfristige Maßnahmen erforderlich. Zunächst muss die Effizienz von Polizei und Verwaltung gestärkt werden. Neben zusätzlichen Ressourcen und Kompetenzen ist in erster Linie an die Reaktivierung erfahrener weißer Polizisten und Beamten zu denken. Auch ein befristeter Ausnahmezustand, wie von der Opposi-

Die Polizei leidet unter dem Verlust erfahrener Beamter, Ressourcenmangel,
geringen Ausbildungs- und Managementkapazitäten sowie Korruption

tion gefordert, darf kein Tabu bleiben. Langfristig wird eine Stabilisierung allerdings nur gelingen, wenn die sozioökonomische Lage der Unterschicht nachhaltig verbessert wird. Doch stößt man hier auf einen Teufelskreis. Die Kriminalität wird durch wirtschaftliche Perspektivlosigkeit gespeist, gleichzeitig trägt sie ihrerseits zu deren Verschärfung bei: In Südafrika müssen heute 3 % des Bruttoinlandsproduktes für Polizei, Justiz und Gefängnisse ausgegeben werden – anderswo sind es durchschnittlich 1 %. Kriminalität verteuert die Produktionskosten durch notwendige Schutzmaßnahmen, treibt qualifizierte Führungskräfte ins Ausland und schreckt ausländische Investoren und Touristen ab.

Das rasche Ansteigen der Kriminalität ist nur eines von mehreren Indizien für die schleichende Schwächung des Staates. Die Verwaltung (mit Ausnahme der intakten Finanzverwaltung) ist marode. Teile der Gesellschaft sehen sich von staatlichen Leistungen ausgeschlossen und koppeln sich ab. Die Oberschicht zieht sich in hermetisch abgeriegelte Wohlstandsgettos zurück, wo von der Sicherheit über Energieversorgung, Gesundheitswesen, Kinderbetreuung, Schulwesen bis hin zur Friedhofsverwaltung nahezu alle Leistungen privat organisiert werden. Entsprechende Entwicklungen sind am unteren Ende der gesellschaftlichen Pyramide zu beobachten: Perspektivlose Südafrikaner machen ihre Townships und Dörfer zu *No-go-Areas*. Die Entwicklungsanstrengungen des vergangenen Jahrzehnts sind in vielen Fällen zur Makulatur geworden. Gesetz- und Verantwortungslosigkeit nehmen überhand – so sterben Patienten bei Streiks von Gesundheitspersonal, und konkurrierende Taxifahrer zünden sich gegenseitig Fahrzeuge an.

In seiner bitterbösen Utopie *When Smuts Goes. A History of South Africa from 1952 – 2010. First published in 2015* warnte der Historiker Arthur Keppel-Jones im Jahr 1949 eindringlich vor einer Machtübernahme der *Nationalpartei*. Der Aufbau einer bigotten burischen Rassendiktatur mündet in einen landesweiten antiweißen Aufstand schwarzer Südafrikaner, der 1972 in den westlichen Townships Johannesburgs (!) ausbricht. Anders als es in der Realität der Fall war, führt bei Keppel-Jones die Apartheid zum Krieg: Nur mit Hilfe einer internationalen Militärintervention kann das weiße Regime gestürzt werden – um den Preis hoher menschlicher Verluste und großräumiger Zerstörungen.

Besonders aktuell aus heutiger Perspektive ist das Schlusskapitel „Return to Barbarism": Verelendung, Korruption, sinkende Standards, religiös-sektiererischer wie auch afronationalistischer Fanatismus, endemische Gewaltkriminalität, Auswanderung bzw. Proletarisierung der Weißen, schließlich eine unbekannte, lebensbedrohliche Seuche (!) ergreifen Besitz von dem unglücklichen Land. Die von den Interventionsmächten installierte Demokratie und Rechtsstaatlichkeit werden mehr und mehr zur Fassade, schließlich ist auch die staatliche Einheit nicht zu halten: Südafrika splittert sich in lokale Machtzentren auf. Am Ende stehen Anarchie und Staatszerfall.

Die Warnung von Keppel-Jones war unmissverständlich: Eine Rassendiktatur der burischen Minderheit birgt den Keim der Selbstzerstörung in sich. Doch mit der Zerstörung der weißen Bevölkerungsgruppe wird auch die Zerstörung des Landes und der Lebensgrundlagen aller Bewohner eingeleitet. Auch wenn Südafrika von dem aufgezeigten Szenario noch ein gutes Stück entfernt ist, mahnen die Entwicklungen zu entschlossenem Handeln.

Verunsicherte Minderheiten

Die von Nelson Mandela geführte Übergangsperiode wurde von zwei Leitbildern bestimmt: der multirassischen „Regenbogennation" und der afrikanischen *uBuntu*-Philosophie. Letztere besagt, dass alle Menschen gemäß dem Motto „Ich bin, weil ihr seid, und ihr seid, weil ich bin" solidarisch zusammenhalten sollen.

Mandelas Nachfolger Mbeki hielt an diesen Leitbildern fest. In seiner berühmten Rede „Ich bin ein Afrikaner" vom Mai 1996 warb er explizit um die Unterstützung der Minderheiten und bezeichnete sich als Abkömmling aller südafrikanischen Vorfahren und ihrer historischen Leistungen.

Doch werden inzwischen Risse offenbar. Dies zeigt sich auch innerhalb des ANC, wo die Position der früher einflussreichen weißen Liberalen und Marxisten deutlich schwächer geworden ist. Mbeki hat sich nicht eindeutig positioniert, doch ist offenkundig, dass die Afronationalisten unter seiner Führung an Macht gewonnen haben. Gerade bei der neuen schwarzen Elite findet Ethnizität Anklang, was sich auch in einer afrikanisch akzentuierten Mode niederschlägt. Nicht selten wird heute die Karriere mit dem Totschlagargument des Rassismus vorangebracht. So wurde die weiße ANC- und SACP-Veteranin Helen Dolny, die Witwe von Joe Slovo, 1999 als Leiterin der Bank für Ländliche Entwicklung entlassen, weil sie die Bank angeblich rassistisch und korrupt geführt habe. Im Gegenzug prangerte Dolny eine Kampagne „ethnischer Säuberung" an: Binnen fünf Monaten seien in der staatlichen Bank sieben weiße Führungskräfte entlassen worden – allesamt frühere Apartheidgegner.

Traditionell hatten die Inder in ANC und SACP starken Einfluss. Namen wie Kader Asmal, Aziz und Essop Pahad, Ahmed Kathrada, Jay Naidoo, Mac Maharaj, Dulah Omar prägten den Befreiungskampf und die Kabinettsliste von Nelson Mandela. Einziger indischer Minister ist heute der alte Mbeki-Freund Essop Pahad (Leiter des Staatspräsidentenamtes). Weder im Nationalen Arbeitskomitee (20 gewählte Mitglieder) noch im Nationalen Exekutivkomitee (80) des ANC fand sich 2008 noch ein einziger Inder! Ökonomisch profitiert diese Minderheit von den nach 1994 stark ausgeweiteten Wirtschaftsbeziehungen mit Asien.

Politisch ist sie wieder so einflusslos wie während der Apartheid.

Während Mandela beispielsweise in der sensitiven Frage der Umbenennungen zurückhaltend geblieben war und auf Konsenslösungen gesetzt hatte, erfolgte in den letzten Jahren eine beschleunigte Afrikanisierung von geographischen Namen, wobei in vielen Fällen Betroffene nicht hinreichend konsultiert werden. Allgemein ist der Umgangston in Südafrika konfrontativer und kälter geworden. Die Persönlichkeiten von Staatspräsident Mbeki und Oppositionsführer Leon haben ihren Teil dazu beigetragen.

Mbeki und andere ANC-Politiker werfen der weißen Minderheit vor, dass sie sich mit Fundamentalkritik illoyal verhalte und ungenügende Opfer für den Transformationsprozess bringe. In der Tat gibt es weiße Reaktionäre, denen eine schwarze Regierung grundsätzlich nichts recht machen kann. Dieser Typus ist auch unter verbitterten Südafrikanern im Ausland zu finden. Doch müssen die Sorgen der weißen Südafrikaner und anderer Minderheiten ernst genommen werden. Allein die Tatsache, dass zwischen 1994 und 2005 etwa 840 000 Weiße – fast jeder fünfte – zur Auswanderung bewogen wurden, spricht für ernsthafte Probleme. Dem Land sind dadurch viele qualifizierte Kräfte verlorengegangen. In zunehmendem Maß ziehen sie gut ausgebildete schwarze Auswanderer nach. Fallweise engagierte Kubaner, Jordanier, Filipinos etc. können sie nicht hinreichend ersetzen.

Warum wandern weiße Südafrikaner aus? Die Angst vor der Gewaltkriminalität ist eine wichtige Motivation. In den Städten trifft es Südafrikaner aller Rassen; auf dem Land sind Weiße überproportional betroffen. So wurden 1500 von 60 000 weißen Farmern zwischen 1994 und 2004 häufig auf bestialische Weise ermordet. Manche Farmer werden deshalb Opfer, weil sie vergleichsweise isolierte, wehrlose Opfer sind. Andere werden gezielt als Vertreter einer sozialen Gruppe attackiert (gemäß dem Lied aus dem Befreiungskampf: *„Kill the farmer, kill the Boer!"*). Landumverteilung oder gar Vertreibung steht hinter solchen Taten als Botschaft. Weitere wichtige Gründe für eine Emigration von Weißen sind die zunehmende Marginalisierung im öffentlichen Leben und die eingeschränkten beruflichen Aufstiegschancen angesichts rigider staatlicher Maßnahmen zur Begünstigung „früher benachteiligter Bevölkerungsgruppen".

Auch liberale Weiße sind heute desillusioniert. Viele von ihnen glauben nicht mehr daran, dass eine breite schwarze Mittelschicht entstehen wird, die Demokratie, öffentliche Ordnung und Leistungsgesellschaft mittragen wird.

In stärkerem Maß als die Anglo-Südafrikaner leiden die Buren unter den neuen Verhältnissen. Als einstige offene Träger der Apartheid ist diese Bevölkerungsgruppe besonders angreifbar. Ihre afrikaanse Sprache und Kultur wurden stärker als das Englische zurückgedrängt. So sind alle fünf früher afrikaansen Universitäten heute zweisprachig, und das Englische gewinnt dort rasch an Boden. Im Staatsdienst waren die Buren weit zahlreicher als die Anglo-Südafrikaner vertreten; sie wurden daher überproportional stark von *affirmative action* betroffen. Andererseits sind sie in geringerem Maß als diese in der Wirtschaft verwurzelt. Viele Buren haben keine entsprechenden Ressourcen oder Kenntnisse, um sich als Selbständige oder Angestellte in der Privatwirtschaft eine neue Existenz aufzubauen. Selbst die Auswanderung fällt ihnen schwerer als den Anglo-Südafrikanern, da sie nicht über deren weltweite Verbindungen verfügen. Nirgendwo außerhalb des südlichen Afrikas wird ihre Sprache Afrikaans gesprochen.

Die Buren haben seit 1994 einen politischen und kulturellen Abstieg erlebt, in vielen Fällen mussten wirtschaftliche Einbußen hingenommen werden. An Straßenkreuzungen stehen heute auch weiße Bettler. Von ihren politischen Führern sind viele Buren enttäuscht – von F. W. de Klerk und seinen unerfüllten Machtteilungsversprechungen, aber auch von Constand Viljoen, dessen Verhandlungen mit der ANC-Regierung über Selbstverwaltung weitgehend ergebnislos blieben. Das Konzept eines autonomen „Volksstaates" scheiterte einerseits an der Uneinigkeit der Buren darüber, wo eine territoriale Konzentration angestrebt werden sollte, andererseits an der geschickten Verzögerungstaktik des ANC, der so lange verhandelte, bis die Machtposition der Buren in Südafrika erodiert war.

Viele Buren haben sich heute resigniert in eine „innere Emigration" zurückgezogen. Unzufriedenheit und Enttäuschung könnten zur Keimzelle für Widerstand werden. 2002 machte eine kleine calvinistisch-fundamentalistische Untergrundgruppe mit dem Namen *Boeremag* (Burenmacht) mit einer Serie von Bombenanschlägen von sich reden, bis sie durch Verhaftung ihrer Anführer zerschlagen werden konnte. Zwar verfügen weiße Südafrikaner heute nicht mehr über das Potenzial zum Sturz der Regierung. Erheblichen Schaden könnten sie jedoch weiterhin anrichten.

Noch fataler wäre fortdauernde Apathie. Der Rückzug burischer Fachleute aus Polizei und Verwaltung hat wesentlich zur derzeitigen Schwäche des Staates beigetragen. Gelingt es, sie zu Rückkehr und Kooperation zu bewegen, wäre dies ein wichtiger Schritt für die Stabilisierung des Landes. Auch in wirtschaftlicher und wissenschaftlicher Hinsicht könnte eine prosperierende burische Minderheit wesentliche Impulse geben, wie Leistungen der Vergangenheit illustrieren: Der Herzchirurg Christiaan Barnard führte 1967 die erste Herzverpflanzung weltweit durch, Atomphysiker wie Armin Roux und Wally Grant ermöglichten mit ihren Arbeiten den Aufbau einer Nuklearindustrie. Auch im Bergwerkswesen oder der Veterinärmedizin gehörte das alte Südafrika zur Weltspitze.

Selbst einstige Apartheidgegner wie der Dichter Breyten Breytenbach und der frühere Oppositionsführer Frederik van Zyl Slabbert sehen heute ihre Bevölkerungsgruppe marginalisiert, letzterer brandmarkte das von de Klerk erzielte Verhandlungsergebnis als „Versailles" der afrikaanssprachigen Weißen. Nicht einmal das Recht auf einsprachige Schulen und Universitäten hatte die *Nationalpartei* durchsetzen können. In der Bürgerrechtsbewegung *AfriForum* arbeiten heute Vertreter unterschiedlichster Strömungen zusammen, um die Interessen der Afrikaanssprachigen einzubringen und die Rechte von Minderheiten auszubauen.

Mit selbstverwalteten einsprachigen Gemeinden und Bildungseinrichtungen, gegebenenfalls mit einer Autonomie im Westkap, vergleichbar etwa dem 1972 in Südtirol eingeführten Autonomiestatut, könnten die Buren dazu motiviert werden, sich in den Dienst des neuen Südafrika zu stellen. Der in die Verfassung aufgenommene, vom ANC aber nie umgesetzte Artikel 235 würde solche Regelungen ermöglichen.

Die Zurückdrängung der afrikaansen Sprache und Kultur trifft auch die 4,2 Mio. Kapmischlinge, die zu 80 % Afrikaans als Muttersprache haben. Nur eine kleine Minderheit unter ihnen hat bisher von den Förderprogrammen für Angehörige bislang benachteiligter Gruppen profitiert. Verbreitet ist die Klage, dass man früher zu wenig weiß war und heute zu wenig schwarz ist. Studien haben ergeben, dass die Kapmischlinge nach 1994 die geringsten Einkommenszuwächse und die größte Zunahme von Arbeitslosigkeit unter allen vier Hauptbevölkerungsgruppen verkraften mussten. Die Zuwanderung von schwarzen Südafrikanern vom Ostkap ins Westkap empfinden sie als bedrohliche Konkurrenz. Auch wenn mit Ebrahim Rasool ein Kapmischling aus der Untergruppe der Kapmalaien als Premierminister im Westkap amtiert, so ist diese Bevölkerungsgruppe in der *ANC-Allianz* doch kaum repräsentiert. Zu den wenigen einflussreichen Politikern zählt Finanzminister Trevor Manuel.

Als US-Vizepräsident Walter Mondale im Mai 1977 den deutschen Bundeskanzler Helmut Schmidt (SPD) aufforderte, mit allen Mitteln auf die Abschaffung der Apartheid hinzuwirken, stellte dieser die nachdenkliche Gegenfrage: „Und womit ersetzen wir sie?" Die westeuropäische repräsentative Demokratie mit ihrer auf die parlamentarische Ebene verlegten Konfliktaustragung und dem charakteristischen Wechselspiel von Regierung und Opposition funktioniert nur dann, wenn zwischen dem Kollektiv (der Nation) und dem Individuum (dem Staatsbürger) keine konstitutiven Gruppenbindungen existieren. Definiert sich das Individuum jedoch über solche Gruppenbindungen, wird die parlamentarische Demokratie zum Problem. Denn dann neigt das Individuum zur Wahl von Gruppen- statt von Richtungsparteien, und der für den parlamentarischen Prozess so unerlässliche Parteienwechsel findet kaum statt. Kleinere Gruppen fühlen sich strukturell vom politischen Prozess ausgeschlossen.

Nur wenn es gelingt, auch den Minderheiten – immerhin 20% der Bevölkerung – eine Perspektive zu eröffnen, wird die demokratische Ordnung Bestand haben und Südafrika Stabilität finden.

Südafrika vor einem Politikwechsel?

Unter Mbeki wurde die demokratische Ordnung fortgeführt und eine disziplinierte makroökonomische Politik verfolgt. Trotz einer Zweidrittelmehrheit betrieb die Regierung keine Verfassungsänderungen. Die durchgeführten Wahlen wurden von Beobachtern als „frei und fair" bewertet. Das Land verfügt über eine unabhängige Justiz, Wirtschaft, Gewerkschaftsbewegung, Presse und Zivilgesellschaft. Mbekis Bilanz wird getrübt durch die verfehlte HIV/

Aids- und Simbabwe-Politik, durch ein konfrontatives Verhalten gegenüber Minderheiten sowie durch versuchte Eingriffe in die Justiz zur Verfolgung von Gegnern oder Abschirmung von Vertrauten, so im Fall des schließlich 2008 nach Korruptionsermittlungen suspendierten südafrikanischen Polizeichefs und Interpolpräsidenten Jackie Selebi. Innerparteilich verlor Mbeki durch seinen autoritären, abgehobenen Führungsstil stark an Rückhalt.

Nach Ablauf seiner zweiten Amtszeit (2009) kann Mbeki kein drittes Mal zum Staatspräsidenten gewählt werden. Er kandidierte jedoch 2007 wieder als ANC-Präsident. Über das höchste Parteiamt wollte er weiterhin Einfluss auf die Politik ausüben sowie ein entscheidendes Wort bei der Kür des Allianzkandidaten für das Amt des Staatspräsidenten mitreden.

Mit Spannung wurde der im Dezember 2007 in Polokwane (Limpopo-Provinz) stattfindende ANC-Kongress erwartet. Vergeblich beschwor Alterzbischof Desmond Tutu die Delegierten, den moralisch umstrittenen Herausforderer Jacob Zuma nicht zu wählen: Südafrika habe Besseres verdient. In einer Kampfabstimmung unterlag Mbeki seinem gleich alten Gegenkandidaten. Zum ANC-Vizepräsidenten wurde der Zuma-Vertraute und bisherige ANC-Generalsekretär Kgalema „Mkhuluwa" Motlanthe gewählt. Nur noch 39% der Delegierten hatten für Mbeki votiert. Sowohl wegen seiner unpopulären Wirtschaftspolitik wie auch wegen seines autoritären Führungsstils wurde er abgestraft. Erstmals gibt es damit in Südafrika zwei Machtzentren: das Regierungsgebäude in Pretoria und das ANC-Hauptquartier *Luthuli House* in Johannesburg.

In Polokwane vollzog sich ein Erdrutsch: Alle Mbeki-Vertrauten verloren ihre Sitze im 80-köpfigen Nationalen Exekutivkomitee des ANC. Das beste Ergebnis erzielte ausgerechnet die populistische Mbeki-Gegnerin Winnie Madikizela-Mandela, die 1995 wegen Korruptionsvorwürfen als Vizeministerin entlassene und 2003 wegen Betrugs und Diebstahls vorbestrafte Exfrau von Nelson Mandela. Mit hoher Stimmenzahl gewählt wurde auch Tony Yengeni, der frisch aus dem Gefängnis entlassene, wegen Korruption verurteilte frühere ANC-Fraktionsvorsitzende. Der in den Medien konstatierte „Linksrutsch" ist allerdings zu relativieren. Zwar wurde Gwede Mantashe neuer ANC-Generalsekretär, in Personalunion Vorsitzender der SACP, doch gilt er als tüchtiger Pragma-

Jacob Gedleyihlekisa Zuma (geb. 1942 in Inkandla/Zululand) ist als Mensch das exakte Gegenteil des intellektuellen, urbanen Mbeki. Er ist fest in der ländlichen Zulu-Kultur verhaftet. Mit neun Frauen zeugte Zuma 17 Kinder; momentan ist er mit mindestens drei Frauen verheiratet. Er stammt aus bitterarmen Verhältnissen, wuchs als Hirtenjunge auf und hat nie eine formale Schulausbildung genossen. Von 1963 bis 1973 war er auf Robben Island inhaftiert; 1975 ging er ins Exil und gehörte dem ANC-Guerillaflügel MK an. 1994 wurde er Kabinettsminister in KwaZulu-Natal, 1997 ANC-Vizepräsident, 1999 südafrikanischer Vizepräsident. 2005 wurde Zuma wegen Verdachts auf Korruption und Vergewaltigung angeklagt und von Mbeki als Vizepräsident entlassen. Vom Vorwurf der Vergewaltigung wurde er mangels Beweisen freigesprochen. Im Prozess räumte er ein, mit der HIV-positiven Beschuldigerin einvernehmlichen ungeschützten Geschlechtsverkehr praktiziert zu haben. Danach habe er ausgiebig heiß geduscht und sich so vor einer Infektion geschützt. Das Korruptionsverfahren wurde 2006 vertagt; sein engster Mitarbeiter wurde wegen dieses Deliktes zu 15 Jahren Haft verurteilt. Umgehend nach seiner Wahl zum ANC-Präsidenten im Dezember 2007 wurde ihm eine neue umfangreiche Anklageschrift zugestellt.

Zuma galt bis 2001 als Mbeki-Vertrauter. Sein Mentor verdächtigte ihn, an der „Ramaphosa/Sexwale/Phosa-Verschwörung" beteiligt gewesen zu sein, und entzog ihm seine Gunst. Geschickt baute sich Zuma danach als Alternativkandidat auf. Er gilt als gewiefter Machtpolitiker und charismatischer Volkstribun. In Polokwane konnte er bei unterschiedlichsten Flügeln der Allianz punkten.

tiker. In das Nationale Exekutivkomitee wurden die Multimillionäre Ramaphosa und Sexwale gewählt, aber nur wenige Vertreter von COSATU; einige SACP-Führer wurden nicht einmal vorgeschlagen.

Im Ausland wurden Befürchtungen laut, dass ein Staatspräsident Zuma eine verantwortungslose populistische Politik betreiben und eine Linkswende vollziehen könnte. Zu seinen Förderern zählen SACP und COSATU sowie radikale Massenorganisationen wie die ANC-Jugendliga. Andererseits pflegt Zuma gute Kontakte zu Unternehmern und gilt als pragmatischer, nicht als ideologischer Politiker. Auch sein Verhältnis zur weißen Minderheit könnte sich harmonischer als unter Mbeki gestalten. Freilich steht er nun unter hohem Erwartungsdruck seiner heterogenen Unterstützer.

Bei einer Verurteilung zu mehr als einem Jahr ist Zuma der Aufstieg in ein Regierungsamt verwehrt. Mbeki wird die Ermittler anhalten, das Verfahren energisch voranzutreiben. Wahrscheinlichster Ersatzkandidat für das Staatspräsidentenamt wäre der 1949 geborene ANC-Vizepräsident Kgalema Motlanthe, der als kompetenter Politiker gilt. Der frühere Gewerkschaftsführer war in seiner Jugend von der „Schwarzen Bewusstseinsbewegung" beeinflusst worden. Auch er ist ehrgeizig und genießt Unterstützung bei Teilen des siegreichen Allianz-Lagers.

Wer auch immer künftig die Geschicke Südafrikas leitet: Er wird vor immensen Herausforderungen stehen. Im Mai 2008 führten die landesweiten Pogrome in Armensiedlungen gegen Ausländer und Asylanten auf dramatische Weise vor Augen, wie groß sozialer Sprengstoff, Gewaltbereitschaft und staatliche Schwäche sind. Binnen drei Wochen wurden mindestens 62 Menschen getötet, 670 verletzt und 85 000 Ausländer aus ihren Behausungen vertrieben. Wanderarbeiter aus Mosambik und Malawi flohen panikartig in ihre Heimat. Dem wütenden Mob hatten sich schnell kriminelle Elemente angeschlossen. Die ohnehin ineffiziente Polizei war überfordert, Militär musste zu Hilfe kommen.

Staatspräsident Mbeki und Regierungsvertreter nahmen erst spät Stellung und suchten u. a. unbekannte Manipulateure für die Ausschreitungen verantwortlich zu machen, anstatt die Schuld bei eigenen Fehlleistungen wie der ungelösten sozialen Frage, der gescheiterten Simbabwe-Politik und den desaströsen Folgen von *affirmative action* zu suchen.

Südafrikas Staat und Gesellschaft müssen von Grund auf neu aufgebaut werden. Nur so wird die Kaprepublik vor einer Implosion bewahrt werden und die erwartete Führungsrolle in Subsahara-Afrika ausüben können.

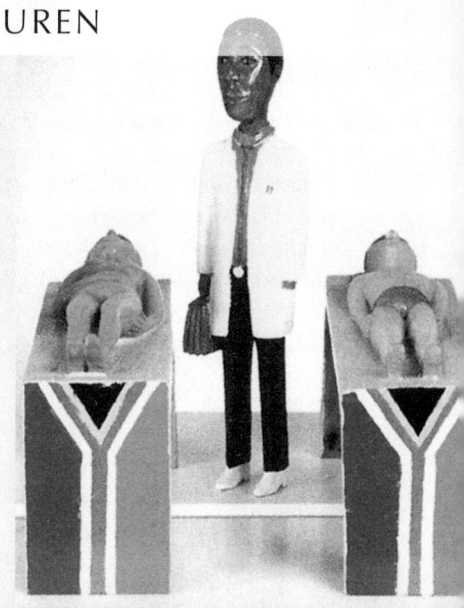

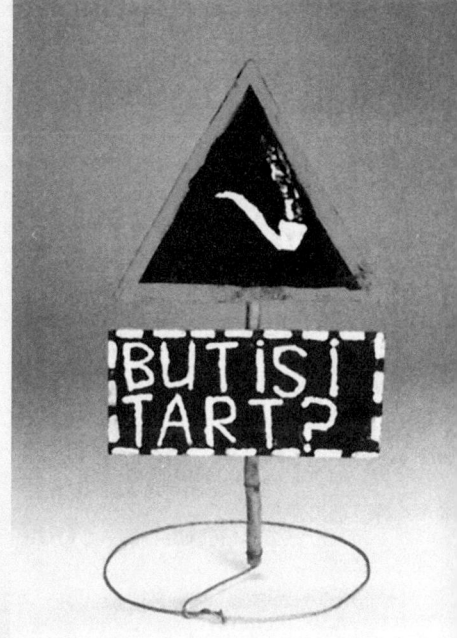

Kunst und Kultur im Umbruch

In Südafrika existieren zahlreiche Gruppenkulturen nebeneinander. Die Diversität des Landes hat auch der ANC früh anerkannt: Die 1955 verabschiedete „Freiheitscharta" spricht zwar von einem „südafrikanischen Volk", fordert jedoch: „Alle [nationalen Gruppen, MP] sollen das gleiche Recht haben, ihre eigene Sprache zu sprechen und ihre eigene Kultur und Sitte zu pflegen." 1994 wurde das Land zur multikulturellen „Regenbogennation" erklärt. Diese Sichtweise spiegelt sich auch in der neuen sechsfarbigen Flagge wider.

Freiheit des Ausdrucks und Gleichheit der Kulturen sind Errungenschaften der politischen Transformation und verfassungsrechtlich garantiert. Die südafrikanischen Künstler müssen nun ein neues Selbstverständnis und neue Ausdrucksformen finden. Die „Regenbogennation" schafft ein ungeheures Kreativitätspotenzial. Stärker als in anderen Bereichen des Lebens werden in der Kunst ethnische und rassische Schranken überwunden. Das „Cross-over", also die Begegnung zwischen unterschiedlichen Kulturen und Kunstbereichen, ist zu einem wichtigen Gegenstand geworden. Weniger als früher orientieren sich die Künstler am europäischen Bildungskanon. Frühere Tabuthemen wie schwarz-weiße Beziehungen, Homosexualität oder Nacktheit werden nun exponiert dargestellt.

Die staatliche Kulturförderung setzt seit 1994 andere Prioritäten. Unterstützt werden nun Künstler und Kunsteinrichtungen aus bisher benachteiligten Bevölkerungsgruppen. Die einstige Fixierung auf Metropolen wich einem dezentralen Ansatz. Manche klassische Bühnen und Ensembles sind daher in ihrer Existenz bedroht. Mit dem 1997 gegründeten Joint Venture *Business & Arts South Africa* wurde die Wirtschaft ermuntert, sich an der Kulturförderung zu beteiligen. Problematisch ist, dass die Regierung der Kunst und Kultur nur einen vergleichsweise geringen Stellenwert einräumt. Etats wurden dramatisch gekürzt. Aber auch die südafrikanische Gesellschaft zollt den hervorragenden Leistungen ihrer Künstler häufig nicht den verdienten Respekt. Geldverdienen und Karriere einerseits, Sport und Freizeit andererseits bestimmen den Alltag.

Formenvielfalt in der Bildenden Kunst

Die älteste Bevölkerungsgruppe, die San, hinterließ an mehr als 3000 Fundstellen Felszeichnungen und -gravuren. In den Drakensbergen, so im *Giant's Castle Park* und im Royal-Natal-Nationalpark, können Darstellungen aus dem 6. Jahrtausend vor bis zum 19. Jahrhundert nach Christus besichtigt werden.

In Lydenburg (heute Mashishing, Mpumalanga-Provinz) wurden 1957 sieben verzierte Köpfe aus Keramik gefunden. Datiert auf das 6. Jahrhundert n. Chr., zählen sie zu den ältesten afrikanischen Kunstwerken südlich des Äquators.

Die schwarzen Völker haben traditionelle Kultur- und Kunstformen entwickelt, die eng mit dem sozialen und religiösen Leben verknüpft waren und keinem Selbstzweck dienten. Wurde ihre hergebrachte Lebensweise zerstört, so verschwanden häufig auch die kulturellen Ausdrucksformen. Hieran war die christliche Mission nicht unschuldig: Die ersten Missionare suchten die Schwarzen aus ihrer heidnischen Umgebung herauszureißen und zu einer christlichen Lebensweise nach europäischem Vorbild zu führen. Vor den Toren Durbans liehen im 19. Jahrhundert um die Schicklichkeit besorgte Missionare herannahenden Schwarzen Kleider für die Zeit ihres Stadtbesuches – diese nannten die Weißen „Zieh-mir-die-Hose-an". Andererseits haben sich nicht wenige Missionare für die Kulturen der Afrikaner interessiert und sie erforscht.

Viele Völker sind für ihr traditionelles Kunsthandwerk bekannt: Töpferei, Mattenflechten, Perlstickerei als Frauenarbeit, Schnitzkunst und Korbweberei als Männerarbeit. Bestimmte Ornamente, Kleidungsstücke etc. sind häufig Abzeichen eines Ranges oder eines Status innerhalb einer sozialen Gruppe, z. B. verheiratet oder unverheiratet. Bei den Zulu vermitteln Farbe und Anordnung der Perlen Botschaften. Auch moderne Kunsthandwerker und Künstler greifen heute bei ihren Arbeiten gerne auf diese Traditionen zurück.

Weltweite Berühmtheit hat in jüngster Zeit die Malkunst der Ndebele erlangt, deren Siedlungsgebiet nördlich von Pretoria liegt. Die Ndebele-Frauen mit ihren charakteristischen Eisenringen um Hals und Gelenke bemalen seit alters her ihre Häuser mit farbenfrohen geometrischen Mustern. In jüngster Zeit sind die traditionellen Erdfarben kommerziellen Farben gewichen; die Zeichnungen sind damit noch bunter geworden.

Die Rassentrennung benachteiligte schwarze Künstler, da sie kaum Zugang zu Ausbildungsstätten hatten und nicht in den Galeriebetrieb integriert waren. Nach dem Zweiten Weltkrieg erhielten sie eine erste Kunstschule im Johannesburger Wohnviertel Sophiatown. Zahlreiche Vertreter der neuen Generation, wie der „Goya der Townships" Dumile Feni, zogen es schließlich vor, ins Ausland zu gehen. Einen Durchbruch brachte 1985 die internationale Wanderausstellung *Tributaries*, die afrikanische Künstler ohne formale Ausbildung in den Kunstbetrieb einführte, so z.B. den symbolistischen Bildhauer Jackson Hlungwani mit seinen ausdrucksstarken religiösen Arbeiten.

Der koloniale Kunstgeschmack wurde aus Europa beeinflusst. So kam 1842 der britische Maler Thomas Baines in die Kapkolonie, wo er an Expeditionen nach Südwestafrika und zu den Viktoriafällen teilnahm. Seine realistischen Landschafts-, Blumen- und Tierbilder gehören zu den berühmtesten des Landes und waren stilbildend. Maler wie Hugo Naudé und Bildhauer wie der 1890 eingewanderte Niederländer Anton van Wouw begründeten eine autochthone südafrikanische Kunst.

Eine bekannte Vertreterin des Expressionismus war Irma Stern. Ihre deutsch-jüdischen Eltern waren im 19. Jahrhundert in den Transvaal eingewandert. Die Künstlerin studierte von 1916 bis 1920 in Berlin und Weimar. Auf zahlreichen Afrika- und Europareisen fand sie Anregungen für ihre eindrucksvollen Porträts, Skulpturen und Keramikarbeiten, bei denen stets Menschen im Mittelpunkt stehen.

Nach dem Zweiten Weltkrieg wurden neue Kunstrichtungen wie abstrakte Malerei und Surrealismus rezipiert. Bekannte Vertreter waren Alexis Preller oder Cecil Skotnes, der engen Kontakt zu traditionellen schwarzen Künstlern pflegte. Einwanderer brachten neue Impulse, so der in Kasachstan geborene *king of kitsch* Vladimir Tretchikoff, einer der weltweit erfolgreichsten Pop-Art-Künstler. Sein 1950 entstandenes Bild *The Chinese Girl* gilt als das am meisten verkaufte Kunstwerk (über 1 Mio. Drucke). Der italienische Bildhauer Edoardo Villa gelangte als Kriegsgefangener nach Südafrika und blieb dort nach seiner Entlassung. Seine symbolistischen bis abstrakten Kunstwerke verbinden europäische und afri-

Wanddekorationen in Soweto während der Aprilwahlen 1994

kanische Traditionen. Eine Gegenbewegung war die expressive *Township Art* von Sidney Kumalo, Leonard Matsoso, David Mbele oder Enoch Tshabalala.

In den 1970er und 1980er Jahren litten die südafrikanischen Künstler unter Isolation und Boykott. Avantgardistische Maler wie Paul Stopforth, Robert Hodgins und William Kentridge griffen gesellschaftspolitische Probleme auf, manche von ihnen thematisierten Folter und Unterdrückung. Anonyme Ausdrucksformen des politischen Kampfes wie Wandzeichnungen und Graffiti brachten in den 1980er Jahren eine *Resistance Art* (Widerstandskunst) hervor.

Heute zeichnet sich Südafrika durch eine lebhafte Kunstszene aus. Ihr Zentrum ist Kapstadt mit der *National Gallery* und zahlreichen privaten Galerien. Unterschiedlichste Formen wie Malerei, Bildhauerei, Fotografie, Konzeptkunst und Installation werden gepflegt und die verschiedensten Materialien eingesetzt – bis hin zu Telefondrähten, recyceltem Plastik und Kronkorken. *Folk Art* genießt hohen Stellenwert, vom namenlosen Kunsthandwerker bis zu bekannten Künstlern wie der Töpferin Bonnie Ntshalintshali und dem Bildhauer Phutuma Seoka. Sie beeinflusst das Design von kommerziellen Gebrauchsgegenständen ebenso wie die „hohe Kunst" und macht mit gewagten Kombinationen von sich reden. So bemalt die Ndebele-Künstlerin Esther Mahlangu Automobile und Flugzeuge mit traditionellen geometrischen Mustern.

Flucht aus dem Alltag:
Musikleben zwischen Kwela und Klassik

In den afrikanischen Gemeinschaften wurden Lieder, Preisgesänge, Sprichworte, Geschichten mündlich tradiert. Insbesondere die Nguni-Völker (Xhosa, Zulu, Swasi, Ndebele) sind noch stark von traditionellen Kulturformen geprägt. Rhythmische Lieder und Tänze, ergänzt durch Stampfen und Summen und begleitet von Trommeln, Glocken, Rasseln und Pfeifen, sind bei der Arbeit, als Zeitvertreib und als religiöse Ausdrucksform üblich. Insbesondere in KwaZulu-Natal wurden sie bisweilen kommerzialisiert, z. B. in dem nördlich von Eshowe für eine Fernsehserie aufgebauten Touristendorf Shakaland. Doch gibt es auch Ansätze einer sanfteren und authentischeren Begegnung für kleine Besuchergruppen, z. B. im Rahmen eines mehrtägigen Aufenthalts in einem Dorf.

Authentische afrikanische Musik hat beispielsweise die Zulu-Gruppe *Ipi Ntombi* mit der Solosängerin Margaret Singana aufgenommen. Lieder wie *Shosholoza* (Vorwärts) und *Stimela* (Dampf) besingen das harte Leben der Minenarbeiter. Bands wie *Ladysmith Black Mambazo* singen traditionelle Weisen in moderner Verpackung, was als *Isicathamiya* (weicher Stil) bezeichnet wird. 1986 produzierte der US-Komponist und Gitarrist Paul Simon zusammen mit südafrikanischen Künstlern das Album *Graceland*: Die Mischung aus traditioneller afrikanischer Musik und Popklängen wurde ein Welterfolg.

Schwarze Südafrikaner lieben den Chorgesang und haben meist hervorragende Stimmen. Über das ganze Land verstreut finden sich Laienchöre, die traditionelle und christliche Lieder, aber auch klassische Chorliteratur singen. Der *Soweto Adult Choir*, der *Baragwanath Hospital Choir*, *Amazwi Kwazulu* und andere haben erfolgreiche Überseetourneen durchgeführt. Professionelle Tanz- und Musiktruppen wie die *South African Musical Group* und *African*

Laienchor

Footprint führen einem begeisterten internationalen Publikum die Vielfalt südafrikanischer Musik vor.

In den Minen um Johannesburg trafen sich Arbeiter unterschiedlichster Herkunft, nicht nur aus Südafrika, sondern auch aus den Nachbarstaaten. Verständigen konnten sie sich häufig nur über die in den Bergwerken entwickelte Kunstsprache Fanakolo, eine Mischung aus Afrikaans, Englisch und isiZulu mit vereinfachter Syntax. Dort entstanden neue Liedformen und Tänze, wie der *gumboot dance* (*isicathulo*): Bergwerksarbeiter verständigten sich unter Tage durch rhythmisches Schlagen mit den Händen auf ihre Gummistiefel, durch Aufstampfen und Kettenrasseln. Daraus wurde eine Tanzform entwickelt.

Neben afrikanischem Bier (aus Getreide), *skokiaan* (Alkoholikum auf Hefebasis) und *dagga* (Haschisch) ermöglichten Musik und Tanz Schwarzen eine vorübergehende Flucht aus bedrückenden Lebensumständen. Der in den 1950er Jahren in den Johannesburger Townships wirkende anglikanische Priester und Apartheidgegner Trevor Huddleston sammelte Geld und Instrumente, um mit großem Erfolg eine *African Jazz Band* aufzubauen.

In den Städten wurde das schwarze Musikleben von der angloamerikanischen Unterhaltungsmusik beeinflusst. In den *shebeens* (Kneipen) entstand nach dem Zweiten Weltkrieg als Mischform mit dem Swing die *Kwela*-Musik mit ihrem typischen näselnden Flötenklang, gespielt auf einer einfachen Zinnflöte *(pennywhistle)*. Ein Oberbegriff für alle Mischformen der 1940er und 1950er Jahre mit Jazzelementen ist *Mbaqanga*. Als bekannteste Vertreter gelten Lemmy Mabaso und Miriam Makeba.

Der südafrikanische Jazz entwickelte sich ab den 1960er Jahren vorwiegend in der Emigration. Die führenden Künstler, wie der Pianist und Komponist Dollar Brand (alias Abdullah Ibrahim nach seiner Konversion), der Trompeter Hugh Masekela, der Posaunist und Komponist Jonas Gwangwa und die Sängerin Miriam Makeba, kehrten dem Apartheidstaat den Rücken. Bekanntester in Südafrika verbliebener Jazzmusiker war der Gitarrist Philip Tabane. Bis heute ist Jazz sehr populär. Als Hochburgen gelten Johannesburg (mit dem legendären Klub „Kippies" im *Market Theatre*) und Kapstadt.

In den 1960er und 1970er Jahren modernisierte sich die Unterhaltungsmusik zum *South African Pop* und *South African Rock*. Lange Zeit spiegelte die Musikszene die rassische Trennung wider: Popgruppen wie *Four Jacks and a Jill* und Rockbands wie *The Radio Rats* und *The Gereformeerde Blues Band* (in Afrikaans) spielten für ein weißes Publikum, afrikanische Gruppen wie *The Soul Brothers* und Sänger wie die „Township Madonna" Brenda Fassie, Sello „Chicco" Twala, Yvonne Chaka Chaka und Thandiswa Mazwai für schwarze Zuhörer. Ein früher Grenzgänger zwischen den Welten war der aus England eingewanderte Komponist, Gitarrist, Sänger und Tänzer Johnny Clegg. 1969 gründete er mit Sipho Mchunu die erste gemischtrassige Band *Juluka*. Clegg vermischte traditionelle Zulu-Musik mit weißem Folk, Pop und Rock. Für südafrikanischen Reggae steht der 2007 bei einem Raubüberfall erschossene Sänger und Gitarrist Lucky Dube.

Der schwarze Freiheitskampf brachte politische Kampf- und Spottgesänge hervor sowie *toyi toyi*, einen ekstatischen Tanz. Er ist durch spontanes Stampfen und Sprechchöre wie *„amandla – awethu!"* (Macht – für uns!) charakterisiert.

In den Townships wurden Pop und Rock in den 1990er Jahren durch *Kwaito* abgelöst. Nordamerikanischer Hip-Hop verbindet sich hier mit afrikanischen Rhythmen. Gesungen wird im Straßen-

Miriam Makeba („Mama Afrika"), geboren 1932 bei Johannesburg, wurde von ihrer Mutter, einer Heilerin, in Kultur und Traditionen der Xhosa unterwiesen und arbeitete zunächst als Krankenschwester. Von Harry Belafonte zu einer Tournee in die USA eingeladen, wurde der politischen Aktivistin 1960 die Wiedereinreise untersagt. 1963 forderte sie vor der UNO den Boykott Südafrikas und schwor, erst nach dem Ende der Apartheid heimzukehren. John F. Kennedy, Haile Selassie und Fidel Castro luden sie ein. 1967 kreierte sie mit ihrem Lied *Pata Pata* einen neuen Tanzhit. 1968 heiratete sie den radikalen US-Bürgerrechtler Stokely Carmichael und lebte mit ihm in Guinea. 1975 erschien ihr bekanntes Album *The Promise*. 1987 nahm sie an der von Paul Simon organisierten *Graceland*-Tournee teil. Nach dem Machtwechsel kehrte Miriam Makeba in ihre Heimat zurück und unternahm eine „Tournee der Hoffnung" für das neue Südafrika. 2005 erklärte sie ihren Bühnenabschied.

slang, die Themen der Lieder drücken häufig den Zorn einer perspektivlosen Jugend aus.

Eine große Anhängerschaft hat heute auch Gospelmusik. Chöre wie der *Soweto Gospel Choir* lösen auf heimischen wie internationalen Bühnen Begeisterung aus. Bekannteste Gospelsängerin ist Rebecca Malope. Sie erzielt zurzeit die größten Verkaufszahlen aller heimischen Musiker. Die Nachwuchssängerin Simphiwe Dana verbindet traditionelle Gospel- und Choralmusik mit Jazz und Soul zu einem charakteristischen Mix. Kommerzielle Musicals, die aus der afrikanischen Musik schöpfen, wurden Welterfolge, z. B. 1959 das legendäre Jazzmusical *King Kong* von Todd Matshikiza, eine südafrikanische *West Side Story*. Bekanntester Musical-Komponist ist heute Mbongeni Ngema: *Sarafina* (1988) wandte sich gegen die Apartheid; *Magic at 4 AM* (1993) thematisierte die Überwindung der Konflikte zwischen Zulu und Xhosa; *Sarafina 2* (1997) setzte sich mit der HIV/Aids-Problematik auseinander.

In der Unterhaltungsmusik begegnen sich heute unterschiedlichste Formen, Richtungen und Kulturen. So wäre es vor einigen Jahrzehnten noch undenkbar gewesen, dass Dozi, ein weißer Musiker, mit Liedern auf isiZulu Erfolge feiert und schrille afrikaanse Liedermacher wie Jennifer Ferguson oder Johannes Kerkorrel ihre Eltern schockieren. Mit seinem trotzigen Lied und Musikvideo über den Burenheld General Koos de la Rey verhalf der Folksänger Bok van Blerk 2006 der afrikaanssprachigen Jugend zu neuem Selbstgefühl. Erfolgreichster Liedermacher ist momentan Steve Hofmeyr, der auf Englisch und Afrikaans singt.

Bei den Kapmischlingen gelten die Kapmalaien als besonders musikalisch. Ein bekanntes traditionelles Lied ist *Daar kom die Alabama*, das an eine historische Begebenheit erinnert: den Besuch des konföderierten Kriegsschiffes „Alabama" 1863 im Hafen von Kapstadt während des US-Bürgerkrieges. Jeweils am ersten und zweiten Tag eines neuen Jahres findet der *Coon Carneval* statt. Er erinnert an die Sklavenbefreiung und ähnelt dem *Mardi Gras* von New Orleans: Bunt kostümierte Kapmischlinge paradieren durch die Straßen, singen Lieder und geben Sketche zum Besten.

Auch die klassische europäische Musik hat in Südafrika ihren Platz. Schon zehn Jahre nach ihrer Uraufführung in Berlin wurde 1831 als erste Oper Carl Maria von Webers *Freischütz* in Kapstadt aufgeführt. In den großen Städten wurden Musiktheater mit Opern-, Operetten- und Ballettprogramm begründet. Sänger und Sängerinnen wie Deon van der Walt, Mimi Coertse und Emma Renzi sind international bekannt geworden. Auch das klassische Musiktheater wagt Experimente – so verlegten der Regisseur Michael Williams und der Librettist Hal Shaper 1998 an der Kapstädter Oper Giacomo Puccinis *La Bohème* in das Soweto der 1970er Jahre. Sibongile Mngoma als Mimi brachte das Publikum zu Beifallsstürmen. Das wichtigste klassische Orchester ist das in Pretoria und Johannesburg spielende *National Orchestra*.

Zu einem internationalen Botschafter Südafrikas wurde das *Soweto String Quartet*. Die stets im Zebramuster gekleideten Künstler aus Soweto spielen das klassische Repertoire, aber auch Jazz, Popmusik, Volksmusik, Freiheitslieder und natürlich das bekannte *Nkosi Sikelel' iAfrika* (Gott behüte Afrika). Das 1897 von einem Missionslehrer komponierte, getragene Lied ist eigentlich unpolitisch. Nach dem Zweiten Weltkrieg wurde es zur Freiheitshymne der schwarzen Südafrikaner. 1994 erklärte die Übergangsregierung *Nkosi Sikelel' iAfrika* zusammen mit der bisherigen *Stem van Suid-Afrika* (Ruf Südafrikas) zur Nationalhymne. 1996 wurden beide Lieder zu einer hybriden Hymne zusammengefasst. Die Sprache wechselt von isiXhosa zu isiZulu, Afrikaans und schließlich ins Englische.

Schwarze Literatur

Reginald Dhlomo und Solomon Plaatje verfassten die ersten von Schwarzen geschriebenen Romane: *An African Tragedy* (1929) bzw. *Mhudi* (1930). In den 1970er und 1980er Jahren ließen Lyriker wie Wally Serote, Dennis Brutus, Sipho Sepamla, James Matthews, Mafika Gwala und Ingoapele Madingoane aufhorchen. Sie ignorierten literarische Konventionen und mischten mitunter verschiedene Sprachen. Ihr Kristallisationspunkt war das 1978 gegründete *Staffrider Magazine*. Zahlreiche schwarze Autoren veröffentlichen heute in der englischen Sprache, da sie den größten Absatzmarkt verspricht.

Die ersten gedruckten Werke in Bantu-Sprachen waren die Bibelübersetzungen in Setswana (1857), isiXhosa (1859) und isiZulu (1883), religiöse Werke und Schulbücher. Seit den 1930er Jahren ist ein entwickelter Literaturbetrieb in mindestens vier afrikanischen Sprachen zu konstatieren.

Eine große Rolle bei der Selbstfindung spielten Zeitungen wie *Izwi laBantu* (ab 1897 in isiXhosa) und *Ilanga laseNatala* (ab 1903 in isiZulu). Letztere wurde von John Langibalele Dube herausgegeben, einem bedeutenden Literaturpionier und Mitgründer des ANC. Ein Motor des Kulturschaffens war die 1951 von Weißen gegründete Zeitschrift *African Drum*. Sie veröffentlichte Kurzgeschichten schwarzer Autoren, so z. B. die sozialkritischen Township-Geschichten von Es'kia Mphahlele.

Ab Ende der 1950er Jahre flüchtete eine ganze Generation schwarzer Künstler ins Exil. Auch diese Erfahrung fand ihren Niederschlag, z. B. im Roman *Road to Ghana* (1960) des ANC-Aktivisten Alfred Hutchinson. Zahlreiche Autobiographien entstanden in jener Zeit, so Mphahleles Memoiren *Down Second Avenue* (1959).

Alternative Kulturfestivals fanden im Exil statt, z. B. 1987 das *Another South Africa Festival and Conference* in Amsterdam mit 300 südafrikanischen Künstlern. Der ANC-Aktivist Albie Sachs hob den Stellenwert der Kultur im Befreiungskampf hervor, forderte nach dem Eintritt politischer Entspannung aber auch eine Befreiung der Kunst von den Fesseln der Politik. Seit 1994 ist zu beobachten, dass die Mehrzahl der Künstler eine unabhängige Position anstrebt. Vielversprechende junge Autoren sind die kraftvolle Lyrikerin Lebogang Mashile, der Prosaschriftsteller und Dramatiker Zakes Mda (*Ways of Dying*, 2002) oder Niq Mhlongo, der in seinem Roman *Dog Eat Dog* (2007) die jugendliche *Kwaito*-Szene porträtierte. Neue Themen wie Fremdenhass, HIV/Aids, Arbeitslosigkeit, Homosexualität lösen die bisherige Fixierung auf den Rassenkonflikt ab.

Afrikaanse und englische Literaturtradition

Die Buren in der britischen Kapkolonie entdeckten im ausgehenden 19. Jahrhundert ihre Sprache und Kultur, die zur Grundlage nationaler Identität wurden. Kristallisationsfigur war der Prediger und Schriftsteller Stephanus Johannes du Toit („Totius"). Volkslieder, wie das wehmütige Liebeslied *My Sarie Marais is so ver van my haart*, wurden gesammelt, *volksspeeler* pflegten die traditionellen Voortrekker-Trachten, Tänze und Spiele.

Das Afrikaans entwickelte sich zu einer Literatursprache. Insbesondere die Lyrik mit Autoren wie Jan F. E. Celliers, Nicolaas Petrus van Wyk Louw, Uys Krige ist mit hervorragenden literarischen Zeugnissen vertreten. Zu den begabtesten und zugleich schillerndsten Vertretern der jüngeren Generation gehört der Lyriker und Romancier Breyten Breytenbach, der eine Vietnamesin heiratete und ins Pariser Exil ging. Dort war er an der Gründung der von Weißen getragenen ANC-Sektion *Okhela* beteiligt. Als er 1975 verkleidet nach Südafrika zurückkehrte, um Sabotageakte durchzuführen, wurde er verhaftet und war sieben Jahre lang in Haft. Diese Zeit verarbeitete er in dem Roman *Wahre Bekenntnisse eines Albino-Terroristen* (1984), einer Schilderung aus erster Hand über die Brutalität in südafrikanischen Gefängnissen.

Altmeister der afrikaansen Prosa ist der Schriftsteller, Essayist und Satiriker Cornelis Jacobus Langenhoven (1873–1932). Die literaturreformerische Bewegung der *Sestiger* löste sich in den 1960er Jahren von der realistischen Tradition und suchte nach neuen Ausdrucksmöglichkeiten. Regimekritische Töne waren erst relativ spät, ab Mitte der 1970er Jahre, zu hören. International bekannt wurde André Brink, der sich mit der südafrikanischen Geschichte und der Rassenproblematik auseinandersetzte und 1987 mit seiner Teilnahme am Dialog mit ANC-Vertretern in Dakar Empörung bei seinen Landsleuten auslöste. Werke sind u. a. die Romane *Ein Augenblick im Wind* (1975) und *Weiße Zeit der Dürre* (1979). Andere, weniger politische Schriftsteller wie Dolf van Niekerk und Chris Barnard schrieben ebenfalls bedeutende Werke, fanden aber nicht die gleiche internationale Beachtung.

Seit den 1980er Jahren hat sich eine junge afrikaanse Kulturszene formiert, die sich von den Belastungen der Apartheid befreien will. Sie sucht auch den lange unterbundenen Brückenschlag zur afrikaansen Kultur der Kapmischlinge. Ein Beispiel ist die Lyrikerin und Prosaschriftstellerin Antjie Krog. International bekannt wurde sie durch ihre auf Englisch verfasste Aufarbeitung der Wahrheits- und Versöhnungskommission (*Country of my Skull*, 1999, verfilmt 2004 von dem britischen Regisseur John Boorman mit Juliette Binoche in der Hauptrolle).

Einer der bekanntesten afrikaanssprachigen Schriftsteller ist heute Deon Meyer. Seine in Kapstadt spielenden Kriminalromane wurden in zahlreiche Weltsprachen übersetzt. Meyers Bücher zeichnen sich durch präzise Milieuschilderungen und vielschichtige, wirklichkeitsnahe Charaktere aus.

Die Literatur der Kapmischlinge stand lange im Schatten der burischen. Ursprünglich schrieben sie in Hochafrikaans. Jüngere Autoren wie Adam Small (Theaterstück *Kanna hy ko hystoe*; 1965) griffen zur eigenen charakteristischen Mundart.

Anglo-südafrikanische Schriftsteller wurden im 19. und frühen 20. Jahrhundert formal von der britischen Mutterkultur beeinflusst, wandten sich aber landesspezifischen Themen zu. Der bekannteste südafrikanische Roman jener Epoche ist *Jock of the Bushveld* (1907) von Sir James Percy Fitzpatrick. Der Hauptfigur, einem Hund, wurde sogar ein Denkmal gesetzt. Bemerkenswerte Autorinnen waren die bekennende Sozialistin und Frauenrechtlerin Olive Schreiner (Roman *The Story of an African Farm*, 1883,

Nadine Gordimer (geb. 1923 in Springs bei Johannesburg) holte 1991 erstmals den Nobelpreis für Literatur nach Südafrika. Die Tochter eines litauisch-jüdischen Uhrmachers und einer Engländerin schildert in ihren Kurzgeschichten und Romanen die Verwerfungen der Gesellschaft vor dem Hintergrund rassischer Diskriminierung. Beherrschende Themen sind Schuld und Versagen, Feigheit und Lüge. Offen nimmt sie Partei und will radikal, nicht liberal sein. Die aus begüterten Verhältnissen stammende Autorin trat früh dem ANC bei und sieht sich  als „Tendenzschriftstellerin" in der Tradition von Tolstoi und Dickens. In ihrer Preisrede meinte sie: „Erst viele Jahre später wurde mir klar, dass ich, wäre ich ein Kind aus jener Klasse – der Schwarzen – gewesen, wahrscheinlich gar nicht Schriftstellerin geworden wäre, da die Bücherei, die es mir ermöglichte, keinem schwarzen Kind zugänglich war."

sowie zahlreiche Kurzgeschichten), Pauline Smith (*The Beadle*, 1926; Kurzgeschichtensammlung *The Little Karoo*, 1925) und Sarah Gertrude Millin (Kurzgeschichten). Der Bure Herman Charles Bosman beschrieb in seinen mit trockenem Humor gewürzten, zumeist auf Englisch verfassten Kurzgeschichten dramatische Episoden der Burenkriege sowie das einfache Leben im ländlichen Westtransvaal (Anthologien *Mafeking Road*, 1947; *Unto Dust*, posthum 1963). Geschichtsromane für ein breites Publikum verfassten Stuart Cloete und Wilbur Smith. Die bekanntesten Lyriker sind Roy Campbell und William Plomer, die in der Mitte des 20. Jahrhunderts wirkten.

Die Rassenproblematik spiegelt sich in den Theaterstücken von Athol Fugard, in der Prosa von Alan Paton (*Cry, the Beloved Country*, 1948; Kurzgeschichtensammlung *Debbie Go Home*, 1961) und in den Romanen der Nobelpreisträger Nadine Gordimer (*Gutes Klima, nette Nachbarn*, 1986; *Burgers Tochter*, 1990;

Fremdling unter Fremden, 1990) und Johann M. Coetzee wider. Als erster Schriftsteller überhaupt erhielt Coetzee zweimal den *Booker Prize* (1983 und 1999); 2003 wurde er mit dem Nobelpreis für Literatur ausgezeichnet. Charakteristisch für diesen Schriftsteller ist die prägnante, geradezu kalte Sprache. *Warten auf die Barbaren* (1980) gehört zu seinen bekanntesten frühen Romanen. Am Beispiel einer militarisierten Grenzstadt in einem fiktiven Reich thematisiert er die Brutalisierung der Gesellschaft bei der Verteidigung der Apartheid. Zum weltweiten Bestseller wurde der Roman *Schande* (1999), in dem Coetzee einerseits allgemein-menschliche Themen wie das Verhältnis zwischen Mann und Frau, andererseits Probleme des neuen Südafrika wie Vergangenheitsbewältigung, soziale Spannungen, Gewaltkriminalität aufgreift. Der Autor lebt heute in Australien.

Bekannte junge Autoren sind die Lyrikerin Finuala Dowling, die Coetzee-Schülerin Henrietta Rose-Innes (Roman *The Shark's Egg*, 2000) oder Consuelo Roland, die 2006 mit ihrem Erstlingsroman *The Good Cemetery Guide* über eine skurril Kapstädter Doppelexistenz – einen Leichenbestatter und Gitarristen – Furore machte.

Lebendige Theaterlandschaft

Die Bandbreite des Sprechtheaters reicht von indigenem Drama über Kabarett und Unterhaltungsstücke bis hin zum klassischen Repertoire. Bereits 1783 spielten französische Söldner den *Barbier von Sevilla* von Beaumarchais in Kapstadt. Im Jahr 1801 eröffnete dort das erste permanente Theater in englischer Sprache. Seit den 1940er Jahren werden Bühnen staatlich subventioniert. In der größten Theaterstadt Johannesburg finden sich heute über ein Dutzend staatliche und kommerzielle Sprechbühnen.

Zu Beginn des 20. Jahrhunderts setzte eine afrikaanse Theatertradition ein. Uys Krige wurde mit dem Drama *Alle Wege führen nach Rom* (1949) bekannt und trat mit afrikaansen Shakespeare-Übersetzungen hervor. Die *Sestiger* rezipierten neue Formen des experimentellen und absurden Theaters. Besonders bekannt wurden auch in diesem Bereich die Werke von André Brink und Chris Barnard.

Seit Mitte der 1920er Jahre entwickelte sich eine schwarze Theatertradition in drei Richtungen: kommerzielles Theater, das Stücke weißer Autoren für Schwarze aufführte; europäisches Theater, das von schwarzen Theatergruppen umgesetzt wurde; genuin schwarzafrikanisches Theater. Wanderbühnen spielen eine große Rolle. Zu den ersten Schauspielertruppen zählten die *Methethwe Lucky Stars* (1929) und die *Bantu Dramatic Society* (1932). Als Vater des schwarzen Theaters gilt Gibson Kenle, er inspirierte zahlreiche Autoren. Das Stück *The Unfaithful Woman* (Die untreue Frau) des Autors Sam Mhangwani lief in Soweto über 20 Jahre lang. In der Apartheid-Ära wurden bedeutende schwarze Dramatiker wie Lewis Nkosi, Nat Nakasa und Bloke Modisane von staatlichen Bühnen ausgeschlossen. Im Untergrund hatten die Agitpropstücke der „Schwarzen Bewusstseinsbewegung" große Erfolge. Ein internationaler Hit wurde 1981 *Woza Albert!* von Mbongeni Ngema, Percy Mtwa und Barney Simon. Der Titel bedeutet „Stehe auf, Albert!", womit auf den ANC-Führer Albert Luthuli angespielt wurde. Die politische Komödie zeigt die Wiederkehr von Jesus Christus im Apartheid-Südafrika.

Autoren und Regisseure hatten mit der Zensur zu kämpfen und beschränkten sich häufig auf das klassische Repertoire und auf Unterhaltungsstücke. Die Ehre des südafrikanischen Theaters rettete das 1976 eröffnete, multirassische *Market Theatre* in Johannesburg unter Leitung des Schauspielers John Kani.

Als größter südafrikanischer Dramatiker gilt Athol Fugard, der es vom Automechaniker, Schauspieler, Journalisten, Studenten, Matrosen und Gerichtsschreiber zum Schriftsteller brachte. Er arbeitete mit schwarzen Schauspielern und thematisierte die Konflikte der Apartheidzeit; gleichzeitig griff er grundlegende Probleme der menschlichen Existenz auf. Sein Identitätsdrama *Sizwe Bansi ist tot* (1972) und das Zwei-Personen-Gefängnisstück *Die Insel* (1973) machten ihn weltbekannt. Vom sozialen Realismus kommend, wandte sich Fugard ab Mitte der 1970er Jahre dem poetischen Symbolismus zu. In jüngsten Stücken wie *Valley Song* (1995) und *The Captain's Tiger* (1998) ließ er autobiographische Elemente einfließen und thematisierte die Figur des Schriftstellers.

Berühmtester Kabarettist ist Pieter-Dirk Uys, dessen deutsch-jüdische Mutter einst aus Berlin nach Südafrika emigrierte. Er schuf die Kunstfigur „Evita Bezuidenhout, südafrikanische Botschafterin im Homeland Bapetikosweti" und geißelte weltweit das Apart-

In einer früheren Johannesburger Markthalle wurde 1976 das unabhängige, multirassische Market Theatre *eröffnet*

heidsystem mit beißendem Spott. Uys schrieb auch bekannte satirische Komödien.

Mit dem Ende der Apartheid durchlief das Theater eine Identitätskrise. Bisherige Themen wurden obsolet, und mit der zunehmenden Gewaltkriminalität verödeten die Innenstädte, in denen viele Theater angesiedelt sind. Junge Schriftsteller und Schauspieler wandten sich dem Fernsehen und der Werbung zu. Doch gibt es Anzeichen für eine Renaissance. Das *Market Theatre Laboratory* und das *Johannesburg Youth Theatre*, das *Cape Town Theatre Lab* und *The Warehouse* machen mit experimentierfreudigen Stücken junger Talente von sich reden. Auszeichnungen erhielten u. a. Rajesh Gopie mit seinem virtuosen, im indischen Milieu spielenden Verwandlungsstück *Out of Bounds* (1999; Gopie spielt darin 28 verschiedene Rollen), Fiona Coyne mit ihrer Identitätskomödie *Glass Roots* (2000) oder Mark Lottering mit seinen Ein-Personen-Shows. Auch in entlegenen Provinzen entwickelt sich eine Theaterszene.

Filmland Südafrika

Nach 1994 wurde Südafrika, in Sonderheit Kapstadt, zu einem weltweit geschätzten Drehort für Film- und Fernsehproduktionen sowie Foto-Shootings. Vorteile sind das milde Klima, die preiswerten Produktionsbedingungen, die gut entwickelte Infrastruktur, die grandiosen Landschaften, nicht zuletzt auch der hohe Unterhaltungswert für die Mitwirkenden. Vom Werbespot über Dokumentarfilme und TV-Serien bis hin zu abendfüllenden Spielfilmen entstehen am Kap alle Genres. Häufig erhält Südafrika den Zuschlag, wenn eine Produktion andernorts in Afrika zu aufwändig oder riskant wäre, z. B. bei *Hotel Ruanda* (2004) oder bei dem in Sierra Leone spielenden Hollywood-Film *The Blood Diamond* (2006) mit Leonardo di Caprio. Nahezu alle Handlungsorte können am Kap simuliert werden. So bekämpften sich dort Siegfried und Hagen in dem 20-Mio.-Euro-Film *Die Nibelungen* (2004) des Hollywood-Regisseurs Uli Edel.

Das internationale Engagement gab der heimischen Filmindustrie Aufschwung. Finanzielle Unterstützung kommt von der staatlichen *Industrial Development Corperation* (IDC). Erstmals wurde 2005 mit *Yesterday* eine südafrikanische Produktion für einen Oscar in der Kategorie „Bester ausländischer Film" nominiert. Der Regisseur und Drehbuchautor Darrell J. Roodt erzählt die Geschichte einer jungen Mutter, die entdeckt, dass ihr Mann sie mit HIV infiziert hat. Im Folgejahr holte der nach einem Roman von Athol Fugard entstandene Film *Tsotsi* (2006) von Gavin Hood den ersten Oscar nach Südafrika. Ein 19-jähriger Township-Gangster wird nach einem Autodiebstahl mit einem schreienden Baby auf dem Rücksitz konfrontiert, worauf sein Leben eine dramatische Wende nimmt. Beide Filme waren auf isiZulu gedreht worden – eine Novität.

Das Land ist stolz auf seinen internationalen Star Charlize Theron, die 2004 für ihre Darstellung einer Serienmörderin in dem Hollywood-Film *Monster* (2003) den Oskar für die beste weibliche Hauptrolle bekam.

Festivals sind wichtige Marktplätze der Kunst. Die Filmwelt trifft sich zum Jahresende in Kapstadt beim Film- und Fernsehmarkt *Sithengi* und dem begleitenden *Cape Town World Film Fes-*

tival. Das größte Kulturfestival des Landes, das jeden Juni stattfindende *Grahamstown Arts Festival* im Ostkap, entwickelt sich zu einer Begegnungsstätte verschiedenster Kulturformen. Hier sind alle darstellenden Künste vertreten. Im Bereich der Musik zählt der jährliche Wettstreit *International Roodepoort Eisteddfod* zu den wichtigsten Ereignissen.

Journalismus zwischen Anpassung und Engagement

1824 erschien in der Kapkolonie die erste private Tageszeitung; 1884 folgte das erste afrikanische Blatt *Imvo Zabantsundu* (Afrikanische Stimme). Berühmt wurden in den 1950er Jahren die für das schwarze Publikum publizierten Organe *African Drum* und *Golden City Post*. Doch schränkte der Staat die Pressefreiheit immer mehr ein. Afrikaanssprachige Zeitungen praktizierten weitgehende Loyalität; kritische englischsprachige Blätter wie die *Rand Daily Mail* oder der *Sowetan* (ab 1988 unter Leitung des engagierten schwarzen Journalisten Aggrey Klaaste) loteten die Grenzen des Möglichen aus.

Nach 1994 hat sich die Zahl der Zeitungen stark vermehrt, doch sind sie heute im Besitz weniger Konzerne und unterscheiden sich kaum. Die journalistische Qualität hat nachgelassen, nur wenige Blätter wie die liberale *Mail & Guardian* ragen heraus. Hier erscheint auch der Kultcartoon *Madame & Eve*: Aus der Perspektive einer weißen Mittelschichts-Südafrikanerin und ihres schwarzen Hausmädchens kommentieren die Zeichner Stephen Francis und Rico Schacherl satirisch die Alltagsprobleme des neuen Südafrika. Vielfach ausgezeichnet wurde der Karikaturist Zapiro (alias Jonathan Shapiro). In den 1980er Jahren hatte er die UDF unterstützt. Schonungslos geißelt er heute die Fehler und Versäumnisse der neuen Mächtigen.

Die *South African Broadcasting Corporation* (SABC) war eine zentrale Säule der Apartheid. Das Medium Radio ermöglichte aber auch alternative Information bei ausländischen Stationen. Seit den 1990er Jahren sind zahlreiche private Sender hinzugekommen, vor allem im Radiobereich. Die SABC wurde einem langdauernden Umstrukturierungsprozess unterzogen. Heute betreibt die staatliche Sendeanstalt vier TV- und 18 Radiokanäle. Viele schwarze

Südafrikaner haben bis heute kein Fernsehen, besitzen nicht einmal einen Stromanschluss. Ein Verkaufshit war daher in den 1990ern ein manuell aufziehbares Radio.

Der Gebrauch des Internets nimmt zu: 2001 besaßen 8,5 % der Südafrikaner einen Computer, 2007 waren es bereits 15,7 %. Rasant vermehren sich Mobiltelefone: Der Nutzeranteil stieg in diesem Zeitraum von 32,3 % auf 72,9 % an.

Sport – wichtiges Medium der Integration

Südafrika ist ein sportbegeistertes Land. 1908 holte „Reggie" Walker bei den Olympischen Spielen in London mit 10,8 Sekunden im 100-Meter-Lauf die erste Goldmedaille nach Südafrika. Gary Player war zwischen 1955 und 1982 einer der weltweit erfolgreichsten Golfprofis. Die grandiose Natur ermöglicht zahlreiche Sportarten unter freiem Himmel: Wandern, Bergsteigen, Leichtathletik, Wassersport, Reiten, Fahrradfahren, Tennis, Golf, Drachen- und Segelfliegen. Von schulischen Ausbildungsstätten über Trainingszentren bis hin zu Wettkampfanlagen ist die Infrastruktur gut ausgebaut.

Bei den Mannschaftssportarten offenbaren sich bis heute kulturelle Unterschiede und Nachwirkungen der Rassentrennung: Buren spielen traditionell Rugby, Anglo-Südafrikaner Kricket, schwarze Südafrikaner Fußball. „Weiße" Sportarten wurden früher großzügig gefördert. Hingegen mussten sich schwarze Südafrikaner auf Disziplinen wie Fußball und Boxen konzentrieren, die ohne großen Aufwand zu praktizieren waren. Schneller als im Amateurbereich weichen diese Unterschiede im Profisektor auf.

Von 1964 bis 1992 wurde der südafrikanische Sport wegen der Apartheidpolitik boykottiert. Seine Mannschaften waren in den meisten Sportarten von internationalen Wettbewerben ausgeschlossen. Diese Strafmaßnahme traf die sportbegeisterten weißen Südafrikaner stärker als sonstige Sanktionen.

Heute ziehen Regierung und Verbände an einem Strang, um Angehörige früher benachteiligter Bevölkerungsgruppen an alle Sportarten heranzuführen. Bei Auswahlmannschaften wurde begonnen, Minimalquoten einzuführen. Solche dem Leistungsprinzip widersprechenden Maßnahmen sind freilich heiß umstritten.

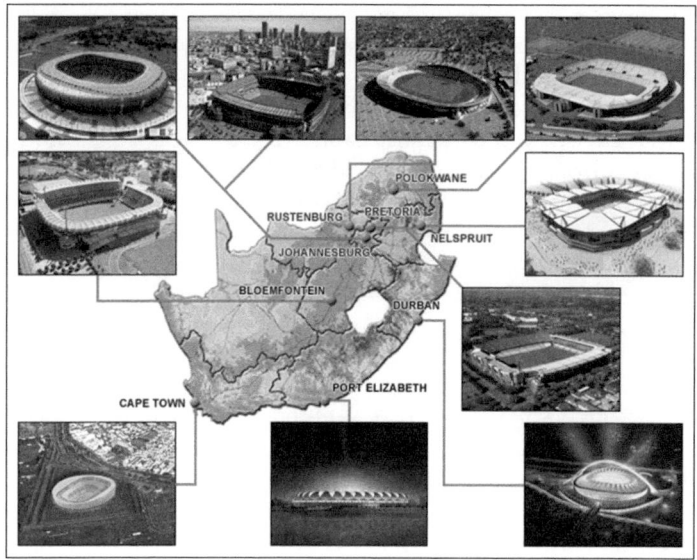

Die Stadien der Fußballweltmeisterschaft 2010

Sport leistet einen wichtigen Beitrag bei der Überwindung rassischer, sozialer, kultureller und sprachlicher Barrieren. Südafrikaner aller Bevölkerungsgruppen bejubelten 1996 bei den Olympischen Spielen in Atlanta die Goldmedaillen des schwarzen Marathonläufers Josiah Thugwane und der burischen Schwimmerin Penny Heyns. 1995 trug Nelson Mandela zur Rugby-Weltmeisterschaft in Südafrika demonstrativ das Springbok-Trikot der siegreichen Nationalmannschaft, obwohl fast alle Spieler weiß waren. Mandela und Mbeki sehen sportliche Großereignisse, aber auch internationale Tagungen wie die Weltkonferenz gegen Rassismus (2001 in Durban) und den Weltgipfel für Nachhaltige Entwicklung (2002 in Johannesburg) als Katalysatoren für einen neuen Patriotismus sowie für internationale Aufmerksamkeit.

Sport kann auch die Integration von Randgruppen unterstützen. Entwurzelte Jugendliche bauen im Wettkampf Aggressionen ab, praktizieren Disziplin und Fairness, gehen in Vereinen soziale Bindungen ein und erkennen am Beispiel von Spitzensportlern, dass

Außenseiter durch Leistung aufsteigen können. Damit soll im gewaltgeplagten Südafrika ein Abrutschen in Kriminalität und Drogenkonsum verhindert werden.

Fußball wird ganz groß geschrieben. Begeistert verfolgen Millionen schwarzer Südafrikaner samstags die Spiele der Profiliga *South African Premier League*. Mit *makarapa* (Bergarbeiterhelm in Vereinsfarben) und *vuvuzela* (Plastiktrompeten) ziehen die Fans in die Stadien, um ihre *bafana* (Jungens) anzufeuern und auf ein *laduma* zu warten (Tor; wörtlich in isiZulu: „es donnert"). Die Stars Jomo Sono und Kaizer Motaung bauten nach ihrer Rückkehr aus den USA in Johannesburg die Spitzenmannschaften *Jomo Cosmos* und *Kaizer Chiefs* auf.

Ein nationales Leitprojekt ist die für 2010 nach Südafrika vergebene Fußballweltmeisterschaft. 400000 Besucher werden erwartet, Milliarden Menschen werden die Spiele am Fernsehen verfolgen. Anstelle von Bürgerkriegen und Katastrophen soll ein positives, friedliches Bild von Afrika entstehen. Ein solches Großereignis kann das Wirtschaftswachstum ankurbeln und zahlreiche neue Arbeitsplätze schaffen. Zehntausende zusätzliche Polizisten und private Sicherheitskräfte sollen die Sicherheit der Besucher gewährleisten. Vier neue Fußballstadien wurden gebaut, sechs bestehende modernisiert sowie Flughäfen, Straßen, Eisenbahnen und Datenverbindungen ausgebaut. Von diesen Errungenschaften sollen die Kaprepublik und ihre Nachbarn auch nach dem Ende der Weltmeisterschaft profitieren. Durch bezuschusste Eintrittskarten und Übertragung der Spiele auf Großbildleinwände werden auch sozial schwache Südafrikaner an dem Großereignis teilnehmen können.

Allerdings sind noch bedeutende Hürden zu überwinden. Kapstadt war 1997 mit seiner Bewerbung um die Olympischen Sommerspiele 2004 nicht zuletzt wegen Bedenken in puncto Infrastruktur und Sicherheit gescheitert. Ein landesweites Ereignis wie eine Fußballweltmeisterschaft ist eine weit größere Herausforderung. Der Stadionbau hinkte 2008 hinter dem Zeitplan her und hatte mit Fachkräftemangel, Materialengpässen und Stromausfällen zu kämpfen. Für den Transport von Hunderttausenden Besuchern muss eine Verkehrsinfrastruktur aus dem Boden gestampft werden, und die Fortschritte bei der Reduzierung der Gewaltkriminalität waren bislang marginal. Ein Warnruf war im November 2007 der Raubmord an einem früheren österreichischen Fußballprofi, der zur stark bewachten Auslosung der Weltmeisterschaftsbegegnungen nach Durban eingeladen worden war. Das Großereignis ist Chance und Risiko zugleich. Organisatorische Pannen und Gefahr für Leib und Leben der Besucher würden das Vertrauen in Südafrika nachhaltig erschüttern.

Spezialitäten der südafrikanischen Küche

babotie	gegrilltes Lammhackfleisch mit Curry (kapmalaiisch)
biltong	getrocknetes gepökeltes Fleisch vom Rind oder Wild
boerewors	mit Koriander, Gewürznelken, Thymian und Salbei gewürzte Grillwurst
kingklip	gegrillter südafrikanischer Kabeljau
koeksisters	in Fett gebackene Teigstreifen, die nach dem Backen in Sirup getaucht werden
mieliepap	Maisbrei (burisch und schwarzafrikanisch)
smoorvis	getrockneter gepökelter Fisch
snoek	gegrillte oder geräucherte südafrikanische Makrele in der Kasserolle
sosaties	gut gewürzte, mit Curry versetzte, am Spieß gebratene Hammelfleischstückchen (kapmalaiisch)
waterblom-metjiesbredie	Seeroseneintopf (kapmalaiisch)

Die katholische Mission Mariannhill bei Durban

Deutsche Pioniere

Südafrika ist stark deutsch geprägt: Über 200 000 Südafrikaner haben in der Familie Deutsch gelernt, über 1 Mio. soll deutscher Abstammung sein.

Unter den etwa 120 Passagieren der niederländischen Schiffe, die am 6. April 1652 in der Tafelbucht landeten, befanden sich zahlreiche Deutsche. Paulus Petkau aus Danzig und Wilhelm Müller aus Frankfurt am Main wurden in den „Politischen Rat" berufen. Als Jan van Riebeeck 1662 das Kap verließ, wurde der aus Dresden stammende Zacharias Wagenaar sein Nachfolger als „Kommandant".

Angesichts der Verwüstungen des Dreißigjährigen Krieges nutzten viele Deutsche die Möglichkeit, sich am Kap eine neue Existenz aufzubauen. 1806 lebten hier 14 000 Deutsche. Die Kompanie nahm nur niederländische und deutsche Einwanderer auf. Lediglich bei den aus Frankreich vertriebenen Hugenotten wurde eine Ausnahme gemacht: 225 hugenottische Siedler trafen 1687/88 im Zuge der Aufhebung des Edikts von Nantes ein; Orte wie Franschhoek (Franzoseneck) im Westkap erinnern an ihre Einwanderung.

Die Kompanie verfolgte eine strikte Assimilierungspolitik: Niederländisch war die einzige Amts- und Schulsprache, der calvinistische Glaube die einzige anerkannte Konfession. Die deutschen Lutheraner durften ihren Glauben nur privat pflegen und keine Gemeinden bilden. Ausschließlich Calvinisten konnten in hohe Ämter gewählt werden. Es war deshalb nicht verwunderlich, dass die Deutschen bald ihre Sprache, Sitten und Konfession aufgaben und mit Niederländern und Hugenotten verschmolzen.

Verschiedene Gouverneure waren deutscher Herkunft, so der aus Westfalen stammende Joachim von Plettenberg. Ihm zu Ehren wurde die „Plettenberg Bay" an der Garden Route benannt: 1778 hatte er die Bucht unter die Verwaltungshoheit der Kompanie gestellt. Der Weinbauer Carl Georg Wieser aus Heidelberg kam als Soldat ans Kap. Nach seiner Entlassung heiratete er 1731 eine Kapstädterin und erwarb das berühmt gewordene Weingut Groot Constantia.

Der 1721 aus Schleswig eingewanderte Obstgärtner Andreas Schütte bepflanzte die Sanddünen am Kap und legte damit die Grundlagen für die florierende Gartenbaukultur. Deutsche Handwerker genießen wegen der Qualität ihrer Waren und Dienstleistungen bis heute einen hervorragenden Ruf.

Bei der Erforschung des Landes leisteten deutsche Botaniker, Zoologen, Mediziner, Ethnologen, Geodäten und Geographen wertvolle Beiträge. Am bekanntesten wurde der aus Ludwigsburg stammende Afrikaforscher Karl Mauch (1837–1875), der die ersten Goldfelder Südafrikas entdeckte und die erste Karte des Transvaal zeichnete. Im Jahr 1871 stieß Mauch als erster Europäer auf die spektakuläre Ruinenstadt *Great Zimbabwe* nördlich des Limpopo im heutigen Staat Simbabwe.

Auch die südafrikanische Kultur wurde von Deutschen mitgeprägt. Der Architekt Hermann Schütte aus Bremen ist einer der wichtigsten Vertreter des kapholländischen Barock. Zu großer Berühmtheit gelangte sein Zeitgenosse Anton Anreith, der 1777 aus Freiburg im Breisgau einwanderte. Der Bildhauer schuf die Löwen am Kapstädter Kastell, ein Relief für den Giebel der großen Kellerei von Constantia und die Kanzeln für die reformierte und die lutherische Kirche in Kapstadt.

Ende des 18. Jahrhunderts ging die Kompanie mehr und mehr dazu über, ausländische Soldaten zur Verteidigung anzuheuern. Denn Großbritannien hatte ein Auge auf das Kap geworfen. Dem 1782 eintreffenden Regiment des Schweizer Obersten Charles-Daniel de Meuron gehörte der junge Offizier Ludwig Yorck von Wartenburg an. 30 Jahre später sollte er als preußischer General deutsche Geschichte schreiben, als er 1812 bei Tauroggen mit den Russen eine gegen Napoleon I. gerichtete Neutralitätskonvention vereinbarte.

Ein notorischer Verkäufer von Soldaten war der württembergische Landesherr Karl Eugen. Im Jahr 1787 traf ein von ihm veräußertes Regiment am Kap ein. Von den 3200 Mann kehrten weniger als 100 in die Heimat zurück. Die Soldaten waren in diesem Fall nicht gepresst, sondern angeworben worden. Der württembergische Dichter Friedrich Daniel Schubart (1739–1791) verfasste ein wehmütiges „Kaplied", dessen erste Strophe lautet:

> Auf, auf, ihr Brüder, und seid stark,
> der Abschiedstag ist da.
> Schwer liegt er auf der Seele, schwer,
> wir sollen über Land und Meer
> ins heiße Afrika.

Die Überfahrtbedingungen waren teilweise katastrophal: Von den 219 in Europa an Bord gegangenen Soldaten des zweiten Bataillons trafen am Kap nur noch zwölf gesunde Männer ein. Unter den Soldaten waren Freunde von Friedrich Schiller. Sie brachten dessen Werke, so *Die Räuber*, in Kapstadt zur Aufführung.

Unter britischer Herrschaft wanderten Mitte des 19. Jahrhunderts rund 5000 Deutsche in die Kapkolonie ein. Gouverneur Sir George Grey hatte europäische Siedler in das frisch annektierte Grenzgebiet „British Kaffraria" gerufen, die spätere Ciskei. Teilweise handelte es sich um deutsche Söldner, die im Krimkrieg (1853–1856) in der „Britisch-Deutschen Legion" gegen Russland gekämpft hatten. Die zivilen Siedler waren kleine Handwerker, Knechte und Tagelöhner, vorwiegend aus den preußischen Provinzen Pommern und Uckermark. Schiffspassage und Grunderwerb mussten sie mühsam abzahlen und ohne größere staatliche Hilfe das Land urbar machen. Im Umkreis der Hafenstadt East London entstanden 22 deutsche Siedlungen: Berlin, Braunschweig, Frankfurt am Main, Hamburg, Potsdam, Stutterheim (benannt nach dem Generalmajor der Krimlegion Richard von Stutterheim aus Braunschweig) und andere vertraute Namen. Im Umkreis von East London wurde Deutsch zur Umgangs- und Verkehrssprache.

Anders als im 17. und 18. Jahrhundert verlernten die meisten im 19. und 20. Jahrhundert gekommenen deutschen Einwanderer ihre Muttersprache nicht mehr. Die abgeschlossenen Siedlungen und die nun zugestandene Kirchen- und Schulfreiheit wirkten einer Assimilation entgegen.

Zwischen 1878 und 1886 wurden rund 300 deutsche Siedler aus Thüringen, Sachsen, Brandenburg und der Lüneburger Heide angeworben. Ziel der Regierung war es, die versumpfte Vlakte (Sandebene) zwischen Kapstadt und Stellenbosch fruchtbar zu machen.

Bedeutender Einfluss deutscher Missionare

Die Herrnhuter Missionare hatten 1737 die Errichtung einer Station unter den Khoi-Khoi versucht, zogen jedoch 1744 wieder ab, da ihnen die Calvinisten das Taufrecht verweigerten. Im Jahr 1792 kehrten sie in die Kapkolonie zurück und konnten unter der bald

Hermannsburger Schule im Transvaal, 1890er Jahre

danach etablierten britischen Verwaltung freier arbeiten. Ihre Gründung Baviaanskloof, das den Namen Genadendal erhielt, war die erste Missionsstation in Südafrika. Die Herrnhuter Brüder legten dort Wagner- und Tischlerwerkstätten, Gerbereien, Müllereien, Bäckereien, Schmiedewerkstätten und eine prosperierende Messerfabrik an.

In den 1820er und 1830er Jahren nahmen die Rheinische und die Berliner Mission ihre Arbeit am Kap auf. Die Berliner Mission dehnte sie später auch auf das Gebiet der Burenrepubliken aus.

Die Hermannsburger Mission ging 1854 zu den Zulu nach Natal. Wie die Herrnhuter achtete sie darauf, den Eingeborenen nicht nur den christlichen Glauben, sondern auch eine christliche Lebensweise zu vermitteln. Die Hermannsburger brachten christliche Handwerker und Bauern aus ihrer Heimat mit, die den Zulu als „Missionskolonisten" durch praktische Unterweisung und tätiges Vorbild das protestantische Arbeitsethos nahebringen sollten. In Nordnatal wurden zahlreiche deutsche Ortschaften mit lutherischen Gemeinden und Schulen etabliert: Wartburg, Harburg, Lüneburg, Braunschweig, Wittenberg und andere. Unabhängig von der Mission kam es zwischen 1848 und 1858 auch zu einer Einwanderung deutscher Handwerker nach Natal. So entstanden bei Durban die Siedlungen Neu-Deutschland (New Germany) und Neu-Hannover.

Die Hermannsburger Missionssiedlungen breiteten sich bis in den burischen Transvaal aus. Nach der Entdeckung der Goldvorkommen setzte dort eine rasche Zuwanderung ein. Im Jahr 1890 lebten bereits 2000 Deutsche im Transvaal.

Katholische Missionare kamen Ende des 19. Jahrhunderts nach Südafrika. Die Mariannhiller Missionare gehorchten zunächst den strengen trappistischen Regeln. Doch eigneten sich diese nicht für die Afrikamission, weswegen ein eigener Missionsorden konstituiert wurde. Sein Stammsitz befindet sich in Würzburg, sein südafrikanisches Zentrum ist Mariannhill bei Durban. Dort sind umfangreiche Schulen und Lehrwerkstätten entstanden. Ein dichtes Netz von Missionsstationen reicht bis nach Simbabwe (das Bild auf S. 179 zeigt die Klosterkirche in Mariannhill bei Durban).

Nachkommen lutherischer Missionare gelangten in einflussreiche Stellungen. Hans Merensky, Sohn eines Berliner Missionars, wurde der bedeutendste Geologe Südafrikas und entdeckte Diamantenvorkommen am Oranjefluss und Platinlagerstätten im Transvaal. Der Missionarssohn William Philip Schreiner brachte es Ende des 19. Jahrhunderts zum Premierminister der Kapkolonie. Dr. Werner Eiselen, Sohn eines Berliner Missionars, wurde Professor für Sozialanthropologie an der Universität Pretoria und 1948 Staatssekretär für Eingeborenenfragen; er hatte wesentlichen Anteil an der Konzeption der „Getrennten Entwicklung". Dr. Wolfram Kistner, Sohn eines Hermannsburger Missionars, beschritt den entgegengesetzten Weg: Als Abteilungsdirektor im Südafrikanischen Kirchenrat war er einer der führenden Denker des Widerstands gegen die Apartheid.

Während des Zweiten Burenkriegs (1899 – 1902) war die öffentliche Meinung im Deutschen Reich wie in anderen europäischen Staaten auf Seiten der Buren, und die Enttäuschung war groß, dass die eigene Regierung keine tatkräftige Unterstützung leistete. Noch 1895 hatte Wilhelm II. mit einem markigen Telegramm an Präsident Kruger, der berühmten „Krüger-Depesche", einen britischen Invasionsversuch entschieden verurteilt. Nun war die Rücksicht auf die Weltmacht Großbritannien wichtiger. Sammelaktionen wurden veranstaltet, und deutsche Kinder kauften die Briefmarken der Burenstaaten in der Hoffnung, ihnen damit zu helfen. Männer strömten in das deutsche Freiwilligenkorps, das Oberst Adolf Schiel im Transvaal aufstellte. Viele von ihnen blieben nach Kriegsende im Land, andere kehrten in die Heimat zurück und machten Bezeichnungen wie „Burenwirt" oder „Burenwurst" heimisch.

Hans Grimm lebte 1897–1908 als Kaufmann in Port Elizabeth und East London. Mit Kurzgeschichtensammlungen wie *Südafrikanische Novellen* (1913), *Der Gang durch den Sand* (1916) und *Der Richter in der Karu* (1930) gilt er als bedeutendster deutscher Erzähler, der Südafrika zum Sujet machte. Nach 1918 entwickelte er sich zum Kolonialpropagandisten. Den Titel seines in Südwestafrika spielenden Auswandererromans *Volk ohne Raum* (1926) missbrauchten die Nationalsozialisten als Motto für ihre Landnahme im Osten Europas.

Im 20. Jahrhundert blieb Südafrika ein beliebtes Einwanderungsland, wenngleich die Einverleibung Südwestafrikas die bilateralen Beziehungen belastete. Wirtschaftliche Not führte Deutsche nach Südafrika, aber auch politische Motive: Vor 1945 wanderten NS-Gegner und Juden dorthin aus, nach 1945 Nationalsozialisten und Heimatvertriebene.

Die 1948 an die Regierung gekommene *Nationalpartei* warb um deutsche Einwanderer, die sie den britischen vorzog. Deutsche Ingenieure und Techniker leisteten einen großen Beitrag beim Aufbau der Staatskonzerne ESCOM (Elektrizität), ISCOR (Eisen und Stahl) und SASOL (synthetisches Benzin, Gummi, Sauerstoff, Stickstoff, Düngemittel). SASOL übernahm das deutsche Fischer-Tropsch-Verfahren der Kohleverflüssigung zu Benzin und entwickelte es weiter. Viele burische Intellektuelle waren deutschfreundlich, da sie an deutschen anstelle der ungeliebten britischen Universitäten studiert hatten.

Kriegspremier Jan Smuts setzte sich 1945 für eine schonende Behandlung des besiegten Deutschland ein. Sein Nachfolger Malan bemühte sich um die Aufnahme deutscher Kriegswaisen. Rund 90 Waisen konnten schließlich aufgenommen werden; der Premierminister adoptierte selbst ein Kind. Viele von ihnen haben hohe Positionen erreicht, so Lothar Neethling, der es zum Polizeigeneral brachte.

Unter probritischen Regierungen war es den deutschen Staatsbürgern allerdings nicht immer gut gegangen. Nach der Versenkung des US-Dampfers *Lusitania* am 7. Mai 1915 durch deutsche U-Boote demolierten englischsprachige Südafrikaner deutsche Vereinshäuser und Geschäfte; „Reichsdeutsche" wurden in Lager gesperrt. Zwischen 1940 und 1945 wurden erneut Deutsche interniert, vor allem solche aus Südwestafrika.

Während des Zweiten Weltkrieges sahen viele Buren die Chance, die ungeliebten Bande zu Großbritannien mit deutscher Hilfe abzustreifen. Die Untergrundbewegung *Ossewa Brandwag* (Ochsenwagenwache/OB) sabotierte die südafrikanischen Kriegsanstrengungen. Doch die deutsche Außenpolitik operierte nur taktisch: Durch Stimulierung begrenzter innerer Unruhen in Südafrika sollten die britischen Kriegsanstrengungen unterminiert werden. Bekanntestes deutsches Sabotageunternehmen war die „Operation Weißdorn": Im Juni 1941 wurde der südafrikanische Boxer Robey Leibbrandt, der 1936 an den Olympischen Spielen in Berlin teilgenommen hatte, mit einer Segeljacht von der Bretagne an die südafrikanische Atlantikküste gebracht. Monatelang konnte er mit Gesinnungsgenossen Sabotageakte durchführen. Im Dezember 1941 wurde er verraten und von der Polizei festgenommen.

Außerdem wirkte das Deutsche Reich propagandistisch auf die Südafrikaner ein: Der bei Kriegsausbruch in Deutschland weilende südafrikanische Archäologe Erik Holm baute in Zeesen bei Berlin das afrikaanssprachige „Radio Zeesen" auf. Seiner Vermittlung war es auch zu verdanken, dass die in der Festung Tobruk eingeschlossene 2. Südafrikanische Division am 21. Juni 1942 vor dem Deutschen Afrikakorps unter Führung von General Erwin Rommel kapitulierte und ehrenvolle Bedingungen erhielt. Holm wurde von den siegreichen Alliierten nach Südafrika ausgeliefert und 1946 wegen Hochverrats zu einer langjährigen Gefängnisstrafe verurteilt. Als eine seiner ersten Amtshandlungen begnadigte Premierminister Malan 1948 Holm, Leibbrandt und andere politische Gefangene.

Propagandaminister Joseph Goebbels initiierte 1941 den brillant gemachten Propagandafilm *Ohm Krüger* mit Emil Jannings als Burenpräsident, Ferdinand Marian als Cecil Rhodes und Gustaf Gründgens als Kolonialminister Joseph Chamberlain. Die Regie führte Hans Steinhoff, die zündende Musik schrieb Theo Mackeben. Mit radikal antibritischer Tendenz zeigte der Film den Leidensweg der Buren vor dem Hintergrund des britischen Imperialismus. Perfiderweise klagte der Film die Briten an, Konzentrationslager in Südafrika errichtet zu haben – gleichzeitig praktizierte das Deutsche Reich dieselben Methoden mit weit fataleren Folgen.

Die deutschen Einwanderer haben ein reges Vereinswesen ins

Leben gerufen. In allen großen Städten des Landes bestehen heute „Deutsche Klubs" mit einem reichhaltigen Kulturprogramm. Jedes Jahr findet in der deutschen Siedlung Kroondal bei Rustenburg (Nordwestprovinz) ein vielbeachteter „Deutscher Tag" statt.

Bilaterale Organisationen in Südafrika und Deutschland

Im Jahr 1932 wurde die ein Jahr später so benannte *Afrikaans-Deutsche Kulturgemeinschaft* (ADK) zur Förderung der kulturellen und menschlichen Beziehungen gegründet. Sie entfaltete vielfältige Aktivitäten wie Theateraufführungen, Dichterlesungen, Austauschprogramme, Deutschstipendien. 1978 wurde sie zur *Südafrikanisch-Deutschen Kulturvereinigung* (SADK) erweitert, um die bisherige Fokussierung auf das burische Bevölkerungssegment zu überwinden.

Auf deutscher Seite entstanden entsprechende Vereine und Gesellschaften: schon 1886 in Bremen ein *Verein zur Förderung deutscher Interessen in Südafrika* und 1921 die wirtschaftlich orientierte *Südafrikanische Interessenvertretung e.V.* Im Jahr 1933 wurde die *Deutsch-Südafrikanische Gesellschaft e.V.* (DSG) gegründet. Zunächst unabhängig, geriet sie über Zuschüsse in zunehmende Abhängigkeit von der NS-Regierung. 1952 wurde eine *Deutsch-Südafrikanische Gesellschaft e.V.* (DSAG) zur Förderung der kulturellen, wirtschaftlichen und politischen Beziehungen wiederbelebt. Über die *South Africa Foundation* (SAF), einen Interessenverband der südafrikanischen Wirtschaft, und die Südafrikanische Botschaft in Bonn wurde die DSAG ab den 1960er Jahren mit erheblichen finanziellen Mitteln unterstützt und auch instrumentalisiert. Erster Geschäftsführer der DSAG war der deutsche SAF-Repräsentant Dr. Christoph Graf von Dönhoff; 1970–1980 amtierte er in Personalunion als DSAG-Präsident. Ende der 1970er Jahre war sie mit über 5000 Mitgliedern die größte bilaterale Gesellschaft in Deutschland. Nach 1994 fiel die Alimentierung weg, was viele Regionalgruppen zum Erliegen gebracht hat. Aktiv ist die DSAG heute nur noch in Bielefeld, Düsseldorf und Hamburg.

In Opposition zur Apartheidpolitik entstand ein umfangreiches Netzwerk von Südafrika-Gruppen. Hervorzuheben sind die 1971 ins Leben gerufene Bonner *informationsstelle südliches afrika* (issa) und der 1974 gegründete deutsche Ableger der *Anti-Apartheid-Bewegung* (AAB), wovon ein Repräsentant mit der Entwendung brisanter Dossiers aus der Südafrikanischen Botschaft Furore machte, sowie christliche Gruppen wie die evangelische Frauenboykottaktion „Kauft keine Früchte der Apartheid". Politisch standen sie dem ANC nahe, der seit 1981 ein Büro in der Hauptstadt Bonn unterhielt und über die Friedrich-Ebert–Stiftung Zuschüsse der Bundesregierung erhielt.

Die *issa* publiziert heute die kenntnisreiche Zeitschrift *afrika süd*. Die AAB ging im *Afrika Süd Aktions-Bündnis e.V.* auf. 13 Solidaritätsgruppen und 240 Einzelpersonen haben sich in der *Koordination Südliches Afrika* (KOSA), Bielefeld, zusammengeschlossen. Sie wirbt um Verständnis und Hilfe für die Bewältigung der vielfältigen sozialen Probleme Südafrikas. Tendenziell hat das Engagement für Südafrika nach dem Ende der Apartheid allerdings nachgelassen.

Die deutsche Südafrika-Politik

Die DDR hatte seit den 1970er Jahren im Einklang mit der Politik der Sowjetunion die SACP und den ANC politisch, diplomatisch und militärisch unterstützt. „Antiimperialistische Solidarität" war ein Leitmotiv der DDR-Afrikapolitik und beinhaltete eine strategisch orientierte Unterstützung der Befreiungsbewegungen. Äußerer Höhepunkt waren die beiden Afrikareisen von Erich Honecker im Jahr 1979. Bei dieser Gelegenheit traf er in Maputo (Mosambik) den ANC-Präsidenten Oliver Tambo. Das Presseorgan des ANC mit dem Titel *Sechaba* wurde in Ostberlin gedruckt, die Staatssicherheit drillte den ANC-Geheimdienst *imbokodo* („Der Fels, der zermalmt"), und die Volksarmee bildete in der DDR MK-Guerillakämpfer aus. Hinzu kam materielle Hilfe für Flüchtlingslager und Ausbildungszentren. Exilsüdafrikaner erhielten in der DDR eine Fachausbildung oder studierten dort – so die heutigen Kabinettsminister Zola Skweyiya (Soziale Entwicklung) und Jeffrey Radebe (Gesundheit).

Das in der DDR vermittelte Südafrika-Bild war recht holzschnittartig: Die Kaprepublik galt als rassistischer Ausbeuterstaat, in dem die schwarze Bevölkerung geknechtet wurde. Das System der Apartheid wurde ausschließlich ökonomisch, als Exzess des Kapitalismus, interpretiert.

Die bundesdeutsche Außenpolitik knüpfte 1955 nahtlos an die Vorkriegspolitik an. Südafrika wurde als befreundetes, stabiles Land mit hoher wirtschaftlicher und strategischer Priorität angesehen. Noch 1962, zwei Jahre nach dem Blutbad von Sharpeville, wurde ohne größere Diskussionen ein Kulturabkommen abgeschlossen.

In den 1970er und 1980er Jahren polarisierte sich die öffentliche Meinung am Reizthema Südafrika. Differenzierungen erfolgten kaum mehr – der jeweilige Gegner wurde allzu schnell als „Rassist" respektive „Kommunist" diffamiert. Militante linke Gruppierungen griffen auch zu Gewalt und sprengten Informationsstände oder Vortragsveranstaltungen konservativer Südafrika-Gruppen.

Wegen der lange zurückreichenden bilateralen Beziehungen war der Aufmerksamkeitswert in Deutschland hoch. Millionen Deutsche pflegten verwandtschaftliche, berufliche oder persönliche Beziehungen. Das emotional behaftete Thema eignete sich hervorragend zur innenpolitischen Instrumentalisierung. Das konservative Lager, allen voran Franz Josef Strauß (CSU), beschwor die geostrategische Bedeutung Südafrikas und warnte vor einer Machtübernahme durch „kommunistische Terroristen". Außenminister Hans-Dietrich Genscher (FDP), Günter Verheugen (FDP, später SPD) und Uschi Eid (Grüne) präsentierten sich hingegen als Vorkämpfer für Menschenrechte und traten für eine harte Gangart gegenüber Pretoria ein.

Nur zu oft handelte es sich dabei um innenpolitische Spiegelfechterei. Ungeachtet der parteipolitischen Zusammensetzung der Bundesregierung wurden die Beziehungen ungestört weitergeführt. Vor laufenden Fernsehkameras ließ Bundeskanzler Helmut Kohl (CDU) 1984 vor dem Empfang von Staatspräsident P. W. Botha das Sofa im Bundeskanzleramt wegtragen. Danach sicherte Kohl seinem Gast im Vieraugengespräch die wohlwollende Prüfung einer Exportgenehmigung für U-Boot-Pläne zu. Zwar wurde diese Genehmigung schließlich versagt, doch hatte sich Südafrika die Blaupausen inzwischen mit Hilfe von Schmiergeldern besorgen können.

Die deutsche Wirtschaft begrüßte nach den blutigen Soweto-Unruhen einen kontrollierten politischen Wandel in Südafrika, sprach sich aber gegen eine Unterbrechung der Wirtschaftsbeziehungen aus. Unter dem Druck der öffentlichen Meinung verpflichtete sie sich im EG-Rahmen auf einen Verhaltenskodex zur Vermeidung diskriminierender Maßnahmen und zu einer fortschrittlichen Arbeits- und Sozialpolitik. Humanitäre Erwägungen dürften bei Investitionen deutscher Firmen allerdings nicht im Vordergrund gestanden haben: Der geschützte südafrikanische Markt mit seinen niedrigen Löhnen und günstigen außenwirtschaftlichen Konditionen ermöglichte hohe Gewinnspannen.

Bundeskanzler Kohl und die britische Premierministerin Margaret Thatcher gehörten in der EG zu den stärksten Befürwortern eines „konstruktiven Dialoges" mit Pretoria. Sanktionen und Embargomaßnahmen suchten sie zu bremsen. Das Argument, dass Druckmittel eher den schwarzen als den weißen Südafrikanern schaden würden, war zu einem guten Teil vordergründig. Doch hatte es einen wahren Kern: Die internationalen Sanktionen und Embargomaßnahmen der 1980er Jahre haben in der Tat einen Anteil an der horrenden Massenarbeitslosigkeit und damit an der Kriminalität, die Südafrika heute belasten.

Angesichts des großen Einflusses, den deutsche Politiker in unterschiedlichen Lagern der südafrikanischen Politik genossen, hätte eine konzertierte überparteiliche Vermittlungsinitiative Erfolgschancen gehabt. Doch die Akteure wollten das heiße Eisen nicht wirklich anpacken. Nur wenige Politiker wie Helmut Schmidt (SPD), Egon Bahr (SPD) oder Otto Graf Lambsdorff (FDP) widmeten sich zeitweise zusammen mit Politikwissenschaftlern und Verfassungsrechtlern der undankbaren Suche nach originären und stabilen Lösungen für das südafrikanische Dilemma. Die Folge war, dass der Wandel in Südafrika zwischen 1978 und 1994 ausschließlich von der angloamerikanischen Diplomatie begleitet und gestaltet wurde.

Eine gewisse Ausnahme bildeten die politischen Stiftungen. So gewährte die Konrad-Adenauer-Stiftung der *Inkatha* Unterstützung beim Aufbau von Parteistrukturen. Die Hanns-Seidel-Stiftung begleitete nach 1989 den Prozess der Vereinigung von südafrikanischer Armee, Homeland- und Guerillaarmeen unter Berücksichtigung der deutsch-deutschen Erfahrungen. Die Friedrich-Ebert-Stiftung leistete ihren Beitrag bei der Abkehr des ANC von kommunistischen Theorien und seiner Neuorientierung an sozialdemokratischen Modellen. Von der Friedrich-Naumann-Stiftung kamen Mittel für das 1986 von Frederik van Zyl Slabbert und Alex Boraine initiierte *Institut für eine Demokratische Alternative in Südafrika* (IDASA).

Bilaterale Beziehungen nach dem Ende der Apartheid

Die neue südafrikanische Regierung kündigte 1994 ihre Bereitschaft an, die Beziehungen zu Deutschland auszubauen und zu vertiefen. Im Gegenzug rief Bundespräsident Roman Herzog dazu auf, Südafrika beim Aufbau einer stabilen Demokratie zu unterstützen. Bundes- und Landesministerien, das Bundesverfassungsgericht, der Bundesrat, der Bundesrechnungshof, die Bundeswehr, die politischen Stiftungen und viele andere Institutionen leisteten bei der Transformation des Landes Unterstützung. So wurden Teile des Grundgesetzes wie der einleitende Grundrechtekatalog in der südafrikanischen Verfassung in angepasster Form übernommen. Auch wurde eine föderale Ordnung eingeführt, wobei den neun Provinzen aber weit geringere Kompetenzen als den Bundesländern in Deutschland zugewiesen wurden.

In der Perspektive der deutschen Politik genießt Südafrika als wichtigster Wirtschaftspartner in Afrika sowie als „Ankerstaat" beim Bemühen um politische und ökonomische Stabilisierung Subsahara-Afrikas eine herausgehobene Bedeutung.

Der südafrikanische Staatspräsident Nelson Mandela weilte im Mai 1996 zu einem dreitägigen Staatsbesuch in Bonn. Dabei wurde als Rahmen für die bilaterale Zusammenarbeit die „Deutsch-Südafrikanische Binationale Kommission" mit sechs fachlich ausgerichteten Unterkommissionen ins Leben gerufen. Mandelas Stellvertreter und Nachfolger Thabo Mbeki besuchte mehrfach Deutschland. Hochrangige südafrikanische Vertreter werden zu Symposien und Seminaren nach Deutschland entsandt.

In der Entwicklungszusammenarbeit unterstützt Deutschland insbesondere Kommunalentwicklung, Berufsbildung und „Gute Regierungsführung". Zwischen 1994 und 2006 wurden im Rahmen der Technischen Zusammenarbeit 179,2 Mio. Euro und in der Finanziellen Zusammenarbeit 206,8 Mio. Euro aufgebracht. Hinzu kamen 59,4 Mio. Euro von der KfW-Entwicklungsbank.

Bundesländer haben Partnerschaftsabkommen mit südafrikanischen Provinzen vereinbart, so Bayern mit dem Westkap und Gauteng, Niedersachsen mit dem Ostkap, Nordrhein-Westfalen mit Mpumalanga. In zahlreichen Politikfeldern wie Bildung, Gesundheit, Innere Sicherheit, Wirtschaft, Umweltschutz, Energie, Sport erfolgt eine enge Zusammenarbeit.

Auf lokaler Ebene sind Partnerschaften von Städten und Gemeinden zu nennen, z. B. Aachen/Kapstadt, Bremen/Durban, Düsseldorf/Mbombela und Heidelberg/Heidelberg – die 50 000 Einwohner zählende Schwesterstadt in der Provinz Gauteng wurde 1866 von ihrem Gründer Heinrich Julius Ueckermann zur Erinnerung an seine einstige Universitätsstadt benannt.

Die deutschen Kirchen unterhalten enge Kontakte mit Partnerkirchen in Südafrika, sind mit Ordensgemeinschaften und Missionswerken präsent und engagieren sich in pastoralen und sozialen Projekten, die häufig in sozialen Brennpunkten angesiedelt sind. 1999 wurde mit dem St. Augustine College in Johannesburg die erste katholische Universität im südlichen Afrika eröffnet. Gründerin und Rektorin ist die aus Rottenburg stammende Schönstätter Marienschwester Edith Hildegard Raidt.

Nichtregierungsorganisationen wie der *Afrika-Verein e. V.*, die *Deutsche Afrika Stiftung e. V.*, die *Deutsche Welthungerhilfe*, die *Kolpingwerke e. V.*, die Handwerkskammern und die politischen Stiftungen verfolgen gemeinsame Projekte mit der Wirtschaft und der Zivilgesellschaft in Südafrika.

Auf Anregung von Bundeskanzler Helmut Kohl wurde 1996 die *Südliches Afrika Initiative der Deutschen Wirtschaft* ins Leben gerufen, geführt von Jürgen Schrempp. SAFRI macht auf das Potenzial der Region aufmerksam und wirbt für ein verstärktes wirtschaftliches Engagement. Träger sind der *Afrika-Verein* (AV), der *Bundesverband der Deutschen Industrie* (BDI) und der *Deutsche Industrie- und Handelskammertag* (DIHK).

Deutschland ist der größte Handelspartner Südafrikas. Unterstützt durch das 1999 abgeschlossene Freihandels- und Entwicklungsabkommen, hat das bilaterale Handelsvolumen deutlich zugenommen. Rund 600 deutsche Firmen sind in der Kaprepublik vertreten, manche von ihnen mit lange zurückreichender Tradition (so gründete Siemens 1898 eine Tochtergesellschaft in Johannesburg). Sie sehen ihr Engagement in Südafrika auch als Sprungbrett für den Absatzmarkt und Investitionsraum SADC.

Eine führende Rolle spielen die Automobilkonzerne BMW, Daimler und Volkswagen, die im letzten Jahrzehnt erhebliche Investitionen in Südafrika getätigt haben und dort bestimmte Modelle für den Weltmarkt produzieren. Die familiengeführte mittelständische Daun-Gruppe aus Niedersachsen übernahm Textilunternehmen und eroberte Nischenmärkte (z. B. Zulieferprodukte für die Automobil- und Sicherheitsindustrie). Auch im boomenden Tourismus sind deutsche Firmen präsent. So hat die Münchener Schörghuber-Gruppe ab 1998 in Luxushotels und Ferienanlagen im Westkap investiert, ein Münchener Brauhaus nach Kapstadt verpflanzt und das traditionsreiche Weingut Blaauwklippen übernommen.

Deutsche Unternehmen bekennen sich heute zu ihrer sozialen Verantwortung und engagieren sich in Fortbildungs- und Hilfsprojekten. So eröffnete Schörghuber eine Hotelfachschule. BMW hat als Zentrum des sozialen Miteinanders ein *Multi-Purpose Health & Wellness Center* errichtet. Der größte Automobilhersteller Daimler baute in Zusammenarbeit mit der GTZ ein umfassendes Vorbeuge- und Hilfsprogramm zur Bekämpfung von HIV/Aids bei Mitarbeitern auf, das von anderen Konzernen aufgegriffen wurde. Am Standort East London werden Ökotourismus und ökologische Erziehung gefördert. Der *Daimler Award for Contemporary Art* zeichnet südafrikanische Nachwuchskünstler aus.

Das deutsch-südafrikanische Kulturabkommen von 1962 wurde 1998 durch eine neue Vereinbarung ersetzt, die zwei Jahre später in Kraft trat. Schwerpunkte der Zusammenarbeit sind die Hochschul- und Wissenschaftskooperation, der Kulturaustausch, die sportpolitische Zusammenarbeit, die deutschen Auslandsschulen in Hermannsburg, Kroondal, Johannesburg, Kapstadt und Pretoria (inklusive eines Förderprogramms für Schüler aus historisch benachteiligten Bevölkerungsgruppen), die Verbreitung der deutschen Sprache sowie die Kooperation im Medienbereich.

Der Deutsche Akademische Austauschdienst (DAAD) ist in Johannesburg, Kapstadt und Port Elizabeth vertreten. 1996 eröffnete Außenminister Klaus Kinkel in Johannesburg das erste Goethe-Institut.

Zahlreiche Fernsehproduktionen haben Südafrika in Deutschland popularisiert – von einer *Traumschiff*-Folge (1993) über Xaver Schwarzenbergers ARD-Zweiteiler *Eine Liebe in Afrika*

(2002) bis zu Miguel Alexandres ZDF-Thriller *Zeit der Schlange* (2007). Leider fehlt häufig eine differenzierte Darstellung der Probleme des Landes. Es überwiegen Klischees und Emotionen vor der Kulisse der grandiosen Landschafts- und Tierwelt.

ANHANG

Südafrika auf einen Blick

Die Republik Südafrika und ihre neun Provinzen

Name	Hauptstadt	Fläche	Bevölkerung (geschätzt; 2007)	Hauptsprachen (Zensus 2001)
Südafrika	*Tshwane (Pretoria)*	*1 221 037 km²*	47,9 Mio.	24% *isiZulu* 18% *isiXhosa* 13% *Afrikaans*
Freistaat	Mangaung (Bloemfontein)	129 480 km²	3,0 Mio.	62% Sesotho
Gauteng	Johannesburg	17 010 km²	9,7 Mio.	22% isiZulu 14% Afrikaans
KwaZulu-Natal	Pietermaritz-burg	92 100 km²	10,0 Mio.	81% isiZulu
Limpopo	Polokwane	123 000 km²	5,2 Mio.	57% Sepedi
Mpumalanga	Nelspruit	79 490 km²	3,5 Mio.	31 % siSwati
Nordkap	Kimberley	361 830 km²	1,1 Mio.	70% Afrikaans
Nordwest	Mafikeng	116 320 km²	3,4 Mio.	65% Setswana
Ostkap	Bisho	169 580 km²	6,9 Mio.	83% isiXhosa
Westkap	Kapstadt	129 370 km²	4,8 Mio.	55% Afrikaans

Bevölkerung

Jährliches Wachstum (in %)	1,1 (2006)
Lebenserwartung bei Geburt (in Jahren)	50,8* (2005)
Fruchtbarkeitsrate (Geburten pro Frau)	2,8 (2005)
Sterblichkeitsrate Kinder (pro 1000 Lebendgeburten)	55,0 (2005)
HIV-Verbreitung (15- bis 49-Jährige, in %)	18,8 (2005)
Besuchsrate Grundschulen (in %)	87* (2005)
Besuchsrate Sekundärschulen (in %)	62* (2005)
Besuchsrate Hochschulen/Akademien (in %)	20* (1999–2005)
Alphabetisierungsrate Erwachsene (≥ Jahre; in %)	82,4* (1995–2005)
HIV-Durchseuchung (15–49-Jährige (in %)	18,8* (2005)
Menschen ohne Trinkwasser (in %)	12* (2004)
Menschen ohne Sanitätseinrichtungen (in %)	35* (2004)
Menschen ohne Zugang zu Stromanschluss (in %)	30* (2005)
Arbeitslose (in %; bezogen nur auf Arbeitsuchende)	26,6* (1999–2005)
Menschen mit Einkommen unter 1 US-$/Tag (in %)	23* (1990–2005)

Wirtschaft

Bruttonationaleinkommen/BNE (Atlas-Methode, aktuelle US-$)	255,3 Mrd. (2006)
BNE pro Kopf (Atlas-Methode, aktuelle US-$)	5390,0 (2006)
Bruttoinlandsprodukt/BIP (aktuelle US-$)	255,0 Mrd. (2006)
BIP-Wachstum (jährlich in %)	5,0 (2006)
Inflation, BIP-Deflator (jährlich in %)	6,8 (2006)
Landwirtschaftliche Wertschöpfung (in % des BIP)	2,5 (2006)
Bergbau und industrielle Wertschöpfung (in % des BIP)	30,5 (2006)
Dienstleistungswertschöpfung (in % des BIP)	67,0 (2006)
Export von Gütern und Dienstleistungen (in % des BIP)	29,1 (2006)
Import von Gütern und Dienstleistungen (in % des BIP)	33,0 (2006)
Bruttokapitalbildung (in % des BIP)	20,1 (2006)
Einkünfte, ohne Kredite (in % des BIP)	29,9 (2005)
Cash Gewinn/Defizit (in % des BIP)	0,2 (2005)

Wirtschaftsumfeld und Märkte

Benötigte Tage für Unternehmensstart	35,0 (2006)
Bewertung börsennotierter Unternehmen (in % des BIP)	280,4 (2006)
Militärausgaben (in % des BIP)	1,4 (2005)
Fest-/Mobiltelefonnutzer (pro 1000 Menschen)	825,1 (2005)
Internetnutzer (pro 1000 Menschen)	108,8 (2005)
Geteerte Straßen (in % aller Straßen)	20,3 (2004)
Hochtechnologieexporte (in % der Industrieexporte)	6,6 (2005)

Außenwirtschaftliche Kontakte

Güterhandel (in % des BIP)	53,2 (2006)
Nettohandelsaustauschverhältnis (2000 = 100)	108,8 (2005)
Ausländische Direktinvestitionen, Nettozuflüsse (Zahlungsbilanz, aktuelle US-$)	6,3 Mrd. (2005)
Langzeitverschuldung (ausstehende und verausgabte Schulden, aktuelle US-$)	20,9 Mio. (2005)
Derzeitige Schuldenvaluta (in % des BNE)	14,1 (2005)
Gesamter Schuldendienst (in % der Exporte von Gütern, Dienstleistungen und Einkünften)	6,9 (2005)
Öffentliche Entwicklungshilfe (aktuelle US-$)	700,0 Mio. (2005)
Lohn- und Gehaltsüberweisungen aus dem Ausland (US-$)	735,0 Mio. (2006)

Quelle: Weltbank, World Development Indicators, April 2007, sowie * UN Human Development Report 2007/08

Zeittafel

1488   (April) Bartolomeu Diaz entdeckt das „Kap der Stürme" (später „Kap der Guten Hoffnung" genannt)

1652   (6. Juni) Gründung von Kapstadt

1779   Beginn der Grenzkriege zwischen Weißen und Xhosa

1806   Die niederländische Kapkolonie wird britisch

1818   Beginn der Expansionskriege der Zulu unter König Shaka

1836   Beginn des „Großen Trecks": Buren wandern nach Norden aus

1838   (16. Dezember) Sieg der Buren über die Zulu am Bloedrivier

1857   Die Xhosa schlachten ihr Vieh: Beginn einer Hungerkatastrophe

1869   Entdeckung von Diamanten in Kimberley im Nordkap

1872   Die Kapkolonie erhält eine autonome Regierung

1879   (Januar) Sieg der Zulu über die Briten bei Isandhlawana
(Juni) Sieg der Briten über die Zulu bei Ulundi

1881   Sieg der Burenrepubliken im „Ersten Freiheitskrieg" gegen Großbritannien

1886   Entdeckung von Gold im Transvaal, Gründung von Johannesburg

1899   Beginn des „Zweiten Freiheitskrieges" gegen Großbritannien

1902   (31. Mai) Kapitulation des Oranjefreistaats und des Transvaal

1910   (31. Mai) Gründung des britischen Dominions Südafrikanische Union

1912   Gründung des später so bezeichneten Afrikanischen Nationalkongresses (ANC)

1913   Verabschiedung eines Landgesetzes zugunsten der weißen Bevölkerungsgruppe

1914   Gründung der Nationalpartei (NP)

1919   (Juli) Südafrika erhält Deutsch-Südwestafrika als Völkerbundsmandat

1931   (11. Dezember) Volle Souveränität der Südafrikanischen Union

1939   (4. September) Kriegseintritt der Südafrikanischen Union

1948   (4. Juni) Die Nationalpartei übernimmt die Regierung

1952   Beginn der Ungehorsamskampagne des ANC

1959   (April) Abspaltung des Panafrikanischen Kongresses (PAC) vom ANC

1960   (21. März) Sharpeville-Massaker; danach Verbot von ANC und PAC

1961   (März) Austritt Südafrikas aus dem Commonwealth of Nations
(31. Mai) Gründung der Republik Südafrika (RSA)

1964   (12. Juni) Verurteilung Nelson Mandelas und anderer ANC-Führer

1976   (16. Juni) Beginn der Soweto-Unruhen

1983   Beschluss über eine Dreikammerverfassung unter Einschluss von Indern und Kapmischlingen

1984   (November) Beginn jahrelanger Unruhen

1986   Verhängung von Wirtschaftssanktionen durch USA und EG

1988   (Dezember) Abkommen über die Entlassung von Südwestafrika/Namibia in die Unabhängigkeit (erfolgt 21. März 1990)

1989   (5. Juli) Staatspräsident P.W. Botha empfängt den Gefangenen Nelson Mandela in seiner Kapstädter Residenz *Tuynhuys*

1990	(2. Februar) Legalisierung von ANC, PAC und SACP
	(11. Februar) Haftentlassung Nelson Mandelas
1991	(10. Juli) Unterzeichnung des Atomwaffen-Nichtverbreitungsvertrages
	(20. Dezember) Einberufung des Vielparteienforums CODESA
1993	(18. November) Verabschiedung der Übergangsverfassung
1994	(19. bzw. 23. April) Sonderabkommen mit Inkatha und Freiheitsfront
	(26.–29. April) Erste allgemeine, freie Wahlen
	(10. Mai) Vereidigung von Nelson Mandela als Staatspräsident
	(August) Beitritt Südafrikas zur Staatengemeinschaft SADC
1995	(5. Dezember) Bildung der Wahrheits- und Versöhnungskommission
1996	(8. Mai) Annahme der neuen Verfassung
	(Juni) Präsentation des Wirtschaftsprogrammes GEAR im Parlament
1998	(Oktober) Bericht der Wahrheits- und Versöhnungskommission
	(September) Militärintervention in Lesotho mit SADC-Mandat
1999	(2. Juni) Zweite Parlamentswahlen; Thabo Mbeki wird Staatspräsident
2000	(5. Dezember) Erstmalige Kommunalwahlen nach erfolgter Reorganisation
2001	(Juli) Annahme der afrikanischen Entwicklungsstrategie NEPAD
	(Dezember) Oberster Gerichtshof entscheidet, dass der Staat antiretrovirale Medikamente an HIV-Infizierte ausgeben muss
2002	(9. Juli) Gründung der Afrikanischen Union (AU) in Durban
2003	(April) Beteiligung an der ersten AU-Friedensmission (Burundi)
2004	(14. April) Parlamentswahl mit 69,7 % Mehrheit für ANC-Allianz
2005	(Juni) Staatspräsident Mbeki entlässt Vizepräsident Jacob Zuma nach strafrechtlich relevanten Vorwürfen
2006	(Juni) Größter Streik seit Ende der Apartheid im öffentlichen Dienst
2007	(Dezember) Wahl Jacob Zumas zum ANC-Präsidenten
2008	(Januar) Eskalierende Stromversorgungskrise
	(Mai) Landesweite Pogrome gegen Ausländer in Townships
2010	(11. Juni bis 11. Juli) Fußballweltmeisterschaft in neun Städten

Deutsch-südafrikanische Kontakte

Südafrikanische Botschaften in deutschsprachigen Ländern

Botschaft der Republik Südafrika
Tiergartenstr. 18
10785 Berlin
Tel.: +49-30-22073-0
Fax: +49-30-22073-190
E-Mail: berlin.info@foreign.gov.za
Internet: http://www.suedafrika.
  org/de

Botschaft der Republik Südafrika
Alpenstr. 29
3006 Bern 6/Schweiz
Tel.: +41-31-350-1313
Fax: +41-31-350-1310
E-Mail: political@southafrica.ch
Internet: http://www.southafrica.ch

Botschaft der Republik Südafrika
Sandgasse 33
1190 Wien/Österreich
Tel : +43-1-320-6493
Fax: +43-1-328-3790
E-Mail:vienna.admin@foreign.gov.za
Internet: http://www.saembvie.at/

Botschaften deutschsprachiger Länder in Südafrika

Deutsche Botschaft
Blackwood Straat 180
Arcadia 0083, Pretoria
bzw. P.O. Box 2023
Pretoria 0001/Südafrika
Tel.: +27-12-427-8900
Fax: +27-12-343-9401
E-Mail: GermanEmbassyPretoria
  @gonet.co.za
Internet: http://www.pretoria.
  diplo.de

Schweizerische Botschaft
225 Veale Street
Parc Nouveau
New Muckleneuk 0181, Pretoria
bzw. P.O. Box 2508
Brooklyn Square 0075/Südafrika
Tel.: +27-12-4520660
Fax: +27-12-3466605
Internet: http://www.eda.admin.ch/
  pretoria

Österreichische Botschaft
1109, Duncan Street
Brooklyn, Pretoria 0181
bzw. P.O. Box 95572
Waterkloof 0145/Südafrika
Tel.: +27-12-4529155
Fax: +27-12-4601151
E-Mail: pretoria-ob@bmeia.gv.at
Internet: www.aussenministerium.
  at/pretoria

Weitere Anschriften

Deutsche Industrie- und Handels-
kammer für das Südliche Afrika
P.O. Box 87078
Houghton 2041/Südafrika
Tel.: +27-11-486-2775
Fax: +27-11-486-3625 oder -3675
E-Mail: info@germanchamber.co.za
Internet: www.germanchamber.co.za

Deutsch-Südafrikanische Gesellschaft Hamburg
zu Hd. Karl-Günter Schwantes
Wexstraße 28
20355 Hamburg
Tel.: +49-40-3436 04
Fax: +49-40-3457 66

informationsstelle südliches afrika
e.V. (issa)
Königswinterer Straße 116
53227 Bonn
Tel.: +49-228-4643 69
Fax: +49-228-468177
E-Mail: issa@comlink.org
Internet: www.issa-bonn.org

Initiative Südliches Afrika (INISA) e.V.
Postfach 30 91 35
10760 Berlin
Tel.: +49-163-9603856
Fax: +49-030-69566299
E-Mail: info@inisa.de
Internet: http://www.inisa.de

Koordination Südliches Afrika
(KOSA) e.V.
August-Bebel-Str. 62
33602 Bielefeld
Tel.: +49-521-9864851/52
Fax: +49-521-63789
E-Mail: kosa@kosa.org
Internet: http://www.kosa.org

SADK – Südafrikanisch-Deutsche
Kulturvereinigung
The Willows Mall, 570 Roussouw St.
The Willows Ext. 9, Pretoria/Süd-
afrika
Tel.: +27-12-807-1280
Fax: +27-12-807-1281
E-Mail: info@sadk.org.za

SAFRI – Südliches Afrika Initiative
der Deutschen Wirtschaft
Büro des SAFRI-Vorsitzenden,
c/o Daimler AG, HPC 1124
70546 Stuttgart
Tel.: +49-711-17-932 50
Fax: +49-711-17-93816
E-Mail: info@safri.de
Internet: www.safri.de

South African Airways (SAA)
Darmstädter Landstr. 12
60598 Frankfurt
Tel.: +49-69-29980320
E-Mail: euhelp@flysaa.com
Internet: http://ww2.flysaa.com

Südafrikanisches Fremdenverkehrs-
amt SATOUR
Friedensstr. 6
60311 Frankfurt a.M.
Tel.: +49-69-929129-0
Fax: +49-69-280950
E-Mail: mail@southafricantourism.
de
Internet: http://www.southafrica.net

Südafrika im Internet

Die Homepage der Südafrikanischen Regierung: *http://www.gov.za*

Die Verfassung der Republik Südafrika:
http://www.info.gov.za/documents/constitution/index.htm

Nützliche Informationen für eine Südafrika-Reise enthalten die Länderinformationen des Auswärtigen Amtes: *http://www.auswaertiges-amt.de/diplo/de/Laenderinformationen/01-Laender/Suedafrika.html*

Kenntnisreiche Beiträge zu allen Aspekten des Landes (auf Englisch): *http://www.southafrica.info*

Ein Online-Reiseführer zu Südafrika: *http://www.suedafrika.net*

Die südafrikanischen Nationalparks – offizielle Internetseite:
http://www.sanparks.org

Projekte für grenzüberschreitende Naturparks, gefördert und vorangetrieben durch die Peace Parks Foundation: *http://www.peaceparks.org*

Über 1 Mio. Südafrikaner nutzen die Nachrichtenseite News24: *http://www.news24.com*

Aktuelle Artikel zu unterschiedlichen Themen aus südafrikanischen Medien sind bei allAfrica.com nachzulesen: *http://allafrica.com/southafrica*

Die Internetseite der angesehenen liberalen Zeitung Mail & Guardian (Johannesburg): *http://www.mg.co.za*

Zapiros berühmte politische Karikaturen – ein Archiv der Zeitung der Mail & Guardian: *http://www.mg.co.za/zapiro*

Der Kult-Comic Madame & Eve: *http://www.madameve.co.za*

Das bekannte Talk Radio 702 (mit Live-Empfang): *http://www.702.co.za*

Literaturhinweise

Geschichte – Politik – Wirtschaft

Neville Alexander: Südafrika. Der Weg von der Apartheid zur Demokratie. Vlg. C.H. Beck, München 2001. – Ein Essay des in Tübingen promovierten Literaturwissenschaftlers zum schwierigen Prozess der Demokratisierung.

Franz Ansprenger: Inkatha Freedom Party. Eine Kraft im demokratischen Südafrika. Bouvier-Vlg., Bonn 1999. – Eine nüchterne politikwissenschaftliche Analyse von Entwicklung, Strukturen und Zielen der IFP.

Pumla Gobodo-Madikizela: Das Erbe der Apartheid – Trauma, Erinnerung, Versöhnung. Vorwort von Nelson Mandela. Vlg. Barbara Budrich, Leverkusen 2006. – Die Professorin für Klinische Psychologie berichtet über ihre Begegnungen mit dem Apartheid-Killer Eugene de Kock.

William Mervin Gumede: Thabo Mbeki and the Battle for the Soul of the ANC. Zebra Press, Kapstadt 2005. – Eine kritische Analyse der Ära Thabo Mbeki.

Albrecht Hagemann: Kleine Geschichte Südafrikas. Vlg. C.H. Beck, München [3]2007. – Kenntnisreicher Überblick über die Geschichte Südafrikas von der vorkolonialen Zeit bis in die jüngste Gegenwart.

Philip König: Die Fußballweltmeisterschaft 2010. Chancen und Risiken für das Austragungsland Südafrika. VDM Vlg. Dr. Müller, Saarbrücken 2007. – Der Verfasser untersucht politische, wirtschaftliche und gesellschaftliche Folgewirkungen des Großereignisses.

Karin Matschke: Empowerment und Partizipation in der Entwicklungszusammenarbeit. Wege zur Nachhaltigkeit und ihre Fallstricke. Eine Studie in Südafrika. Initiative Südliches Afrika, Berlin 2006. – Die Paradigmen der Entwicklungszusammenarbeit am Beispiel eines Township-Gartenprojekts.

Allister Sparks: Beyond the Miracle: Inside the New South Africa. Vlg. Jonathan Ball, Johannesburg/Kapstadt 2003. – Eine kenntnisreiche Bestandsaufnahme durch den Doyen des südafrikanischen Journalismus.

Das Schweigen gebrochen. „Out of the Shadows". Wahrheits- und Versöhnungskommission Südafrika. Geschichte – Anhörungen – Perspektiven. Vlg. Brandes & Apsel, Frankfurt a.M. 1999. – Eine Dokumentation des südafrikanischen Ansatzes der Vergangenheitsbewältigung.

Menschen und Kulturen

Christel und Hendriek Bussiek: Mandelas Erben. Vlg. J.H.W. Dietz Nachf., Bonn 1999. – Eindrücke der in Südafrika lebenden Journalisten über den Wandel in Südafrika.

Hildemarie Grünewald: „Auf, auf, ihr Brüder". Deutsche in Südafrika. Österreichische Landsmannschaft, Wien 1992. – Die Schrift zeigt die vielfältigen Spuren der deutschen Einwanderer in Südafrika auf.

Evert Kornmayer: Klassische & moderne Rezepte aus Südafrika. Vlg. Gebrüder Kornmayer, Dreieich [4]2004. – Über 230 Rezepte von Kap-Crayfish-Suppe über Springbockrücken in Walnusscrepes bis zu Kap-Brandy-Pudding.

Katharina Ley/Cristina Karrer: Überlebenskünstlerinnen. Frauen in Südafrika. Vlg. eFeF, Wettingen/Schweiz 2004. – Die schwierige Lage von Frauen im heutigen Südafrika.

Rian Malan: Mein Verräterherz. Mordland Südafrika. Rowohlt-Vlg., Reinbek 1990. – Das beste Buch über die politische, kriminelle und private Gewalt in Südafrika, verfasst von einem früheren Gerichtsreporter.

Claude H. Mayer/Christian Boness/Alexander Thomas: Beruflich in Südafrika. Trainingsprogramm für Manager, Fach- und Führungskräfte. Vlg. Vandenhoeck & Ruprecht, Göttingen 2004.

Mike Nicol: Mandela. Das autorisierte Porträt. Knesebeck-Vlg., München 2008. – Aktuellste, reich bebilderte Darstellung des Lebens von Nelson Mandela.

– ders.: Desmond Tutu – Believe. Knesebeck-Vlg., München 2008. – Biographischer Essay über Alterzbischof Desmond Tutu.

Gisela Reinke-Dieker (Hg.): Spurensuche. Wie die Buschmänner der Kalahari im neuen Südafrika ankommen. Vlg. eFeF, Wettingen/Schweiz 2001.

Anthony Sampson: Mandela. The Authorized Biography. HarperCollins-Vlg., London 2000. – Der britische Journalist traf Nelson Mandela erstmals 1951. Auf 736 Seiten zeichnet er das umfassendste Porträt des Freiheitskämpfers.

Sebastian Spinner: Schlimmer als H5N1! HIV/AIDS und andere Bürden des neuen Südafrika. Vlg. IATROS, Dienheim 2007. – Eindrücke eines deutschen Medizinstudenten von seiner Tätigkeit in Township-Krankenhäusern.

Veronika Wittmann: Frauen im Neuen Südafrika. Eine Analyse zur Gender-Gerechtigkeit. Vlg. Brandes & Apsel, Frankfurt a.M. 2005. – Eine empirisch fundierte Studie der Situation von Frauen im neuen Südafrika.

Kunst

Margaret Courtney-Clarke: Ndebele: The Art of an African Tribe. Vlg. Thames & Hudson, London 2002.

Gerald Matt et al.: Black Brown White. Fotografie aus Südafrika. Vlg. für moderne Kunst, Nürnberg 2006.

Jyoti Mistry: Sophiatown – Fotografie und Film in Südafrika. Vlg. Wespennest, Wien 2006.

Miklós Szalay (Hg.): Der Mond als Schuh. Zeichnungen der San. Vlg. Scheidegger & Spiess, Zürich 2002.

Geographie und Natur

Ben Müller-Berghaus: Das Conservancy-Konzept in Südafrika. Privatwirtschaftliche Initiativen als informelles Konzept im Natur- und Ressourcenschutz. Justus-Liebig-Universität Gießen, Zentrum für internationale Entwicklungs- und Umweltforschung, Gießen 1999.

Martin Pabst: Grenzüberschreitende Peace Parks im südlichen Afrika. Intakte Ökosysteme – Tourismusmagneten – Neue Arbeitsplätze. SAFRI – Südliches Afrika Initiative der Deutschen Wirtschaft, Stuttgart ²2002.

Erinnerungen und Erlebnisberichte

Nelson Rolihlahla Mandela: Der lange Weg zur Freiheit. Autobiographie. Vlg. S. Fischer, Frankfurt a. M. ¹⁰2006. – In Mandelas Selbstbiographie finden sich viele lesenswerte Einzelheiten und Gedanken aus Kindheit und Jugend, Kampfzeit und Haft. Eher kurz wird die Zeit nach der Entlassung abgehandelt.

Mamphela Ramphele: Meiner Freiheit keine Grenzen. Lamuv-Vlg., Göttingen 1998. – Die Erinnerungen einer Widerstandskämpferin. Heute ist die Ärztin und Anthropologin Vizekanzlerin der Universität Kapstadt.

Ann Marie Wolpes: Leben in Südafrika. Lamuv-Vlg., Göttingen 1998. – Die Autobiographie der Ehefrau von Mandelas Rechtsanwalt, der ihn bei seinem Hochverratsprozess vertrat.

Literatur

Breyten Breytenbach: Mischlingsherz. Eine Rückkehr nach Afrika. Hanser-Vlg., München 2002.

Johann M. Coetzee: Schande. S. Fischer-Vlg., Frankfurt a. M. ⁶2001.

– ders.: Eiserne Zeit. S. Fischer-Vlg., Frankfurt a. M. ²2003.

Athol Fugard: Tsotsi. Diogenes-Vlg., Zürich 2006.

Nadine Gordimer: Burgers Tochter. S. Fischer-Vlg., Frankfurt a. M. ⁷2004.

– dies.: Die Geschichte meines Sohnes. S. Fischer-Vlg., Frankfurt a. M. ⁵2004.

– dies.: Die Hauswaffe. Berlin-Vlg., Berlin 1998.

Antjie Krog: Country of My Skull. Vlg. Three Rivers Press, New York 2000.

Manfred Loimeier (Hg.): Yizo Yizo. Stories aus einem neuen Südafrika. Peter-Hammer-Vlg., Wuppertal 2005.

Nelson Mandela (Hg.): Meine afrikanischen Lieblingsmärchen. Verlag C. H. Beck, München ⁸2007.

Zakes Mda: Die Madonna von Excelsior. Unions-Vlg., Zürich 2005.

– ders.: Der Walrufer. Unions-Vlg., Zürich 2007.

Deon Meyer: Das Herz des Jägers. Vlg. Rütten & Loening, Berlin 2005 (bzw. Taschenbuch Aufbau-Vlg., Berlin 2007).

– ders.: Der traurige Polizist. Aufbau-Vlg., Berlin ²2006.

– ders: Der Atem des Jägers. Vlg. Rütten & Loening, Berlin 2007.

– ders: Tod vor Morgengrauen. Aufbau-Vlg., Berlin ³2007.

Gcina Mhlophe: Love Child. Die Geschichtenerzählerin aus Südafrika. Peter-Hammer-Vlg., Wuppertal ²1998.

Alan Paton: Denn sie sollen getröstet werden. Brunnen-Vlg., Gießen 2006 (ursprünglich: Cry, the Beloved Country, 1948).

Bildbände

Heidrun Brockmann: Südafrika und seine Provinzen mit Namibia. Komet-Vlg., Köln 2007.

Clemens Emmler/Thomas Jeier: Reise durch Südafrika. Stürtz-Vlg., Berlin 2004.

Clemens Emmler/Andreas Drouve: Südafrika. Stürtz-Vlg., Berlin 2006.
Christian Heeb/Roland F. Karl/Thomas Knemeyer/Wolfgang Drechsler: Südafrika (Reihe Panorama Exquisit). Bucher-Vlg., München 2004.
Erhard Pansegrau/Jürgen Kurzhals: Südafrika. Bruckmann-Vlg., München 2004.
Rainer Waterkamp: Südafrika (Reihe Bucher Global). Bucher-Vlg., München 2005.
Einen knappen Überblick liefert der preiswerte Bildband von Emmler/Jeier. Der aufgefrischte Traditionstitel Pansegrau/Kurzhals ist an Sehenswürdigkeiten orientiert und bietet einen herausnehmbaren Reiseführer. Waterkamp und Emmler/Drouve sind mittelgroße Bände mit eindrucksvollen Bildern von Land und Leuten. Heeb/Karl/Knemeyer/Drechsler ist ein Prachtband im Großformat 30×32 cm, der sowohl durch die guten Texte wie auch durch die stimmungsvollen Fotos begeistert. Der „Rolls-Royce" ist das 640 Seiten starke Werk von Brockmann. Die faszinierenden Fotos vermitteln nicht nur die Schönheiten des Landes, sondern auch die Lebenswirklichkeit der Südafrikaner aller Bevölkerungsgruppen.

Reiseführer

Corinna Arndt: Südafrika. Merian-Reiseführer. Vlg. Travel House Media, München 2007.
Birgit Borowski et al.: Baedeker Allianz Reiseführer Südafrika – Lesotho – Swasiland. Baedeker-Vlg., Ostfildern [5]2006.
Dieter und Elke Losskarn: Südafrika. DuMont Richtig Reisen. DuMont Reise-Vlg., Ostfildern 2006.
Marianne Fries: Nelles Guide Südafrika. Nelles-Vlg., München [7]2007.
Albrecht Hagemann: ADAC Reiseführer Südafrika. Vlg. Travel House Media, München 2007.
Michael Iwanowski: Reisehandbuch Südafrika. Vlg. Iwanowski, Dormagen [18]2006.
Barbara McCrea et al.: Südafrika. Stefan Loose Travel Handbuch. DuMont Reise-Vlg., Ostfildern [2]2006.
Christine Philipp: Südafrika. Reise Know-How. Vlg. Reise Know-How, Markgröningen [6]2008.
Polyglott APA Guide Südafrika. Polyglott-Vlg., München 2007.
Der Merian-Reiseführer ist gut recherchiert und liefert fundierte Hintergrundinformationen. Der Baedeker überzeugt durch seine Detailfülle, weniger durch literarische und photographische Originalität. DuMont, Nelles und Stefan Loose (mit 832 Seiten am ausführlichsten) sind attraktiv illustriert und übersichtlich aufgebaut. Für die individuelle Tourenplanung eignen sich besonders die akribischen Reisehandbücher von Iwanowski und Reise Know-How mit ihren Detailkarten. Der Polyglott APA Guide ist eher als Reisehandbuch zu bezeichnen: Themenartikel ausgewiesener Fachleute vertiefen den Reiseteil. Kurz und knapp handelt der preisgünstige ADAC-Reiseführer das Thema ab. Ein Plus bei Merian, Baedeker und Iwanowski ist die beigefügte Landeskarte; dem Polyglott APA Guide liegt eine DVD bei.

Abkürzungsverzeichnis

AAB	Anti-Apartheid-Bewegung
ACDP	Afrikanisch-Christliche Demokratische Partei
ADK	Afrikaans-Deutsche Kulturgemeinschaft
AGOA	Africa Growth and Opportunity Act
AIDS	Acquired Immune Deficiency Syndrome
AMEC	African Methodist Episcopal Church
ANC	African National Congress
APF	Anti-Privatisation Forum
APK	Afrikaanse Protestantse Kerk
APLA	Azanian People's Liberation Army
ASGISA	Accelerated and Shared Growth Initiative for South Africa
AU	Afrikanische Union
AV	Afrika-Verein
AWB	Afrikaner Weerstandsbeweging (Afrikaner-Widerstands-bewegung)
BDI	Bundesverband der Deutschen Industrie
BEE	Black Economic Empowerment
bfai	Bundesagentur für Außenwirtschaft
BIP	Bruttoinlandsprodukt
BLNS	Botsuana, Lesotho, Namibia, Swasiland
BSP	Bruttosozialprodukt
CCF	Concerned Citizens Forum
CIDA	Community and Individual Development Association
CODESA	Convention for a Democratic South Africa
COSATU	Congress of South African Trade Unions
CWC	Crisis Water Committee
DA	Demokratische Allianz
DAAD	Deutscher Akademischer Austausch-Dienst
DIHK	Deutscher Industrie- und Handelskammertag
DP	Demokratische Partei
DSAG	Deutsch-Südafrikanische Gesellschaft
DSG	Deutsch-Simbabwische Gesellschaft
ELC	Evangelical Lutheran Church
ESCOM	Electricity Supply Commission
GATT	General Agreement on Trade and Tariffs
GEAR	Growth, Employment and Redistribution
GK	Gereformeerde Kerk (Reformierte Kirche)
HIV	Humanes Immundefizienz-Virus
IBSA	Indien, Brasilien, Südafrika
IDASA	Institut für eine Demokratische Alternative in Südafrika (heute: Institut für Demokratie in Südafrika)
IDC	Industrial Development Commission
IFP	Inkatha Freedom Party

ISCOR	Iron and Steel Corporation South Africa
issa	Informationsstelle Südliches Afrika
KOSA	Koordination Südliches Afrika
LPM	Landless People's Movement
MERG	Macro-Economic Research Group
MIDP	Motor Industry Development Programme
MK	Umkhonto we Sizwe (Speer der Nation)
NEDLAC	National Economic Development and Labour Advisory Council
NEPAD	New Partnership for Africa's Development
NGK	Nederduitse Gereformeerde Kerk (Niederländische Reformierte Kirche)
NHK	Nederduitsch Hervormde Kerk (Niederländische Wiederbegründete Kirche)
NNP	Neue Nationalpartei
NP	Nationalpartei
OAE	Organisation Afrikanischer Einheit
OB	Ossewa Brandwag (Ochsenwagenwache)
PAC	Pan Africanist Congress of Azania
Pagad	People Against Gangsterism and Drugs
PPF	Peace Parks Foundation
RDP	Reconstruction and Development Programme
RSA	Republic of South Africa
SACP	South African Communist Party
SADC	Southern African Development Community
SADF	South African Defence Force (bis 1994)
SADK	Südafrikanisch-Deutsche Kulturvereinigung
SAF	South Africa Foundation
SAFRI	Südliches Afrika-Initiative der Deutschen Wirtschaft
SANCO	South African National Civic Organisation
SANDF	South African National Defence Force (seit 1994)
SASOL	South African Synthetic Oil Limited (heute: South African Coal, Oil and Gas Corporation)
SATOUR	South African Tourist Corporation
SECC	Soweto Electricity Crisis Committee
UDF	United Democratic Front
UDM	United Democratic Movement
UNDP	United Nations Development Programme
UNESCO	United Nations Educational, Scientific and Cultural Organization
UNISA	University of South Africa
UNITA	União Nacional para a Independência Total de Angola (Union für die vollständige Befreiung Angolas)
USAID	United States Agency for International Development
WTO	World Trade Organisation
ZANU-PF	Zimbabwe African National Union – Patriotic Front
ZCC	Zion Christian Church

Heutige und frühere Namen

Heutige Bezeichnung	Frühere Bezeichnung
Bela-Bela	Warmbaths
Centurion	Verwoerdburg
Ekurhuleni	Germiston, Benoni, Boksburg u. a.*)
eThekwini	Durban*)
Mafikeng	Mafeking
Makhoda	Louis Trichardt
Mangaung	Bloemfontein**)
Mashishing	Lydenburg
Mbombela	Nelspruit
Modimolle	Nylstroom
Mokopane	Potgietersrust
Mookgophong	Naboomspruit
Msunduzi	Pietermaritzburg**)
Musina	Messina
Nelson Mandela Bay	Port Elizabeth, Uitenhage u. a.*)
Polokwane	Pietersburg
Sophiatown	Triomf
Tlokwe	Potchefstroom
Tshwane	Pretoria*)

*) neu geschaffene Metropolitan Municipality; alte Bezeichnung(en) noch für Teilbereich(e) gültig
**) neu geschaffene Local bzw. District Municipality; alte Bezeichnung noch für Teilbereich gültig

Bildnachweis

Umschlaginnenseite vorn: 2010 FIFA World Cup Local Organising Committee

Seiten 9, 12, 17: Martin Pabst

Seite 15: Peace Parks Foundation

Seite 19: Martin Pabst

Seite 21: SATOUR / Neil Moultrie

Seiten 26, 28: Martin Pabst

Seite 30: Aus Südafrika Journal Nr. 18/1991

Seite 34: Martin Pabst

Seite 37: Ölgemälde von Enrico Rinaldo, 1897, Africana Museum Johannesburg, aus Leo Marquard, The Story of South Africa, Faber and Faber Ltd., London o. J.

Seite 39: Martin Pabst

Seite 40: Aus: C. J. Smuts, Jan Christiaan Smuts, Cassell & Co. Ltd., Kapstadt 1952

Seite 42: W. & D. Downey, London, aus: Thomas E. Fuller, The right honourable Cecil John Rhodes, Longmans, Green & Co., London 1910

Seite 44: Archiv für Kunst und Geschichte Berlin/Gandhi Photo Service Bombay-Berlin

Seite 48: Martin Pabst

Seite 50: © vario-press/Bilderdienst Süddeutscher Vlg.

Seite 53: Martin Pabst

Seite 55: Rand Daily Mail, aus: Anthony Hocking, Oppenheimer and Son, McGraw-Hill Book Co., Johannesburg 1973

Seiten 57, 64, 77: Martin Pabst

Seite 81: Associated Press

Seite 87: Aus: Harald R. Bilger, Südafrika in Geschichte und Gegenwart, Druckerei und Verlagsanstalt Konstanz Universitäts-Vlg. GmbH, Konstanz 1976

Seite 89: Aus: Albert Luthuli, Let my people go, Collins Clear-Type Press, London 1962

Seiten 92, 96, 100, 108, 110, 114: Martin Pabst

Seite 122: Martin Pabst

Seite 130: © vario-press/Bilderdienst Süddeutscher Vlg.

Seiten 145, 153: Martin Pabst

Seite 155: Johannes Maswanganyi: New Parliament 1994/95; Chickenman Mkhize: Butisi Tart – „Aber ist es Kunst?" Aus: Hug, Alfons (Hg.), Colours – Kunst aus Südafrika, Vlg. Ars Nicolai, Berlin 1996, S. 85 bzw. 119

Seiten 159, 161: Martin Pabst

Seite 163: Aus: CD-Cover Miriam Makeba/Sangoma, Warner Bros. Records Inc. 1988

Seite 168: © Stephan Rumpf/Bilderdienst Süddeutscher Vlg.

Seite 171: Martin Pabst

Seite 175: 2010 FIFA World Cup Local Organising Committee

Seite 180: Martin Pabst

Seite 183: Aus: LANTERN – Sonderausgabe: Der deutsche Beitrag zur Entwicklung Südafrikas, Aucklandpark, Februar 1992
Umschlaginnenseite hinten: Martin Pabst

Danksagung

Wertvolle Hinweise verdanke ich Dr. Heinrich Matthee (Leyden), Dr. Klaus Freiherr von der Ropp (Potsdam) und Martin Schönteich (New York).

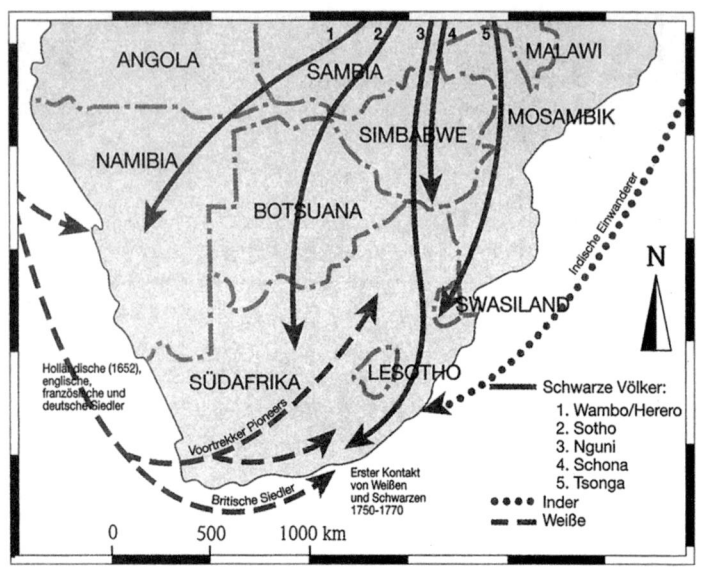

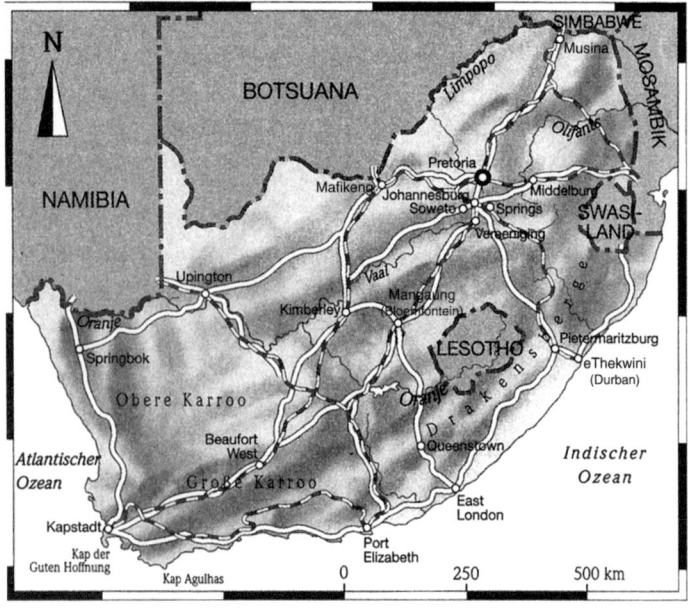

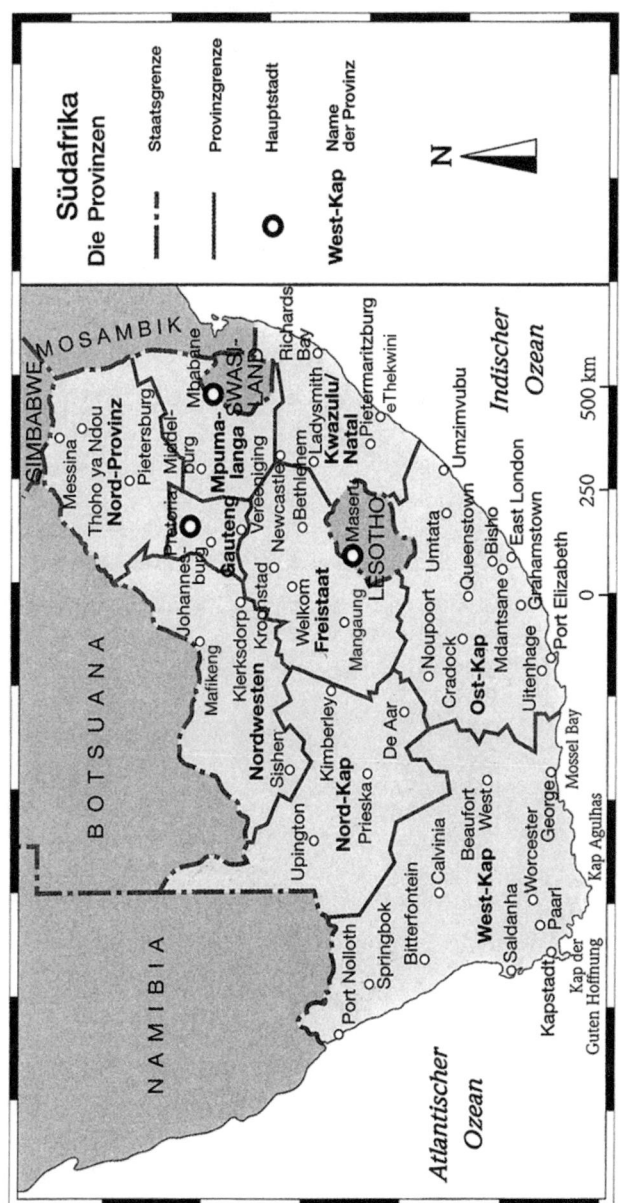

Südafrika
Die Provinzen

- - - - Staatsgrenze
——— Provinzgrenze
○ Hauptstadt
West-Kap Name der Provinz

N

SIMBABWE

MOSAMBIK

Messina

Thoho ya Ndou

Nord-Provinz

Pietersburg

Mjadel-burg

Mbabine

SWASI-LAND

Richards Bay

Pietermaritzburg

eThekwini

Indischer Ozean

Johannes-burg

Pretoria

Gauteng

Mpuma-langa

Vereeiging

Ladysmith

Bethlehem

Kwazulu/ Natal

Newcastle

BOTSUANA

Matikeng

Klerksdorp

Kroonstad

Welkom

Freistaat

Mangaung

Maseru

LESOTHO

Umzimvubu

Umtata

East London

Sishen

Nordwesten

Kimberley

Upington

Prieska

De Aar

Noupoort

Cradock

Queenstown

Mdantsane

Bisho

Grahamstown

Port Elizabeth

Nord-Kap

Ost-Kap

Uitenhage

NAMIBIA

Springbok

Bitterfontein

Calvinia

Beaufort

West

George

Mossel Bay

Port Nolloth

Saldanha

Kapstadt

Paarl

Worcester

West-Kap

Kap der Guten Hoffnung

Kap Agulhas

Atlantischer Ozean

0   250   500 km

Aus dem Verlagsprogramm

Reihe „Länder" bei C. H. Beck – eine Auswahl

Werner Herzog
Algerien

Zwischen Demokratie und Gottesstaat
1995. 197 Seiten mit 15 Abbildungen und 1 Karte. Paperback
Beck'sche Reihe Band 859

Johannes H. Voigt
Australien

2000. 173 Seiten mit 25 Abbildungen und 1 Karte. Paperback
Beck'sche Reihe Band 883

Klemens Ludwig
Birma

1997. 191 Seiten mit 16 Abbildungen und 2 Karten. Paperback
Beck'sche Reihe Band 870

Oskar Weggel
China

5., völlig neu bearbeitete Auflage. 2002. 265 Seiten mit 30 Abbildungen und
4 Karten. Paperback
Beck'sche Reihe Band 807

Günther Haensch / Hans J. Tümmers
Frankreich

Politik, Gesellschaft, Wirtschaft
Unter Mitarbeit von Peter Huber und Rudolf Steiner.
3., völlig neu bearbeitete Auflage. 1998. 443 Seiten mit Karten, Schaubilder
und Tabellen. Paperback
Beck'sche Reihe Band 831

Heinrich Händel / Daniel Gossel
Großbritannien

4., völlig neu bearbeitete und erweiterte Auflage.
2002. 316 Seiten mit 28 Abbildungen und 6 Grafiken und 3 Karten.
Paperback
Beck'sche Reihe Band 835

Verlag C. H. Beck München

Reihe „Länder" bei C. H. Beck – eine Auswahl

Sabine Kurtenbach
Guatemala

1998. 168 Seiten mit 25 Abbildungen und und 4 Karten. Paperback
Beck'sche Reihe Band 874

Ralf Balke
Israel

3., neu bearbeitete Auflage. 2007. 224 Seiten mit 26 Abbildungen
und 6 Karten. Paperback
Beck'sche Reihe Band 886

Peter Paul Zahl
Jamaika

2002. 192 Seiten mit 28 Abbildungen und 1 Karte. Paperback
Beck'sche Reihe Band 888

Manfred Pohl
Japan

4., völlig neu bearbeitete Auflage. 2002. 297 Seiten mit 30 Abbildungen und
1 Karte. Paperback
Beck'sche Reihe Band 836

Susanne Iwersen-Sioltsidis/Albert Iwersen
Kanada

1998. 212 Seiten mit 23 Abbildungen und 1 Karte. Paperback
Beck'sche Reihe Band 869

Bert Hoffmann
Kuba

2., durchgesehene und aktualisierte Auflage. 2002.
255 Seiten mit 20 Abbildungen und 2 Karten. Paperback
Beck'sche Reihe Band 887

Verlag C. H. Beck München

Beck'sche Reihe „Länder" – eine Auswahl

Geschichte in C.H. Beck Wissen – eine Auswahl

Verlag C.H. Beck München